市场营销策划

（第2版）

崔新健　主编

国家开放大学出版社·北京

图书在版编目（CIP）数据

市场营销策划 / 崔新健主编．—2 版．—北京：国家开放大学出版社，2018.7（2021.1 重印）

ISBN 978 - 7 - 304 - 09336 - 5

Ⅰ．①市…　Ⅱ．①崔…　Ⅲ．①市场营销—营销策划—开放教育—教材　Ⅳ．①F713.50

中国版本图书馆 CIP 数据核字（2018）第 130277 号

市场营销策划（第 2 版）
SHICHANG YINGXIAO CEHUA（DI 2 BAN）
崔新健　主编

出版·发行： 国家开放大学出版社
电话： 营销中心 010 - 68180820　　总编室 010 - 68182524
网址： http://www.crtvup.com.cn
地址： 北京市海淀区西四环中路 45 号　　**邮编：** 100039
经销： 新华书店北京发行所

策划编辑： 刘　洁　　**版式设计：** 李　响
责任编辑： 于　洋　　**责任校对：** 冯　欢
责任印制： 赵连生

印刷： 廊坊十环印刷有限公司　　**印数：** 4001 ~ 7000
版本： 2018 年 7 月第 2 版　　2021 年 1 月第 2 次印刷
开本： 787mm × 1092mm　1/16　**插页：** 12 页　**印张：** 14.25　**字数：** 319 千字

书号： ISBN 978 - 7 - 304 - 09336 - 5
定价： 35.00 元

（如有缺页或倒装，本社负责退换）
意见及建议：OUCP_KFJY@ouchn.edu.cn

前 言 PREFACE

本书是专门为国家开放大学市场营销专业（本科）的同名课程编写的教材，第1版于2011年1月出版。

在市场经济条件下，市场营销是企业的一项非常重要的经营活动。国内高等学校相关专业普遍开设了“市场营销学”课程，而开设“市场营销策划”课程始于20世纪90年代中期，近年来，开设这一课程的高等学校越来越多。从总体上看，“市场营销策划”课程的相关教材或讲义各具特色，从内容到体例有很大差别，尚未形成统一的体系。本书再版尝试为“市场营销策划”课程的教材建设增砖添瓦。

市场营销策划是建立在市场营销理论基础之上的，是市场营销学的延伸与拓展，强调的是对市场营销学理论的创新性应用。本书以市场营销理论和策划理论为基础，主要阐述市场营销策划的基本理论、基础知识和操作方法，由市场营销策划基础（第1~3章）、市场营销战略与形象策划（第4~5章）、市场营销策略组合策划（第6~9章）和当代市场营销策划专题（第10章）四个部分构成。基于市场营销基本框架阐释市场营销策划的技巧与操作，便于从市场营销学对接市场营销策划的学习。

根据师生使用情况和专家建议，编者对第1版进行了修改和完善。与第1版相比，本书更加突出市场营销策划的实践性、市场营销策划的时代性以及大数据营销的发展趋势。由第1版的11章修改为10章，对部分章节做了整体性或部分性调整和重新撰写，如将网络营销策划重新撰写为大数据营销策划，突出大数据发展趋势；将各章的开篇案例和文中的专栏案例资料全部进行更新，还增加了部分“小资料”“小练习”等专栏，突出教材的时代性；每章增加“网上练习”和“策划技能训练”，前者根据互联网的发展，强调学生利用互联网进行市场营销策划的学习，后者重点突出学生应结合当地案例开展团队学习与训练，切实解决当地企业面临的问题，在实践中提高市场营销策划的能力。本书强调实践性和操作性，适合作为高等学校市场营销相关专业本科生以及政府、企业相关人员的培训教材。

编者基于多年教学经验和多本教材编写经验，根据国家开放大学的要求，组织了一批具有丰富教学经验的高校教师，共同编写了本书。参加编写的人员有崔新健（中央财经大学商学院，教授）、周燕华（新疆财经大学工商管理学院，副教授）、张宏伟（内蒙古财经学院商务学院，副教授）、赵云辉（内蒙古财经学院工商管理学院，副教授），崔新健提出写作大纲，并对全书进行通稿。中央财经大学博士研究生林卫凌、侯鸿播、杨智寒、彭谞惠、张茹茹、李雪、欧阳慧敏和中央财经大学硕士研究生季诚诚、毛小东参加了相关资料收集、整理及部分章节的初稿编写工作。中央财经大学商学院王巾英教授对本书的写作给予了悉心指导。在此对他们表示由衷的感谢！

国家开放大学针对本书的编写工作组织了多次专家论证会，分别对提纲和书稿进行了多次论证，提出了许多宝贵的建议和修改意见。专家组由首都经济贸易大学吴少平教授、中央民族大学李曦辉教授、北京航天航空大学方虹教授组成。国家开放大学经济管理教学部刘志敏教授、国家开放大学出版社刘洁编辑、于洋编辑对本书的编写给予了热情的关心和支持，在此一并致谢！

在本书的编写过程中，编者参阅了大量国内外教材、著作、期刊及各类媒体报道，针对引用之处，均已在文中列明了出处，在此对所有资料的编者及媒体一并表示感谢！对于多年来一直给予编者支持和帮助的老师、学生、朋友、同事及家人也表示感谢！

受编者学识和教学经验所限，书中难免存在不妥之处，敬请各位教师、学生和读者交流、指正。（作者电子信箱：xinjiancui@ cufe. edu. cn）。

崔新健

2018 年 4 月

目 录 CONTENTS

第一章　市场营销策划概述

学习目标

- 掌握市场营销策划的概念
- 辨识市场营销策划的特点和功能
- 理解市场营销策划的理念
- 熟悉市场营销策划的分类
- 了解市场营销策划的发展

开篇案例

哈利·波特的立体化营销

“哈利·波特”是文学史与电影史上成功的商业品牌之一。据《福布斯》杂志网站报道，其品牌估价已经突破 10 亿美元，其成功之处在于：

1. 制造“光圈效应”

出版社采用立体式营销策略，调动媒体、广告和活动等一切手段，展开立体攻势，在《纽约时报》《出版人》等知名媒体的报道下，《哈利·波特》成为讽刺文学、神秘主义、历险记、幻想类作品，增强了人们对“哈利·波特”的兴趣，增加了购买的可能性。

2. 大力开发延伸产品

“哈利·波特”从书籍延展到各种产品，包括电影、录像带、饮料、玩具、电子游戏、文具、服装、主题公园及旅游业，构建了一个横跨多个领域的巨型产业链，带动经济规模达 2 000 亿美元，其衍生产品收益占总量的约 70%。

3. 口碑营销

“哈利·波特”的目标群体主要是“80 后”“90 后”，它将系列丛书翻译成 65 种语言，在全球 200 多个国家和地区销售了 3 亿多册图书。

在口碑营销中，“哈利·波特”注重以下多个环节：产品切中市场需求，并进行重复推广，通过电影院、超级市场、玩具店、报纸、甜品店、音像商店等信息和销售渠道，取得了其他常规产品难以企及的知名度和影响力。消费者在购买这些品牌时，已不是单纯考虑价格和便利性，而是在购买这个品牌所讲述的故事及这个品牌自身的传奇色彩。

根据以下资料编写：吕波，168个创意营销金点子，北京，中国经济出版社，2016：11。

第一节　市场营销策划的范畴

一、市场营销策划的概念

1. 策划的含义

策划是指人们为了达到某种预期的目标，借助科学方法、系统方法和创造性思维，对策划对象的环境因素进行分析，对企业资源进行组合和优化配置，所进行的调查、分析、创意、设计并制定行动方案的行为。

策划与计划既有联系，又有区别。策划强调动态的过程，是为了实现某个欲求的结果而进行的计划和计划的实施过程；计划则强调策划的一个阶段性成果。策划开始于计划，但又不仅仅是计划，还涉及计划的执行与控制。

各国对策划专业术语的使用和定义有所不同。

在中国，各种场合与媒体广泛运用“策划”一词。中国学者从中国古代著作探源发现，“策划”一词最早出现在《后汉书·隗器传》中，即“是以功名终申，策画复得”，其中，“画”与“划”相通，“策画”即“策划”。在中国古代，策划常指计划、谋略、对策。《现代汉语词典》（第7版）中将“策划”解释为“筹划、谋划”。

在美国，策划被称为软科学，也被称为咨询业、顾问业、信息服务、公共传播等。业界比较有代表性的企业是兰德公司、麦肯锡公司等。美国学者菲利普·科特勒（Philip Kotler）将策划界定为一种程序，“在本质上是一种运用脑力的理性行为”，即针对将要发生的事情进行决策。

在日本，策划被称为企划，有一定规模的日本公司几乎都有自己专门的企划部。日本策划家和田创认为，策划是通过实践活动获取更佳效果的智慧，是一种智慧创造行为。

2. 市场营销策划的含义

市场营销策划是策划的一个分支，是策划在市场营销管理中的运用。市场营销策划是指策划者为了达到一定的营销目标，在充分的市场调查和分析的基础上，通过有效地配置和运用自身有限的资源，对企业营销活动所做的谋划。

专栏1-1

可口可乐"一个能打电话的瓶盖"

为解决迪拜当地南亚劳工打不起电话的困境，可口可乐公司开发了一款可以用可乐瓶盖当通话费的电话亭装置，把这些电话亭放到劳工生活的区域，他们凭借一个可口可乐瓶盖，可以免费使用3分钟的国际通话费。

在成千上万的南亚劳工心中，他们一天平均只有6美元的收入，可往家里打电话时，每分钟得支付0.91美元。为了节省每一分钱，这些劳工都不舍得往家里打电话，所以，每一个可口可乐的瓶盖都满载着他们内心的温馨、幸福和牵挂。

根据以下资料编写：盘点2015年六大优秀走心的经典营销案例，2015-12-07（2017-12-20），http://www.qusem.com/wangluoyingxiao/anli/145.html。

具体而言，可从以下几方面来理解市场营销策划：

（1）市场营销策划的主体。一般而言，市场营销策划的主体可以是个人，也可以是机构、组织。目前，市场营销策划的主体多为高级专业研究人员或专业性咨询策划公司及有关科研机构。

市场营销策划是对企业未来如何开展有效的营销活动所进行的计划与安排，而市场的未来具有较大的不确定性，因此，应对市场营销策划的主体有特殊的素质要求，即市场营销策划的主体必须具备较高的综合素质，有能力保证最终的策划结果不会偏离预定的目标，并满足市场经济条件下的竞争要求。

（2）市场营销策划的对象。市场营销策划的对象范围较广，既可以是某一时期、某一区域内的某种产品或服务，也可以是出于某种特定目的所进行的某项专门活动，还可以是整个企业。

（3）市场营销策划的前提。市场营销策划的前提是充分掌握市场信息。在营销活动中，需要调研的信息主要有政治体制与政治局势、经济发展状况与发展水平、地域文化特征、法律法规约束及其倾向、自然环境状况及其变化趋势、营商环境、行业竞争状况、行业发展状况、企业在行业中的地位、竞争对手的相关情况、企业自身资源与基础条件、供应商水平、经销商能力、消费者的消费行为特征、政府的管理力度及其管理偏好等。

（4）市场营销策划的手段。市场营销策划的手段表现在资源的有效利用和合理配置。市场营销策划的过程本质上是一个资源配置的过程。这里的资源既包括企业外部资源，如良好的公共关系、有利的政策、合作伙伴的支持，也包括企业内部资源，如人、财、物、企业产品品牌和商誉、供应与销售渠道等。只有充分利用并合理配置这些资源，才能达到理想的营销效果。

（5）市场营销策划的目的。市场营销策划服务于企业市场营销，其目的是制定一套对企业市场营销活动具有现实指导意义的操作方案，为企业营销和发展提供解决问题的思路，并指导营销工作人员开展营销活动，以实现企业市场营销特定的目标。

二、市场营销策划的特点

市场营销策划是一门复合型的学科，它是由多门学科知识综合、交叉、碰撞而形成的新的应用知识体系。市场营销策划作为市场营销学领域中新崛起的细分学科，秉承市场营销学的特点，是综合思维的科学与精湛的经营艺术的结合。作为理论，市场营销策划是一门系统科学；作为实践，市场营销策划是一项系统工程。其主要特点包括：

1. 市场营销策划是创新思维的学科

市场营销策划实质上是市场营销的方法论，是一种经营哲学。市场营销策划是从新的视角，用辩证的、动态的、系统的、发散的思维来整合市场营销策划对象所占有和可利用的各类显性资源和隐性资源，通过资源优化配置，实现各种生产要素在生产经营的投入产出过程中经济效益最大化。市场营销策划包括创新思维路线的选择、企业经营理念的设计、资源的整合、市场营销操作过程的监督和管理四个方面的内容。

市场营销策划特别强调将单线性思维转变为复合性思维，将封闭性思维转变为发散性思维，将孤立的、静止的思维转变为辩证的、动态的思维。市场营销策划的目标是，在特定时空条件的市场上具有唯一性、排他性和权威性，由此，为企业拓展广阔的市场空间，并实现企业综合经济效益最大化的目标。

2. 市场营销策划是工程设计的学科

市场营销策划实质上是运用企业市场营销过程中所拥有的资源和可利用的资源，构建一项新的营销系统工程，根据新的经营哲学和经营理念，对这个系统中的各个方面进行设计。在这一过程中，经营理念的设计始终处于首要地位。

市场营销理念设计是市场营销策划中其他设计的前提，市场营销理念设计是整个市场营销策划的灵魂，它赋予了策划对象丰富多彩的外部形象，更重要的是，为其注入骨骼的精髓和现代社会文化的灵魂。市场营销活动是市场营销理念的原型。市场营销理念设计是统率、指导和规范其他市场营销系统工程设计的核心力量，并渗透于整个市场营销策划过程中。市场营销理念以消费者满意为目标，提出新的社会价值观念和新的生活方式，唤起消费者的需求和购买欲望，并充分满足这种需求和购买欲望，营造新的市场。

3. 市场营销策划是可操作性的学科

市场营销策划是一门实践性非常强的学科。市场营销策划要回答企业在现实的市场营销活动中提出的各种疑难问题，就是在创新思维的指导下，提出开拓市场的时间、地点、步骤及系统性的策略和措施，帮助企业在激烈的市场竞争中获取丰厚的利润。市场营销策划不仅要提出开拓市场的思路，更重要的是，在创新思维的基础上制定市场营销的行动方案。

三、市场营销策划的功能

市场营销策划是市场经济发展的产物，是现代企业获取竞争优势的手段之一。具体来讲，营销策划的功能主要表现在三个方面。

1. 整合资源

市场营销策划的主体通过深度挖掘和分析企业的各种资源（如人、财、物等），结合企业自身优势，通过有效的策划，可使企业资源在重新配置中得到有效整合，充分发挥其协同效用，使企业的整体竞争能力得到提升。

2. 指导实战

市场营销策划以多学科知识的整合为基础，以创造性的营销思维打破传统观念的禁锢，以富有创意的营销理念和经营哲学指导企业进行营销制度、营销方式、营销策略和产品等方面的创新，并用这种创新去适应、创造和满足消费需求。因此，市场营销策划具有指导实战的功能。

3. 规避风险

市场环境的不确定性和多变性使企业发展面临诸多变量的影响，而有效的市场营销策划通过充分收集市场信息，准确判断未来市场的发展趋势，合理配置企业资源，提前规划好应对风险的措施，可以帮助企业降低不确定性，促使企业稳定发展。

专栏 1－2

诱饵效应

20 世纪 30 年代，威康斯·索诺马公司发布了首款家用烤面包机，但这并没有点燃消费者的购买热情，反而令他们陷入了选择困境：家用烤面包机是干什么的？它是好还是坏？我们真的需要家用烤面包机吗？如果有钱，为什么不买旁边的那台新款咖啡机呢？

面对糟糕的销售业绩，该公司只好请来了一家营销调研公司。经过一番研究，营销调研公司要求他们再推出一款新产品，不仅个头更大，而且价格要高出 50%。新型号家用烤面包机一经上市，老型号家用烤面包机的销售状况马上得到了改善，消费者再也不必面对选择困境。此时，消费者是这样想的：我也许不太懂家用烤面包机，但我知道选小的肯定比选大的好。

新型号家用烤面包机提供了一个参考点，或者说，成为一个诱饵，使得老型号家用烤面包机似乎更值得购买。

根据以下资料编写：刷屏级案例背后的 8 个心理学营销理论，2018－02－11（2018－02－26），http://www.sohu.com/a/222173991_281772。

第二节　市场营销策划的理念

一、以消费者满意为中心的理念

1. 以消费者满意为中心的理念界定

以消费者满意为中心的理念是指将消费者的现实需求和潜在需求作为企业开发产品的源头，在产品、定价、分销、促销等方面，最大限度地让消费者满意；同时，企业需及时跟踪研究消费者的满意度，并有针对性地设立改进目标，调整企业经营环节，逐步扩大消费群体。以消费者满意为中心的理念要求企业的全部活动以不断提高消费者的满意度为行动指针，切实从消费者的利益和观点出发来考虑与分析消费者的需求。

2. 以消费者满意为中心的理念指导下的企业市场营销策划活动的主要表现

（1）以消费者的需求为中心研究和设计产品，尽可能把消费者的“不满意”从产品本身（包括设计、制造和供应过程）去掉，挖掘消费者的现实和潜在需求，通过产品本身满足消费者的需求，以实现消费者满意。

（2）不断完善产品服务系统，最大限度地使消费者感到安心和便利。消费者不会为所购买产品的运输、安装和维护而操心。

专栏1－3

偷走班克斯

2011年，费瑞尔为澳大利亚艺术系列酒店策划的“偷走班克斯”品牌推广活动成为行业内佳话。该活动有个“不像话”的规定：顾客只要能够在严密的摄像监控和工作人员眼皮底下将挂在酒店墙上的班克斯名画成功偷走，即可将“赃品”据为己有。

在“偷走班克斯”活动中，供顾客盗窃的宝贝是价值高达15 000澳元的《没有球赛》。不过，顾客得先找到它才行——它被轮流安放于三家艺术系列酒店中。

尽管这幅名画最后被偷走了，但这次活动令澳大利亚艺术系列酒店声名大噪。“偷走班克斯”斩获了两项艾菲金奖和一项戛纳公关金奖。

根据以下资料编写：全球经典新公关案例，中国广告，2014－05－07（2017－12－20），http://www.ad-cn.net/read/1486.html。

（3）重视消费者的意见和建议，让消费者参与企业决策。有效处理消费者的意见，不仅可以推动消费者满意的实现，而且可以为企业产品创新提高思路和解决方案。据美国斯隆管理学院调查，成功的技术革新和开发新产品中，有60%～80%来自消费者的建议。

专栏1-4

小米手机的社群营销

北京小米科技有限责任公司（以下简称小米）成立于2010年4月6日，由雷军创建。2011年8月16日，小米发布第一款智能手机，口号为“为发烧而生”，定位于中低档消费群体，采用线上销售。

小米模式的核心是小米社群。别人先做硬件，小米先做软件；别人先做产品，小米先聚用户。

其营销理念是“贩卖参与感”。

1. 通过“以人为本”的口碑传播，建立“小米社群”

在手机发布以前，小米开发了MIUI系统软件，积累了50万个用户。小米每周与用户沟通，邀请“米粉”为其他非小米手机适配MIUI，并根据粉丝的需求，对软件进行修改。通过MIUI、社区、产品宣传等整合运作，小米促成了一大批“米粉”的产生，小米社群也逐渐壮大和成熟。

2. O2O（Online to office，线上到线下）社群运营：去渠道化抢占制高点

小米开创了小米论坛、线下同城会等，小米官方每隔1~2周就会开展一次线下同城会；小米还举办年度庆典——米粉节，增加了粉丝之间以及粉丝和公司之间的接触点和接触频率。

3. 构建品牌社群：提高用户忠诚度

小米的首席执行官一直采用“情怀”来捆绑消费者，收获了一群讲“情怀”的忠实“米粉”。小米也很注重打造开源生态系统，用各种手段将消费者吸引过来，增强其用户体验，并立足于创造高性价比的产品，提升消费者的好感。另外，小米重视利用互联网平台，不断提升用户体验，以推动消费者对其产品的口碑营销。小米将“发烧友”视为优先用户，邀请他们共同创造产品，将一些非核心功能外包给粉丝来开发，激励粉丝在MIUI平台上开发增值软件——每一个环节都给消费者带来成就感，使小米粉丝与小米品牌的黏性增加。

根据以下资料编写：陈子婵，“互联网+”时代社群营销模式研究——以小米手机为例，新闻研究导刊，2017（5）：44-45。

二、以知识营销为主导的理念

1. 以知识营销为主导的理念界定

知识营销是指企业通过运用现代信息技术，向广大消费者不断传播与企业产品有关的知识，通过知识传播创造市场需求，全面满足消费者个性化的现实需求和潜在需求，以实现消费者满意和企业长期发展的一种营销方法。其本质是企业在营销过程中注入知识含量与文化内蕴，帮助消费者学习产品知识，提高消费者的素质，从而达到推介产品、树立形象、打造核心能力、提升品牌忠诚度、培育市场的目的。

专栏1-5

“互联网+”时代知识付费成趋势

在“互联网+”时代，付费阅读不单指阅读电子书、网络文学，还包括听书、听讲座、获取专业的知识回答等。所有的内容付费模式无一例外都遵循“用有限的时间为用户带来更有效知识获取”的规则，在内容数量庞大、冗杂的今天，精品内容已经可以变现。

根据以下资料编写：“互联网+”时代知识付费成趋势“90后”成消费主力，http://jsnews.jschina.com.cn/cz/a/201704/t20170407_325369_1.shtml，2017-04-07（2018-02-25）。

2. 以知识营销为主导的理念指导下企业营销策划活动的主要表现

（1）企业认识到知识是资本，且不是一般的资本；知识不仅是生产力最活跃的要素，而且已成为生产中最重要的要素。知识的生产和再生产成为企业生产活动与营销活动的核心，因而要重视知识、重视教育、重视科研和重视人才。

（2）企业认识到知识经济导致的社会分工。知识经济将促使知识密集型行业和企业成为“头脑单位”，专门向其他行业和企业提供知识、技术、智能和理念；而另一部分不能进入知识形态的行业和企业将成为“躯干单位”，即专门依赖“头脑单位”提供的知识、技术、智能和理念进行物质生产的经济组织。

（3）企业全面调整营销活动的各个环节，从信息收集、产品设计到工艺流程、营销组合、信息反馈、全面服务等环节进行适合知识经济要求的调整，使企业在营销活动的各个环节增加信息、技术、智能的含量，并依靠知识来提高产品的附加值。

（4）企业认识到要全面实施管理方式和管理手段的创新，从工业经济时代的硬性管理转变为知识经济时代的软性管理，即以人性化管理为主要方式，强调以思想、作风、理念、价值取向为内容，突出教育、培训、引导等手段实施人本管理，而不仅仅是通过以制度、法规、行政等手段实施硬性管理。这需要企业不断提高员工的思想素质。

三、以社会责任为准则的理念

1. 以社会责任为准则的理念界定

不同国家对企业社会责任认识不同。美国认为企业的社会责任主要集中于员工、消费者、资源和环境的责任①；欧洲很多国家则从企业经营管理结构入手，强调保护劳动者的权益；日本更多地强调经营者应发挥其社会责任职能，提出企业经营者“必须学会具有国民社会整体意识和远见”“必须具有解决国民问题的气概，投入于根除社会积弊的行列”“协

① 汤春来．美国公司社会责任的流变及其启示［J］．法学论坛，2006（3）：138-141.

助政府稳定通货膨胀，并致力于自我吸收成本上升部分”等①。

理解差异源于研究视角的不同。莱维特（Levitt，1958）和弗里德曼（Friedman，1965）等学者从经济学视角出发，提出企业的社会责任就是使企业利润最大化，经济责任就是社会责任的全部内容；卡罗尔（Carroll，1979）等学者从社会学视角出发，提出企业应对其利益相关者负责，应与社会建立某种契约关系，使其成为规范企业社会责任的标准；也有学者从法学视角出发，认为应建立相应的法律制度，对企业行为进行硬约束，使社会责任具有法律的规定性；还有学者从伦理学视角出发，认为企业的社会责任应是企业的自愿自发行为。

企业的责任具有复合属性，可将其划分为经济责任、法律责任和社会责任。其中，经济责任是根本责任，是企业存在的意义；法律责任是基本责任，是企业生存的前提；社会责任是自律责任，是企业发展的影响变量。企业的社会责任具有时代性，随着社会条件的演变而演进。具体而言，目前企业的社会责任主要包括劳工权益、环境保护、产品安全和社会贡献四部分。

2. 以社会责任为准则的理念指导下企业营销策划活动的主要表现

（1）企业应以社会责任为准则，给消费者提供合格的产品和服务，从最基本的产品安全做起，为消费者提供安全、性能良好的产品和服务。

（2）以消费者和社会需求为动机，采用合规的营销手段，为社会带来利益，使企业自身的营销活动处于良性循环。

（3）企业在获取利润的同时，必须重视环境问题，即应努力实现绿色生产，减少废气、废水的排放，加强治理污染的强度等，实现可持续发展的目标。

四、以可持续发展为方向的理念

1. 以可持续发展为方向的理念界定

“可持续发展”概念最早出现在 1980 年 3 月的联合国大会上。1987 年，《世界环境与发展委员会》公布了题为《我们共同的未来》的报告。报告提出了可持续发展的战略，标志着一种新发展观的诞生。报告把“可持续发展”定义如下：“可持续发展是在满足当代人需要的同时，不损害人类后代满足其自身需要的能力”。它明确提出了可持续发展战略，提出保护环境的根本目的在于确保人类的持续发展。可持续发展战略已成为当今一个应用范围非常广的概念，不仅在经济、社会、环境等方面运用，而且在教育、生活、艺术等方面经常运用。

1992 年 6 月，在巴西里约热内卢召开了“联合国环境与发展大会”，183 个国家和 70 多个国际组织的代表出席了大会。大会通过了《21 世纪议程》，阐述了可持续发展的 40 个领

---

① 崔新健．企业社会责任概念的辨析［J］．社会科学，2007（12）：28－33.

域的问题，提出了120个实施项目。这是可持续发展理论走向实践的一个转折点。1993年，中国政府为落实联合国大会决议，制定了《中国21世纪议程》。

2015年9月，联合国通过了《2030年可持续发展议程》，提出17项目标：①消除贫困；②消除饥饿；③良好健康与福祉；④优质教育；⑤性别平等；⑥清洁饮水与卫生设施；⑦廉价和清洁能源；⑧体面工作和经济增长；⑨工业、创新和基础设施；⑩缩小差距；⑪可持续城市和社区；⑫负责任的消费和生产；⑬气候行动；⑭水下生物；⑮陆地生物；⑯和平、正义与强大机构；⑰促进目标实现的伙伴关系。中国对此给予积极响应。2016年9月，中国成为全球首个出台《落实2030年可持续发展议程国别方案》的国家，秉持“创新、协调、绿色、开放、共享”五大发展理念，全面开展可持续发展议程的落实工作，并在多个可持续发展目标上实现了“早期收获”。

2. 以可持续发展为方向的理念指导下企业营销策划活动的主要表现

（1）企业经营的目标是在保证人类生存的前提下获得自身的发展，即重视研究资源的最优利用和可持续利用，重视技术革新和新产品的研发。

（2）企业注重寻求经济行动与环境之间的动态平衡，使环境得以保持和持续发展。

（3）企业恪守公平性原则，不仅要考虑到满足当代人的需求，而且要考虑到后代人的经济福利。

（4）绿色营销是可持续发展理念的具体化。绿色营销包括引进绿色技术、实施绿色设计、生产绿色产品、引导绿色消费、实施绿色营销组合，加强绿色营销管理等方面。为谋求企业、环境和社会的和谐，各国增加对环保的投入，努力为绿色营销的实施提供良好的环境；国际社会为促进绿色营销的实施，大力推行环保标志和ISO 14000认证制度，并推行联合国可持续发展委员会的可持续发展指标体系。

专栏1-6

“月球上的孤独老人”

英国百货公司John Lewis在YouTube上发布了2015年圣诞广告“AMan On The Moon”，不到3天时间，观看量接近1 000万人次。John Lewis把关注点聚焦于那些孤独的老人，并与英国专门为老人服务的慈善机构Age UK合作，承诺来自人们在John Lewis商店为老人购买圣诞礼物的所有销售收入将会全数捐给Age UK，用于改善英国当地老人的生活状况。此外，John Lewis还开发了一个叫作“A Man on the Moon”的APP，其中通过虚拟增强现实（augmented reality，AR）技术，可以让用户看到栩栩如生的月亮，赢得了众多粉丝的热捧。

根据以下资料编写：盘点2015年六大优秀走心的经典营销案例，趣营销网，http://www.qusem.com/wangluoyingxiao/anli/145.html，2015-12-07（2017-12-20）。

第三节　市场营销策划的分类与发展

一、市场营销策划的分类

1. 按照策划活动承担者归属分类

（1）内部自行策划。内部自行策划是指由企业内部的营销策划专家或有经验的专业人员、管理人员自行承担的策划活动。其优点是内部人员比较熟悉主体内部的情况，策划针对性强、保密性好、灵活方便、节省费用且策划迅速；缺点是策划会受到企业内部可控人财物状况、掌握信息的充分程度、可利用技术水平的高低等因素的影响与制约，策划思维会有一定的局限性。

（2）委托外部策划。当企业内部自行策划很难解决面临的问题时，可以由外部专业的咨询策划人员或机构进行策划。其优点在于策划主体经验丰富、见多识广、专业化水平高，策划方案的科学性强，还能为策划方案的实施提供指导与帮助；缺点在于费用较高，保密性差，需要较长时间进行摸底调查。

（3）内外协作策划。内外协作策划是指以企业内部策划为主，但因技术上或其他方面的原因，又从外部高等院校、科研院所、专业策划机构聘请一些专家学者进行指导或联合策划。这种策划类型兼顾了以上两种策划方式的一些优点，弥补了以上两种策划方式的一些缺点，但有保密性差、内外协调困难等缺点。

2. 按照策划的对象分类

（1）企业策划。企业策划是以企业的生产经营活动为对象的策划活动，包括财务策划、组织策划、管理制度设计、公关策划等内容。

（2）产品策划。产品策划是指对产品有形或无形部分的策略性设计与对产品的销售推广策划，包括产品实体设计、包装设计、品牌策划、产品名称策划、产品销售策划、产品广告策划等。

（3）服务策划。服务策划是指对企业营销活动中服务提供的内容、时间、地点、对象、程序、价格、场所、服务规范标准、服务的推广介绍、宣传销售等所做的运筹谋划。

（4）活动策划。活动策划是指对一些非经营性活动的策划。例如，企业为树立企业形象而开展的公关活动、比赛活动、文艺活动、娱乐活动、宣传活动、庆典活动、赞助活动、社会公益活动等所做的策划。

专栏 1－7

事件营销策划

巴西人斯基帕是个有名的富翁，他在 62 岁的时候就开始安排自己死后的生活。有一天，他看到埃及法老殉葬品的相关记录，觉得这个习俗靠谱儿，他决定将价值 150 万美元的宾利埋在自家的后院，作为自己死后的殉葬品，并向媒体宣布了这一事件。斯基帕在Facebook上直播了为豪车挖“墓穴”的过程。这个事件举国震惊，并且有媒体跟进。

在“车葬”当天，媒体对现场进行了直播。就在车子已经开下墓穴的时候，他突然叫停，表示自己“有事宣布”。斯基帕说：“在我宣布葬车的这一个星期里，许多人指责我说，好好的车，为什么要埋掉它呢？如果你用不着了，那也应该捐掉才对。但是，大多数人都会选择埋葬比车更宝贵的东西，如心脏、肺等各种健全的器官……你们所有人，有多少人因为器官不足而死去？又有多少人带着健全的器官死去？有多少人在下葬时，同时也陪葬了如此贵重的财富呢？我呼吁在这段时间里对我恶语相向、嘲笑我的那些人成为器官捐献者。”说着，他举起了“我是一名器官捐献者，你呢？”的牌子。身后的海报上写着“下周将是全国器官捐献周”和“多么荒唐啊！要埋葬比宾利宝贵得多的东西：你的器官”。几位在场的明星和艺人表示，他们都已加入了器官捐献者的行列。

这场活动的背后策划是全球知名的广告公司李奥·贝纳（Leo Burnett），它成功运用了媒体想炒新闻、民众爱批判时事的心态。

根据以下资料编写：经典的事件营销故事，http://m.sohu.com/a/196541224_100036593，2017－10－06（2018－02－20）。

3. 按照企业市场营销策划的目标分类

（1）市场营销战略策划。市场营销战略策划在市场营销策划中至关重要，具有方向性、全局性和综合性。其任务是从战略经营单位的角度分析形势，制定目标。其主要内容包括评价市场机会，进行市场细分，决定目标市场，制定市场定位战略、市场竞争战略、企业形象战略和顾客满意战略等。

（2）市场营销战术策划。市场营销战术策划是为实现企业营销战略所进行的战术、措施、项目与程序的策划。其内容包括：一是市场营销因素的整合策划。营销因素除包括传统意义上的产品、价格、分销和促销以外，还包括如经销商、顾客及竞争对手等许多其他因素。二是市场营销项目策划。其包括市场调研策划、品牌策划、产品策划、价格策划、分销策划、促销策划、广告策划、公关策划、服务策划、客户关系策划等。

二、市场营销策划的演变

1. 市场营销策划的演变历程

市场营销策划作为独立的市场营销分工，最早源于美国。20世纪50年代，美国市场形势发生巨大变化，市场有效需求严重不足，商品销售困难，市场竞争加剧，且受到来自欧洲和日本的产品的强烈冲击。为了应对欧洲和日本的挑战，部分学者和企业对市场营销的模式、管理和运作方式等进行了一系列改进，市场营销策划的职能机构和中介应运而生。20世纪70年代，日本经济在“十年倍增计划”的实施下高速增长，出于市场开拓和营造新的国内外市场、为企业的发展铺设高速公路的需要，市场营销策划在日本逐渐成长起来，许多兼职或专职的市场营销策划职能机构和经营组织涌现出来，为日本经济腾飞做出了巨大贡献。

正如许多产业的发展轨迹一样，市场营销策划也经历了由小到大、由点到面、由无序到有序的发展历程。最初，市场营销策划作为市场营销的一个职能，依附于市场营销，表现在企业内部设置专人或职能部门，兼职或专职市场营销。随着市场经济的发展，市场竞争日趋激烈，企业逐渐重视市场开拓的营销战略和策略，市场营销策划作为一种重要的营销职能或市场营销分工独立出来，于是独立策划人、企划部、咨询策划公司、广告策划公司、公关策划公司、市场研究公司、市场营销策划公司等应市场营销发展的需要而出现。从企业层面上看，市场营销策划经历了以下 4 个发展阶段：

（1）个人型构想法——市场营销策划方法的萌芽阶段。在这一阶段，美国处于经济迅速发展的起步时期（1940—1950 年），日本则处于经济高速成长期（20 世纪 40 年代中期到 50 年代中期）。这一阶段的市场营销策划以个人构想为主要特征，主要是个人行为，以个人创意和点子为主。

（2）团队型构想法——市场营销策划方法的成长阶段。20 世纪 50 年代到 60 年代，在美国，“头脑风暴法”风行，这是团队型构想法的雏形。这种方法以集团构想为主要特征，即集合众人的智慧，综合多人的构想，用于产品创新。这种方法同样地用到市场营销策划，成为市场营销策划的团队型构想方法。例如，大多企业成立专门的企划部，小组成员共同负责某项目的营销策划。同时，市场上出现了专职的市场营销组织。

（3）信息支援型构想法——市场营销策划方法的成熟阶段。从 20 世纪 70 年代开始，随着信息技术的发展，信息支援型构想法出现，并逐渐普及。这时，市场营销策划强调以信息为基础开发新观念，进行卓有成效的事前决策。此种构想法的特点是，以相关的信息作为市场营销策划的依据，在客观事实（信息）的基础上做出主观的判断（决策或策划的方案）。这使策划不再仅仅是艺术，还融入了科学的成分。市场营销策划由此成为一个由现代化信息技术与信息理论作为支撑的体系。因此，这一阶段的市场营销策划以信息支援型构想为主要特征。信息支援型构想法的出现与普及标志着市场营销策划方法进入成熟阶段。

（4）战略型构想法——战略型策划方法的发展阶段。自 20 世纪 80 年代末开始，市场营销策划越来越注重从企业战略角度思考问题，企业的发展方向也成为市场营销策划的一个重要内容。这要求策划人员必须站在企业战略的高度认识市场营销策划的内容并进行构想的开发。

2. 市场营销策划的演变特征

（1）市场营销策划逐步由分散的点子、创意案例和经验上升为系统的策划理论，并不断揭示市场营销策划的内在本质和市场营销的规律性问题。

（2）市场营销策划由个体策划人独立完成向知识高度密集的智囊策划和法人组织策划转变。现代市场经济、现代生产方式日益复杂，经济、科技、社会、文化等各方面的交叉、联系日益密切，个人无法完成全面的整体市场营销策划；科学技术的进步、知识经济时代的知识膨胀和信息爆炸，使得个体专家无法全面掌握、分析并有效地处理信息。因此，市场营销策划开始利用现代科技成果，如计算机、信息高速公路、互联网、大数据等高新技术信息处理手段向专业智能群体策划发展。

（3）市场营销策划从依附性向独立性发展。策划主体正从过去经济利益不独立、决策不独立逐步发展为专业化的策划组织；策划学科在市场营销实践和市场经济的发展中也逐步成为一门独立的学科。

（4）营销策划更专业化，更注重实效性，更关注企业的长远发展。

专栏1-8

公益营销经典案例

1. 隐形的海报——英国儿童眼癌公益组织（Childhood Eye Cancer Trust）

眼癌，又称为视网膜母细胞瘤，是婴幼儿常见的眼内恶性肿瘤。它有一个特殊的地方是遇到强光会变白，如果早期发现并进行治疗，可以提高治愈的概率。于是营销人员制作了一些特殊的海报，邀请用户开启手机闪光灯拍摄，当用户拍摄完之后，照片上儿童的眼睛是泛白的。通过这样的形式来告诉父母们，只要在家里给孩子拍个照就可以进行诊断了。

2. 喜欢自拍？没问题！——芬兰儿童救助组织

在赫尔辛基最大的商场里，营销人员放置了一台拍照机器，用户投币捐款，就可以获得一次拍照的机会；所拍的照片会与发展中国家孩子的梦想结合，而最后合成的照片会变成商场内的广告。

3. 为喝水，多走200步——意大利公益组织AMREF（致力于非洲救援）

为了让大城市的居民体会非洲居民用水的困难，非洲医疗和研究基金会（the African Medical and Research Foundation，AMREF）在地铁里放置了两台距离200步左右的售卖机。从第一部售卖机里出来的矿泉水瓶会是空的，但瓶子上提示用户往前走200步可以换取。消费者来到第二台机器上换取了矿泉水，这次瓶子是装满水的，瓶身上提醒“在非洲农村，一些家庭需要步行20千米左右才能用上干净的水”。

4. 被吹掉的头发——瑞典儿童癌症基金会

瑞典Apotek药店在地铁站做了一个创意广告，当列车进站的时候，广告牌上的模特头发就会被吹起来，来宣传Apotek旗下的护发素产品。瑞典儿童癌症基金会借助这个创意，当列车进站的时候，模特的头发依然被吹起来，正当大家看得兴起的时候，模特的头发却被吹掉了，广告语是“每天都有一名孩子被确诊为癌症，可发送短信××到××捐献50克朗”。

5. 分享广告=捐赠——公益组织The Peninsula School Feeding Association

半岛学校饲养协会（The Peninsula School Feeding Association，PSFA）公益组织开发了一个项目，叫Social Feed；他们通过和广告主合作，让他们创建内容，并号召用户分享广告主的内容；如果广告主的内容被分享（如10次），那么广告主就为PSFA组织捐献一顿饭，用于帮助那些贫困地区的儿童。

根据以下资料编写：全球最牛公益营销案例，搜狐新闻，http://www.sohu.com/a/163366897_573716，2017-08-09（2017-12-20）。

三、中国市场营销策划业的发展

1. 中国市场营销策划业的发展历程

中国市场营销策划活动最早出现在20世纪80年代后期。中国实行改革开放，经济体制逐渐由计划经济向市场经济转变，企业基本上摆脱了政府部门的束缚，成为独立的经济法人。在内有动力——追求企业的经济利益、外有压力——市场竞争和优胜劣汰竞争规则的影响下，效率的高低成为企业生死存亡的决定性因素。因此，以提高企业运作效率为目标的企业市场营销策划活动应运而生。其形式主要是营销“点子”、营销“创意”、广告策划和公关策划等，以“个人智慧”为企业提供“点子激活市场”的策划。但是，这种点子策划过于随意，缺乏对市场整体的洞察和理解，难以从实质上提升企业的营销能力。

进入20世纪90年代中期，随着中国市场经济体制改革的不断深入，中国经济高速发展，人民的生活水平迅速提高，生产力不断发展，物质极大丰富，市场由短缺经济条件下供不应求的卖方市场转变为供大于求的买方市场，因此，市场营销的成功与否直接决定了企业的生存和发展。于是，市场营销策划研究从介绍国外市场营销策划的理论、方法、策略和案例，逐步过渡到结合中国国情，探索中国市场营销策划的特点、方法和策略，并指导企业的市场营销策划实践活动。相应地，市场营销策划实践也由“点子”、创意等进化为更具有整体性的营销战略策划案、营销策略策划案、新产品开发策划案、营销广告或公关策划案等形式，市场营销策划的主体也由企业职员、部门经理、兼职者等迅速转化为专业性的广告公司、公关公司、文化传播公司、形象设计公司、市场研究公司、咨询公司、顾问公司、营销策划公司等法人实体。中国市场营销策划业从混乱逐步走向规范，基本结束了“单打独斗”的状态，进入专业化、职业化、行业化的时代。2000年，由国家文化部（现为国家文化和旅游部）批准举办的“中国策划艺术成果博览会”是中国市场营销策划行业的一个里程碑，它标志着市场营销策划业在中国已形成一个行业。

进入21世纪，随着外资企业大举进入中国市场，中国企业对市场营销策划的重要性的认识进一步提高，市场营销策划潜在的市场需求扩大。中国第三代策划人开始崛起，促进了中国的营销策划行业进一步完善和发展。他们针对中国大量中小企业的强烈需求，向企业灌输“实战形象”理念，以“精明实战”和“服务完善”迎合了企业的心理需求。中国营销策划业的组成部分——营销策划公司也发生着巨大的策划服务模式的创新。营销策划公司开始由最初帮企业策划从生产到销售的整个流程，到帮助企业完成某一特定流程的策划或完成某一重要行业、领域的策划，特别是在产品市场化策划上。从此，中国营销策划人的历史使命在于，将营销策划创新的重心转移到产品市场化策划，把产品概念与产品本身形态融为一体，突出产品品牌的市场差异化竞争力，提升企业策划的市场竞争层次。营销策划业开始实现营销策划模式的全面发展，并且营销策划理念全面进入了价值营销策划阶段，营销策划不再只是围绕市场，而是回归价值营销，为消费者提供更多的选择，满足消费者的需求，从为消费者创造更大的市场价值出发。

中国市场营销策划业逐渐走上良性发展的轨道，进入企业全方位整合营销策划阶段，并深入各行各业，成为迅速发展的知识密集型产业。

专栏1-9

世界著名的管理策划机构

世界著名的管理策划机构有美国兰德公司、德国罗兰贝格公司、日本野村综合研究所、国际应用系统分析研究所、美国麦肯锡管理顾问公司、美国斯坦福国际咨询研究所等。

兰德公司是美国最重要的、以军事为主的综合性战略研究机构，它先以研究军事尖端科学技术和重大军事战略而著称于世，继而又扩展到内外政策各方面，逐渐发展为一个研究政治、军事、经济科技、社会等各方面的综合性思想库。它被誉为现代智囊的“大脑集中营”“超级军事学院”“世界智囊团的开创者和代言人”，可以说，是当今美国乃至世界最负盛名的决策咨询机构。

在《麦肯锡方法》一书中，拉塞尔带你走进了麦肯锡的新兵训练营，这样你就可以成为自己的“咨询顾问”，从而捕捉到无坚不摧的解决方案去对付棘手的商业问题。无论你是试图应付复杂战略问题的高级主管、经理人员或企业所有者，还是正在努力提高效率和效益，以便在企业中有所建树的商界职员，《麦肯锡方法》都为你提供了富于勇气而又令人着迷的通向商界成功之路的指导，这条成功之路决定了今日麦肯锡公司管理思想的方向。

根据以下资料编写：李林，营销策划：方法、技巧与实践，上海，上海财经大学出版社，2016：5。

2. 中国市场营销策划业的发展现状及问题

（1）市场营销策划人员素质良莠不齐。中国的市场营销策划人员主要由以下人群组成：第一，媒体从业人员，他们长期在市场一线，拥有广泛的见识，具有一定的洞察与思考能力；第二，“海归”人士，他们拥有在国外接触的最新理念和模式，可指导企业的实践；第三，一批从国内知名企业或国外大公司成长起来的策划人员，他们拥有较先进的管理理念和市场运作经验，主要模仿创新运用；第四，来自高校和研究机构的专业人士，他们可以将研究成果、理念与实际有效地结合起来。

但是，策划人员的背景、经历和学识各有不同，素质参差不齐，这使策划行业“鱼龙混杂”。很多策划人员缺乏专业技能，盲目承担力所不及的业务，策划公司、策划人员之间相互拆台、攻击等。策划方案也良莠不齐。

（2）本土市场营销策划企业的竞争力不强。归纳起来，中国本土策划组织主要分为五大类：一是从原计划经济时期的科技咨询延伸出来的科技咨询中心服务部，市场信息咨询、工程咨询等学术研究机构，这些机构人员以记者、学者及政府机关部门分流出来的“下海型”群体为主，从事科技咨询策划专业研究和市场策划，经营活动以市场经营收入为目的。二是从大专院校及文化产业媒体中延伸出来的策划人、策划办公室、研究院、研究中心、咨询研究所等策划咨询机构，主要以理论研究、创办杂志或培训为主业，活跃在企业或政府高层。这类知识阶层大多有一定的社会地位、专业地位，并有一定的工资收入作为支撑。这一群体是中国策划业兴起和发展的中坚力量，并对策划业的发展产生了一定的推动作用。三是大中型企业的企业策划办公室、研发部、市场信息办公室、策划办公室、调研办公室等，主要以本单位策划服务为主，以工资支付为来源；另外，还有政府、事业机构中的研究室、发展中心、调研室、政策研究室、原体制中的科技院校、厅、局分离出来的策划咨询多元化的机构等。四是基本属于在工商局注册登记的市场经营公司，如策划中心、管理咨询公司、顾问公司等，以策划咨询活动，面向市场服务型的营利化运作。五是由于体制改革深化从社会各层次中分离出来的管理人员、文化人、中小知识分子、个性化的专业策划人、从事生存状态的从业人员，即所谓的自由策划人，这一群体是策划业最具活力的咨询从业者，其挑战力与竞争力极强，是中国策划业的基础队伍。

从总体上讲，麦肯锡、盖洛普、兰德、安达信等世界著名咨询公司占据了大部分的市场份额，中国本土策划企业尚缺乏市场竞争力。从市场需求来看，国内有策划需求的多是外资企业或中资上市公司，对策划要求较高，中国本土策划企业因竞争优势不明显，很难满足其需求；而进入“门槛”相对较低的本土企业大多缺乏策划意识，宁肯花几百万元甚至上千万元去买一套二手的机器设备，也不愿意花二十万元、三十万元做一套策划方案，由此极大地限制了中国本土策划企业的发展。

（3）行业发展缺乏规范性。市场营销策划业在中国尚处于起步阶段，行业相关法律、法规有待逐步完善和加强。

3. 中国市场营销策划业的发展对策

（1）成立行业协会，加强行业自律。市场营销策划业在中国已经出现了一些不良的风气，长此以往，将极大地损害行业的整体形象。因此，成立行业协会，制定行业道德准则、职业规范、策划收费和质量检验标准等，以促使行业从业人员加强自律成为行业发展的当务之急。

（2）加强法制建设，在法律规范的框架下，促进市场营销策划业发展。市场营销策划业在我国尚处于起步阶段，行业市场缺乏统一的管理，政出多门，相关法制建设相对滞后。因此，建立规范、明确的法律体制，健全市场营销策划业市场竞争机制，实现有效的监督和制约成为必要。

（3）培养人才，壮大队伍。综观中国本土策划公司，它们大多采用“明星”式的管理模式，人力资源的开发、配置、培训、激励、管理、考核等尚未建立健全。市场营销策划业需要“明星”，但仅有明星是不够的，还需要培养出大批德才兼备的人才，即通过正规教育，如职业教育和成人教育等渠道，大力培养市场营销策划业的后备队伍，并在加强策划理论的研究、引进国外先进经验的基础上，不断提高市场营销策划人员的理论素质和实战经验。

（4）建立现代企业制度，完善公司治理结构。国内不少策划有限公司名为“有限”，实为单枪匹马或夫妻店。某些策划公司里虽然有几个人，却毫无规章制度可言，更没有明确的部门设置和职责范围、工作规程。因此，建立现代企业制度，完善公司治理结构，这样才能使中国市场营销策划业稳定、规范地发展。

（5）建立战略联盟，强强联合，优势互补。面对跨国咨询公司的竞争压力，中国本土策划公司大多显得稚嫩和单薄，尤其需要通过强强联合、优势互补，实现专业策划公司的战略联盟，成为能够与跨国咨询公司相抗衡的重要力量。

（6）全球化思考，专业化运作。与跨国咨询公司相比，中国本土策划公司往往不能全方位地放眼全球，观念跟不上，专业策划人员欠缺，在服务外资企业时，往往竞争不过跨国咨询公司。跨国咨询公司全球化的业务网络、人力资源、规范化的业务操作模式已成为其核心竞争力。中国市场营销策划业有必要借鉴国外咨询业的思维方式、成功经验、操作模式，并使之本土化，以适应新经济条件下的市场营销策划需求。

小　结

策划最早源于美国，现已发展为一门独立的学科。市场营销策划是指策划者为了达到一定的营销目标，在进行充分市场调查和分析的基础之上，通过有效地配置和运用自身有限的资源，对企业营销活动所做的谋划。市场营销策划是创新思维的学科、工程设计的学科和可操作性的学科。市场营销策划理念是市场营销策划的指导思想，也是企业营销活动的灵魂。在21世纪的知识经济和大数据的背景下，市场营销策划理念必须坚持以消费者满意为中心的理念、以知识营销为主导的理念、以社会责任为准则的理念以及以可持续发展为方向的理念。市场营销策划从不同的角度，可分为不同的类型。中国市场营销策划业的发展仍有待规范和完善。

开篇案例讨论

1. 哈利·波特营销策划的成功之处有哪些？
2. 案例反映了市场营销策划的哪些特点？
3. 案例反映了市场营销策划的哪些理念？

思考题

1. 什么是市场营销策划？
2. 市场营销策划有哪些主要理念？

3. 怎样理解以知识营销为主导的市场营销策划理念？请举例说明。
4. 企业营销策划为什么强调树立以可持续发展为方向的理念？
5. 市场营销策划的演变特征有哪些？

网上练习

主题：成为一名成功的“咨询顾问”

步骤1：通过网络搜索、图书馆借阅或购买的方式，搜索艾森·拉塞尔的《麦肯锡方法》一书。

步骤2：阅读该书，可按照课程进度学习，也可以自行安排阅读进度或者选择性阅读。

步骤3：重点思考和学习优秀的咨询顾问需要具备哪些能力？如何增强这些能力？

步骤4：你是否愿意成为一名“咨询顾问”？试策划一下自己的发展路径？

策划技能训练

主题：中国市场需要什么样的市场营销策划理念？

步骤1：教师将全班学生分组，5～7人一组。

步骤2：学习和理解本章第二节内容。小组讨论并形成小组认同的“市场营销策划理念”。

步骤3：通过网络检索，收集支持小组“市场营销策划理念”的案例。

步骤4：小组进行讨论、分析案例，找出明确支持小组“市场营销策划理念”的观点。

步骤5：组织课题辩论，每30分钟安排两个持有不同“市场营销策划理念”的小组进行辩论；教师或者任一其他小组做主持，将所有辩论观点记录在黑板上。

步骤6：所有小组完成辩论后，组织班级进行讨论，并达成共识。

第二章　市场营销策划方法与管理

学习目标

- 掌握市场营销策划的原则与方法
- 掌握市场营销策划的步骤与技巧
- 了解市场营销策划的组织机构
- 熟悉市场营销策划人员的要求
- 了解市场营销策划的经费预算
- 理解市场营销策划的实施与控制

开篇案例

百事可乐公司的体验营销策划

百事可乐公司（以下简称百事）营销策划的重点在于“年轻人”。考虑到年轻消费者成长于数字化时代，注重情绪触发和认知快，百事在其营销策划中采用新数字技术，整合大量用户数据，构建多渠道加深用户体验的营销策划方案。

一、产品线及包装创新

百事可乐进行品牌定位升级——它不仅仅是饮料品牌，更致力于成为每一代年轻人的文化品牌标志，以创造品牌差异化价值。2017 年，百事从口味和包装两方面对百事可乐进行了一系列创新。针对年轻人的独特需求，百事于 2017 年在中国上市百事可乐无糖全黑细长罐。借助全黑设计，赋予产品更为鲜明与大胆的个性，“敢黑 · 带感”的品牌态度与时下崇尚“个性”文化的年轻消费群体形成共鸣。在无糖黑罐的基础上，百事持续打造 Pepsi × Alexander Wang 限量罐、百事星球大战限量罐、上海时装周限量罐等一系列限量产品，持续强化品牌与黑色个性特征的紧密关联，在年轻消费群体中收获了极高的关注度。

二、多元跨界营销策划

基于时下年轻人对多元价值观的认知与接纳，以及对自我态度表达的渴望，百事于 2017 年在时尚、音乐、运动等代表年轻潮流文化风向标的领域进行了一系列跨界合作，将“Live for

Now”的品牌文化延伸至消费者生活方式的不同层面，与年轻人实现生活场景的情感联结，以融入年轻人的生活。

2017 年，百事联合眼镜设计师 Percy Lau、新锐独立设计师、潮牌回力与知名工业设计师等打造限量跨界合作时尚单品，以年轻、动感的品牌基因激活创意灵感，深入渗透当下年轻人关注的潮流生活；同时，在“玩转百事盖念店”系列活动中，百事选择与某“斜杠”青年合作，联合打造“Generation 2”音乐短片，以音乐故事与年轻人建立情感共鸣，激励年轻人突破自我、活出态度与腔调——Live for Now。

三、线上与线下活动策划

“百事盖念店”是百事首个线上和线下结合的潮流文化体验空间。在进行线上活动时，百事打破常规的单一奖品兑换机制，消费者可以在线上平台通过兑换、抽奖、竞拍、众筹等方式赢取限定潮品。新颖的玩法让百事获得了较高的参与量与互动量，品牌合作实物类奖品兑换尤为火爆，众多奖品在几分钟内一抢而空，活动在数字平台上的总曝光量高达近 14 亿次。“百事盖念店”的线下活动注重体验设计，精准解读消费者的心智信号，汇聚跨界时尚单品，与消费者在产品、平台、空间、环境的互动中完成情感联结，营造全开放的沉浸式体验。百事在全国所有的渠道中推出相应的主题活动，包括路演和快闪店。在快闪店，投入一枚百事可乐最新款的可乐瓶盖，即可进入店内体验；店内不仅集中陈列了大量百事可乐合作主题的限量罐，而且展出了多款跨界合作的单品，进一步给消费者更为直观、可触摸的体验，以更好地满足年轻人乐于尝鲜的心理。

在打造多维体验空间时，百事致力于在商业生态圈里不断发掘合作伙伴并拓展合作内容。2017 年夏天，百事在上海迪士尼度假区引入“趣泡”体验创新活动，以旗下百事可乐和七喜饮料为基底，混搭多种配料，在为消费者提供全新饮用体验的同时，将口感、调制体验和音乐派对结合，加深了百事可乐与音乐场景的强关联。在短短 50 天内，趣泡站共售出 4.5 万份趣泡调饮，独特的调配创意与趣味十足的造型还赋予趣泡极大的社交属性，激发了消费者在社交平台上自主分享的意愿。

根据以下资料编写：王晓红，百事新营销：多元体验连接年轻客群，销售与市场：第 1 营销网，http://www.cmmo.cn/article-209992-1.html. 2018-02-09（2018-02-24）。

第一节 市场营销策划的原则与方法

一、市场营销策划的原则

市场营销策划的原则主要有以下几个：

1. 创新性原则

创新性原则是指在市场营销策划过程中，策划主体要用新的创意、新的营销内容、新的表现手法为消费者提供一种全新的感受，使其具有独特的卖点、独特的定位、独特的销售亮点、新颖的营销组合，通过有力的整合传播、科学的媒体投放等满足市场竞争的创新需要，使市场营销策划的对象在市场竞争中产生“先发效应”和“裂变效应”，帮助企业实现拓展市场空间和整合经济效益的最大化的目标。

专栏2-1

视觉营销：Emoji使营销变得更有趣

Emoji是日语绘文字的音译，起源于日本的12×12像素表情符号。20世纪90年代，日本移动运营商NTT Docomo凭借这些可以在自家I-mode平台上发送的小图标大获成功。2011年，苹果公司发布的iOS输入法中加入了Emoji，这种表情符号开始广泛传播，普遍应用于各种手机短信和社交网络中。2015年，用Emoji在推特（Twitter）上点餐、把Emoji用于网上银行密码、编Emoji作为书籍简介等，各种使用Emoji表情的营销活动火热进行。Emoji填补了许多文字无法表达的内容，也引领了一轮新的视觉营销创新风潮。

2014年7月4日，也就是美国独立日那一天，百威在Twitter上发了一条Tweet，这条Tweet用烟火、国旗和啤酒Emoji组成了一面美国国旗。这条虽然形式十分简单，成本很低，但是新颖、有趣，内容切合时事热点的Tweet在Twitter上获得了152 025次转发，并收获了113 507个点赞。

2016年，百事决定把在俄罗斯、加拿大、泰国三个国家的Emoji可乐瓶营销活动推广到全世界100多个国家，并称之为“PepsiMojis”。通过这些定制的Emoji可乐瓶，百事希望年轻人能够“Say it with Pepsi（用百事来交流）”（见图2-1）。

（1）

（2）

图2-1　Emoji可乐瓶

根据以下资料编写：除了卖萌和吐槽，Emoji表情又给品牌立功了！http://www.sohu.com/a/77313217_422230，2016-05-26（2017-12-25）。

2. 可行性原则

可行性原则是指市场营销策划方案应具有可操作性和易操作性。市场营销策划的重点是其实践性，它要回答企业在现实的市场营销活动中所面临的各种疑难问题，如为什么、是什么、怎么办、怎么样。因此，市场营销策划不仅需要提出开拓市场、营造市场的时间、地点、步骤及系统的策略和措施，而且必须具有在特定资源约束条件下的高度可行性。

3. 权变性原则

权变性原则是指市场营销策划必须具有依据情况变化而变化的弹性。市场是千变万化的，任何超前性的市场营销策划都有可能遇到突发事件或风险，如政策的改变、经济因素的变动、新的法律制约、竞争对手的变化等，因此，市场营销策划需要具有一定的灵活性和弹性，可以根据环境变化和市场反馈不断修正策划内容。为此，市场营销策划方案可以“前细后粗”，其中，“前细”指详细制定前面的执行方案，达到可操作的程度；“后粗”指后续的方案可提出一般性设想，根据实际执行效果再动态调整方案。

4. 系统性原则

系统性原则是指市场营销策划需要适合企业的整体运营。策划主体必须具备系统的理论知识，位居企业最高端，系统地分析问题、激发创意、制定方案并组织实施。市场营销策划需要系统地分析宏观影响因素和微观影响因素，全面发挥企业的优势，实现企业的目标。市场营销策划工作是企业全部经济活动的一部分，其有赖于企业其他部门的支持和合作，并非一个营销部门所能解决的。例如，产品质量、产品款式、货款回收等，就分别需要生产部门、设计部门、财务部门的配合。因此，整个策划活动本身就是一系列分项工作的总和，每个环节环环相扣，一个活动的结束必然是下一个活动的开始，这构成一个完整的营销活动链，缺少其中任何一个环节，都不会达到理想的策划结果。市场营销策划是一项系统性工程。

二、市场营销策划的方法

市场营销策划方法是采用不同的工具对营销进行科学的策划，充分利用现存的可利用资源，选择最佳手段完成策划目标的过程。

市场营销策划的方法有以下几种：

1. 人文法

人是策划的主体，如何发挥人的优势，利用各种人才的互补与激励来改善策划效果非常重要。人文法主要包括：

（1）集思广益法。集思广益法就是把个体的智慧汇总起来，进行综合处理，选择一个切实可行的市场策划方案。每个人都可发言，提出自己的不同见解，在此基础上，将每个人的意见进行综合提炼，形成一个策划方案。最后作出选择的人应该是对问题有一定研究的专家。

专栏 2－2

智力激励法

智力激励法是一种集体型的创造技法。它是根据一定的规则，运用智力激励会的形式，无拘无束地讨论具体问题，通过集体思考、交流来集思广益，从而在短时间内产生大量创造性设想的活动。对智力激励法的改进方法有以下几种：

1. 653法

奔驰汽车公司采用653法收集设想和方案，对车型工艺进行了大胆的创新，先后设计和研制了“纽尔堡480”式8缸8座汽车、布尔柴油发动机轿车，直至“梅尔塞斯400”“梅尔塞斯600”型高级轿车。奔驰汽车公司生产的车辆从一般小轿车到255吨大型载重车共160种，3 700种型号。

2. 三菱式的头脑风暴法

三菱式的头脑风暴法是日本三菱树脂公司提出的一种改进方案。其实施过程如下：

（1）主持人向参与者宣布主题。

（2）给10分钟左右时间，让参与者将设想写在笔记本上。

（3）轮流宣读设想，每人每次宣读1～5个设想，记录员记下设想，其他人受到启发后又可在笔记本上写下新设想，尽量让全体人员把所有设想都宣读完。

（4）开始对设想提出质询，提出设想的人可进行说明。

（5）主持人对讨论结果进行归纳。

（6）参与者对设想进行评价，整理有用的设想。

3. 卡片式智力激励法（CBS法）

日本创造开发研究所所长高桥诚提出了卡片式智力激励法。其实施过程如下：

（1）主持人宣布主题。

（2）参加者围坐在桌子周围，每人拿50张左右卡片写设想，每张卡片上写一个设想（约占1/6的时间）。

（3）轮流宣读卡片，并排在桌面上，读一张放一张，别人可以提出质询，并在受到启发后将设想写在自己的卡片上（约占3/6的时间）。

（4）自由发表设想，从桌面上拿掉重复的设想卡（约占2/6的时间）。

（5）主持人进行归纳。

根据以下资料编写：智力激励法，https://wenku.baidu.com/view/bff0f77231b765ce050814e9.html，2013-04-10（2017-12-24）。

（2）调查法。调查法是指策划人通过调查得到相关信息，分析并处理信息，得出结论，再形成策划方案的方法。策划的直接依据是调查资料。调查资料包括现实的和潜在的市场状况、消费者的购买水平、消费方式、购买欲望的特点、竞争性产品的优缺点、竞争对手的营销策略、科技进步给市场带来的冲击等。只有全面、准确地掌握市场信息，才能有针对性地进行营销创意、构思、设计，制定出符合客观实际的策划方案。

（3）经验法。经验法是指针对某个策划问题，策划人根据自己多年的策划经验，努力找出与本次策划背景相似的一些案例，再结合本次策划的对象、环境、资源等因素的不同进行新的复制性策划。这是策划人最常用的一种方法，需要策划人具有丰富的经验，并能基于经验不断创新。

2. 系统法

系统法就是要求从系统的一个方面或几个方面或整体出发，对其进行整体分析和研究，找到解决问题的方案。系统法主要包括：

（1）逻辑法。事物各要素及相关事物之间总有一定的逻辑顺序和关系，逻辑法就是从这些逻辑顺序、关系入手找出规律，作为分析问题的依据，然后根据实际的条件、问题进行策划的方法。

（2）预测法。预测法，即根据以前的资料找出事物发展的线索或规律，再基于目前的情况预测其发展趋势，最后根据预测的结果进行策划的方法。预测法中最著名的是德尔菲法，它是20世纪60年代由美国兰德公司首创和使用的一种策划方法。德尔菲是古希腊的一座城市，因阿波罗神殿而闻名。由于阿波罗有着高超的预测未来的能力，故“德尔菲”成了“预测”“策划”的代名词。所谓德尔菲法，是指采用信函、电话、网络等方式，反复咨询专家的意见，然后由策划人做出统计。如果结果不能趋向一致，就再征询专家的意见，直至得出比较一致的方案。这种方法的优点是专家们互不见面，不会产生权威压力，因此，可以自由地发表自己的意见，从而得出比较客观的看法。

（3）抓主法。抓主法，即抓事物主要矛盾的方面。事物之间的联系是由众多矛盾相互交错构成的，抓住其中主要的方面，就可事半功倍，这样的策划省时、省力，非常实用。

（4）取向法。取向法是抓主法的逆向思维。在找出事物内部及外部的关联因素并进行分析之后，有时并不一定只选取主要矛盾，而是根据实际问题的侧重点不同，选取一个或多个因素，再将这些因素结合起来进行策划。

（5）类比法。类比法，即策划的项目没有资料和事例作为参考，需要找出内外部关联之后，将其与相类似的项目进行比较，具体分析各因素的关系与地位，从而对本项目有一个清晰的认识，最终找到解决问题的方案。

3. 体式法

体式法，即整体策划法，是指将策划过程看作一个整体，对整个策划项目进行全方位，由点及线、及面、及体的策划，这与策划的系统性原则的要求是完全一致的。体式法是一种战略策划法，即从策划整体战略高度来考虑，是具有全局性和长期性的策划方法。

体式法策划包括点式策划、线式策划和面式策划三种。其中，点式策划，即出点子或出主意，这种策划解决的都是一些比较简单的问题；线式策划，即对某一问题的某一方面所做的策划，此时的问题比较复杂，它是由多点问题组成的某一个方面的问题；面式策划是对某一问题所做的全方位的策划，包括点、线策划在内。一般说来，一个策划项目，作为一个整体，都是由点、线、面组成的。策划人在策划之前，首先要将这些点、线、面分析出来，然后系统地针对各点、线、面的具体问题展开策划。

综上所述，策划方法对于策划而言十分重要。对策划人来说，策划没有固定的模式，策划人需要灵活应用已有的各种策划方法；同时，再成熟的策划方法也不可能一成不变，它会因方法应用者的删减、添加、改造而有所不同。因此，从某种意义上来说，策划就是创新，策划方法会随策划人的创新性应用而不断更新。

第二节　市场营销策划的步骤与技巧

一、市场营销策划的步骤

市场营销策划是一项复杂的系统工程，其必须有一个路线图，一般步骤如下：

1. 明确策划问题

任何一个营销策划方案都是为了某个中心目标服务的，而策划的目的可以是提高企业的社会形象，可以是促进企业的品牌推广，也可以是短期内促进销售额的增长，等等。不同的策划任务给策划工作本身提出不同的侧重点要求，因此，策划人在开展策划活动之前，必须与相关人员交流，以准确地领会本项策划的中心任务，明确策划的问题。

2. 市场调研和环境分析

市场营销策划是在收集相关信息的基础上激发创意，并通过营销相关理论知识，对创意的实施进行有效的规划，以确保创意得以实现的过程。因此，通过市场调研收集相关信息，并将基础的信息加以整理、归类、分析，是市场营销策划系统工程中一项重要的活动。调研和分析的重点是企业外部环境和内部环境。

专栏2-3

社会化媒体时代的内容营销

印度精品茶Manjushree把茶盒做成了书。每种茶配一段相应的诗或小说。当人们饮茶时，伴随着茶的热气蒸腾，茶盒上的字就会呈现。Manjushree的精心之处还在于，为每款精品茶甄选了与其特点、风味相对应的诗或小说。这些诗或小说统称“茶故事”，只有当你安静地享用一杯热茶时才能阅读。

在深刻了解消费者的情况下，内容营销可提供领先的思想和价值观，并通过一个个故事和有价值的信息，以品牌或产品为载体，将这些价值观传递给消费者。品牌或产品成为顾客价值的一个具体落脚点，而真正打动消费者的是附着在品牌或产品上的文化价值观和意义。

根据以下资料编写：内容营销是什么？带你思考内容营销的三大核心问题，http://www.admin5.com/article/20171127/803466.shtml，2017-11-27（2018-02-20）。

3. 进行市场预测

进行市场预测的方法很多，可以分为定量预测和定性预测两大类。定量预测主要有时间序列法（如百分比增加法、简单平均法、移动平均法、加权移动平均法、一次指数平滑法、季节指数法等)、一元线性回归分析法等。定性分析法有经理评判意见法、销售人员估计法、综合意见预测法、头脑风暴法、专家意见法、SWOT 分析法等。

4. 确定策划目标

在形成方案之前，必须根据市场营销环境调查分析和市场预测，确定策划所希望达到的目标。策划目标主要包括财务指标部分（如销售额、利润率、费用率等）和营销功能指标部分（如市场占有率、销售增长率、企业形象目标等)。

5. 制定营销策略组合

在激发营销创意之后，为实现营销创意所期望达到的目标，需要制定一系列营销策略组合，具体包括产品策略、定价策略、分销策略和促销策略等基本内容。

6. 撰写营销策划方案

制定营销策略后，需要把这些策略以书面的形式撰写出来。在撰写策划方案时，应该逻辑清晰、语言简洁易懂，避免出现晦涩的词汇。一般来说，策划方案至少应包括以下三部分内容：策划方案名称、策划方案正文和附件。策划方案名称可以包括一个主标题和一个副标题，必须清楚明了，让人一看就知道这是哪个企业、关于什么产品、有什么内容的策划方案；策划方案正文应包括策划序言、策划方案的完成日期和使用日期、策划方案文案、策划方案说明、注意事项等内容；附件包括策划过程中收集的调研数据、图标、分析资料、讨论录音录像、参考文献等。

二、市场营销策划的技巧

策划通常具有很强的技巧性，这些技巧不但是对策划创意的补充，而且能使策划的目标更容易实现。说到底，技巧是一种化繁为简、清理复杂问题的能力。市场营销策划的技巧没有固定的程式，但也不是无规律和混乱的，通过总结，可以寻找其中的一些重要线索和应用规律。

1. 寻找合适的切入线索

（1）政治线索。策划人需要树立宏观意识，把握政策走向，顺应国家的大政方针。如果策划活动能得到政府一定的支持，那么推进的过程就会顺畅得多。因此，把政治因素或政府行为渗入策划及其研究领域是策划人需要认真学习的一门重要功课。

（2）经济线索。经济发展和经济现象是社会关注的焦点，策划人要紧跟市场大潮，把握市场脉搏，努力超前判断经济发展趋势，为新经济的来临提前做好准备。

（3）科技线索。进入 21 世纪，科技发展更加迅猛，产品的更新速度更快，三年不换代的产品已十分罕见。每次科技浪潮都会对传统产业形成冲击，甚至将其淘汰。因此，策划人要善于跟踪新技术，运用新技术，争取科技进步的主动权。况且，技术发明本身也是一种策划思维，即“科技策划”，把科技策划与营销策划结合起来，可以产生更多、更新的策划。

专栏2-4

吉利公司面向妇女的专用“刮毛刀”

美国吉利公司把“刮胡刀”推销给女人，居然大获成功。1974年，吉利公司提出了面向妇女的专用“刮毛刀”。这一决策看似荒谬，却是建立在坚实、可靠的市场调查基础之上的。

吉利公司用一年的时间进行了市场调查，发现在美国30岁以上的妇女中，有65%的人为保持美好形象，会定期刮除腿毛和腋毛。这些妇女主要靠购买各种男用刮胡刀来满足此项需要，一年的花费高达7 500万美元。这是一个极有潜力的市场。

根据市场调查结果，吉利公司设计了新产品。刀头部分采用一次性双层刀片，刀架选用色彩鲜艳的塑料，并将握柄改为弧形，以利于妇女使用。握柄上还印压了一朵雏菊图案，充分凸显女性特点。

为了使雏菊刮毛刀迅速占领市场，吉利公司还拟订了几种不同的“定位观念”到消费者中征求意见。这些定位观念包括“双刀刮毛”“完全适合女性需求”“不到50美分”“不伤玉腿”等。最后，公司根据多数妇女的意见，选择将“不伤玉腿”作为推销时的突出重点，刊登广告进行刻意宣传。结果，雏菊刮毛刀一炮打响，迅速畅销全球。

根据以下资料编写：朱洁，包月姣，营销策划实务，重庆，重庆大学出版社，2017：19-20。

（4）文化线索。不论何种类型、何种规模的企业，都不能忽视文化因素的影响。文化涉及的社会层面十分广泛，而文化自身的丰富性、复杂性和多变性也为策划创造了条件，如茶文化、酒文化、饮食文化等。策划人如能以文化的眼光看问题，策划的题材将变得丰富多彩。

2. 采用恰当的切入形式

（1）物质性创新。可以从策划对象本身的功能上寻找突破口，其功能的增加或减少都可能产生新的效果，如专利发明实质上是对产品功能的一种策划。另外，也可以从畅销产品切入，即对畅销商品进行详细分析，了解其畅销的原因和畅销点，将畅销点巧妙地进行嫁接，策划开发新产品。

（2）利益性创新。在产品或服务的价格和利益上做文章，明增价暗降价和明降价暗增价都是典型的利益炒作，如“黄金周”推出的各种折扣促销活动。

（3）信息性创新。从策划对象的信息承载形式和内容入手，以品牌战略或概念炒作最为典型，它可以使产品和企业本身因新信息的载入而具有较高的信誉或新鲜度，尤其是在产品效应的基础上增加了“地位”或“品位”的因素，从而使消费者为购买“地位”和“品位”而乐意增加支出。在产品同质化严重的今天，信息性创新可以使商家获得远超过行业平均利润率的收益。

专栏2－5

AR/VR等技术在营销领域的应用

AR（augmented reality，增强现实）、VR（virtual reality，虚拟现实）技术在营销领域初露锋芒，在汽车、时装、游戏产业中得到广泛应用，以新鲜、有趣的手段给予用户一种全新的科技尝试，被许多品牌运用到数字营销的实际应用场景中。

法国迪奥时装屋推出了一款名叫Dior Eye的虚拟现实穿戴，样子很像Oculus Rift虚拟现实游戏穿戴头盔。这个VR头盔是专门给想看时装周后台的人准备的，让人们身临其境地去时装秀后台看看，“近距离”围观造型师是如何化妆的，而模特们在登上T台之前在做什么。

在韩国的某个商场内，北面的工作人员布置了雪地的场景，让店内的顾客穿上他们的羽绒服，坐在雪橇上，戴上Oculus VR，体验一把狗拉雪橇的快感。在工作人员的指引下，一群雪橇犬冲破泡沫墙带着顾客在商场里飞奔起来，顾客可以看到在指定点悬挂的秋冬新品，可以在雪橇路过时挑战拿下，画面非常刺激，顾客们也是收获满满。

2014年，沃尔沃成为第一个利用谷歌Cardboard做营销的品牌。下载沃尔沃的APP，把手机放置在简单组装的谷歌Cardboard眼镜上，就可以360°体验沃尔沃的新车XC90了，不但能看清汽车内部，还能“驾驶”它上路。

根据以下资料编写：2016年你不能错过的10个创新营销策划方案趋势，http://www.tooopen.com/copy/view/39616.html，2015－10－08（2017－12－25）。

（4）时间性创新。时间是现代社会生活的重要因素，选在什么时间去开展营销活动是一门学问，从策划的角度来看，就是时机的选择。

（5）顾客性创新。在日常策划中，还可以从顾客方面寻找策划的切入口：一是从顾客的抱怨切入。再好的产品都有需要改进的地方，当顾客对营业人员抱怨产品有缺陷，甚至发生抗议时，正是产生新策划的最佳时机。顾客的抱怨往往是新需求的开始，如果能将这种潜在的需求具体化，那么，新产品的创意也就开始了。二是从顾客的希望切入。人的欲望是无止境的，当一种欲望被满足后，他又会产生新的欲望。顾客的这种欲望是对更好、更新、更便宜的产品的追求，尽管可能许多是“异想天开”，但可以给策划人带来一些独到的启发。三是从顾客的特殊需要切入。一般商品只能满足大众的需要，而不能满足部分人的特殊需要。当这种特殊需要不止一次出现时，将意味着一个回报丰厚的市场就要产生。不管这个市场有多大，它对策划人来说都是有价值的。四是从顾客不经意的谈话切入。与顾客进行交流，了解顾客的困惑，在解决“顾客的困惑”的过程中，策划人可以产生宝贵的策划思路。

专栏2-6

逆反营销：丑的也是美的

美国艾士隆公司董事长布希耐在一次外出时，偶然发现几个孩子正在玩一只肮脏且异常丑陋的昆虫，简直到了爱不释手的地步。布希耐意识到，某些丑陋的玩物在部分儿童的心理上占有很重要的位置。于是，他部署公司研制出一套“丑陋玩具”并迅速推向市场，结果一炮打响。“丑陋玩具”给艾士隆公司带来了丰厚的利润，并在美国掀起了行销“丑陋玩具”的热潮。

根据以下资料编写：101个影响世界的营销故事，http://blog. sina. com. cn/s/blog_7bd342990100t5pf. html:52，2011-04-23（2017-12-20）。

第三节　市场营销策划的管理

一、市场营销策划的组织机构

市场营销策划的组织机构是指企业内部为开展市场营销策划活动而设计的相应职位及部门。它是保证市场营销策划工作实现的组织手段，是企业为了实现营销策划目标、发挥市场营销策划功能，由有关部门和人员协作配合的有机的管理体系。

1. 市场营销策划组织机构设置的原则

（1）统一指挥原则。在市场策划的组织机构设计中，首先要明确组织机构中的各级关系，每位员工只对一个上级负责，服从命令，听从指挥。具有战略性、全局性的重大事项的管理控制权应集中在企业策划高层，这有利于实现统一指挥和统一领导，避免多头领导，消除有令不行、有禁不止等现象。组织机构指挥系统的明确过程实质上是分权过程，即将职权自上而下逐步地转移下去，实行权力分解，建立有效的组织机构控制系统。

（2）分层管理原则。在市场营销策划的过程中，为了提高管理效率，必须实行分层管理，即针对实际的营销状况，在市场营销策划系统中，各部门主管应拥有一定的权力，承担一定的责任，以便能在规定权限范围内灵活处理与本部门相关的业务事项，将责、权、利有机结合。

（3）合理分工原则。市场营销策划的组织机构设置应有利于组织各职能机构纵向协调和横向合作，使信息能有效地沟通，这直接关系到企业的营销目标能否顺利实现。

（4）精简高效原则。建立市场营销策划组织机构的目的是，通过优化营销资源配置，实现营销利润最大化。因此，企业营销系统的各部门和各环节的设置都必须与其承担的职能相符。只有精简的组织机构才能创造出较高的效率。

（5）适度弹性原则。现代营销活动具有复杂化、知识化、智能化、专业化、科技化的特点，且影响营销活动的环境变化很快，因此，营销策划组织机构应具有一定的弹性，能根据营销活动的动态变化进行相应调整，以适应营销环境的发展变化。例如，企业为实现某一特定市场目标，可以聚集有关专家适时组建临时性机构，并通过临时性授权来完成某项特定的目标任务。

2. 市场营销策划组织机构的类型

为了实现市场营销策划的目标，必须选择适宜的市场营销策划组织机构的形式。市场营销策划组织机构通常有以下三种类型：

（1）“家族型”策划组织机构。“家族型”策划组织机构是指以企业内部的营销职能部门作为策划的主体单位，借助企业原有的营销组织和人员来收集信息、制定营销方案并组织实施。

（2）“智囊型”策划组织机构。“智囊型”策划组织机构是指由企业抽调部分营销人员，并聘请专家或管理顾问成立专门的策划班子进行企业市场营销研究，对企业市场营销战略和策略做出规划和策划，再通过企业营销职能部门来组织实施策划方案。该类型具有灵活性和高效性的特点，即企业凭借“外脑”策划营销方案提高了市场营销策划的起点和水准。通常在企业经营的特定时期，如企业的组织机构调整、业务经营范围发生重大变化、新产品上市、企业经营陷入困境以及面临重大事件等情况下采用这种类型。

（3）混合型策划组织机构。混合型策划组织机构是指企业将以上两种类型结合运用，由“家族型”策划组织机构承担企业营销活动过程中的常规策划任务，而“智囊型”策划组织机构承担特定市场营销策划任务，真正实现市场营销策划组织机构的系统性、稳定性、灵活性和高效性。

3. 市场营销策划组织机构的人员构成

市场营销策划的组织机构通常由一名策划总监（组长）、2～3 名主策划人（副组长）和若干名成员组成。一个完备的市场营销策划组织机构的主要成员及其相互之间的关系如图 2－2 所示。

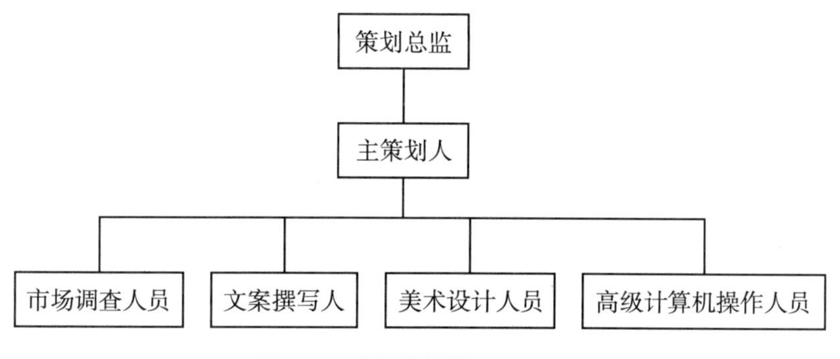

图 2－2　市场营销策划组织机构

（1）策划总监。策划总监全面负责监督和管理营销策划委员会（小组）的各项工作，其主要工作职责和任务是，协调营销策划组织与企业各部门及各方人士之间的关系，保证工作进度和效率等。策划总监一般应由企业的总经理、营销副总经理或策划部经理担任。

（2）主策划人。主策划人在策划过程中起着关键性作用，不仅指挥各类策划人员的调研活动，而且负责组织策划人员的创意活动，并最后负责策划文案的拟订。营销策划的成功很大程度上是在主策划人充分发挥聪明才智和组织协调能力的基础上集思广益的结果。因此，主策划人不仅要具备较强的业务素质和综合能力，而且应富有营销策划的成功经验和高度的责任感。

（3）市场调查人员。准确、完备的市场信息对于策划活动的后续工作非常关键，这要求策划组织必须设有专门人员来负责策划活动所需相关信息的调查、收集、整理和分析等工作。对于调查人员来说，敏锐的观察力、准确的判断力和有效获取信息的能力都是其应具备的最基本的能力。

（4）文案撰写人员。在通常情况下，策划文案的撰写应在主策划人的领导下由多个撰写人共同完成，这样既能保证策划工作的效率，也有利于集思广益，提高策划工作的质量。单个文案撰写人虽然只负责文案的部分撰写，但必须熟悉和了解整个策划过程。娴熟的文字表达能力、认识问题的深刻性和富于创新思维是衡量文案撰写人水平的主要标准。

（5）美术设计人员。优质的商品都要有精美的包装，市场营销策划的过程实际上也是一个对企业、产品进行美化包装的过程。美术设计人员可以利用美学原理，通过创造性的想象来丰富和完善企业的视觉形象、商品标志、广告等，以增强策划文案的感染力和冲击力，提高策划活动的有效性。

（6）高级计算机操作人员。数据库的建立与整理、提案中特殊图形的制作等任务需要由专业计算机技术人员来完成。此外，高级计算机操作人员能保证策划活动及时、有效地获取信息。

综上所述，市场营销策划的组织机构应尽量完备，它应是一个由多方人士组成、富于创造性的机构。只有这样，才能集思广益、博采众长，使市场营销策划活动得以顺利进行。同时，市场营销策划组织并不是一成不变的，企业可以根据实际情况进行组织形式的调整。

专栏2-7

锡恩咨询公司文案策划总监的工作职责

锡恩咨询公司于2001年9月16日在北京成立，现已发展为国际知名管理咨询公司。该公司的文案策划总监的工作职责如下：

（1）协助总经理制定市场发展战略以及计划分解目标。

（2）拓展公司的市场策略，完成公司在行业中的市场定位，建立信息反馈机制。

（3）制订、实施市场推广计划和产品计划。

（4）制定公司品牌策略，参与制定、实施各产品线价格体系及营销策略。

（5）关注行业动态和竞争对手的发展变化，及时做出市场报告。

（6）负责相关事务的协调与沟通。

（7）负责对团队成员进行指导和培训。

根据以下资料编写：朱雪芹，李丰威，市场营销策划，重庆大学出版社，2015：58。

二、市场营销策划人员的要求

1. 市场营销策划人员的素质要求

（1）道德素质。道德素质主要包括政治思想素质和职业道德素质。政治思想素质是指策划人必须拥有正确的政治方向、信念、立场和观点，包括人生观和价值观；职业道德素质是指策划人在营销活动中必须遵守国家的相关法律、法规，遵守执业道德规范，此外，对工作本身具有强烈的事业心和高度的责任感，诚实守信，实事求是。

（2）知识素质。策划人的知识结构是由市场营销策划工作所需的专业知识及其相关知识构成的。

① 市场营销理论知识。市场营销理论是人们对市场营销实践活动的科学总结和理论概括，由许多具有普遍性的原理、原则和方法组成的一个具有内在逻辑的知识体系，这是策划人从事卓有成效营销策划实践的指南和依据。市场营销理论知识包括市场的概念、市场营销及市场营销学的含义、市场营销观念的历史演变、市场营销环境、市场细分理论、目标市场理论、市场营销组合理论、市场营销的计划组织与控制、消费者行为理论、特殊领域市场营销理论等。

② 市场营销实务知识。市场营销策划是一门应用性很强的学科，掌握市场营销实务知识与技巧是策划人的基本功。市场营销实务知识包括市场调研、市场营销策划程序、市场营销整体策划、市场营销战略策划、产品策划、定价策划、渠道策划、广告策划、公关策划、市场营销项目实施、市场营销实施方案评估与诊断、市场营销策划书的写作。了解并掌握市场营销实务知识，关键在于学以致用，创造性地运用所学知识。

③ 市场营销策划相关学科知识。策划人除了需要掌握市场营销理论和实务知识外，还需要了解并熟悉相关学科知识，拥有其他人文社会学科的广博知识。

④ 本企业和相关组织的知识。策划人必须对本企业和其他相关组织的知识有全面、深刻的了解，以使策划方案更具有针对性。具体内容包括本企业发展的历史过程、企业的性质和特点、战略、经营品种和范围、企业实力、市场结构、消费者状况、主要竞争对手、员工物质收益和精神状况等、政府的性质和作用、社区的范围与特点、新闻传播机构的性质和服务对象等。

（3）身体和心理素质。策划人要胜任自己的工作，必须有良好的身体和心理素质。心理素质是在后天实践中逐渐形成的，策划人可以通过实践活动和自身努力不断提高。

① 认识素质。认识素质是指观察力、注意力、记忆力、想象力等能力的综合。观察力是指有知觉的能力，具有客观性、全面性和敏锐性的特点。观察力的好坏直接影响个体对客观事物认识的范围和程度。注意力是指个体按预定目标在特定时间把心理活动指向特定对象的能力，主要表现在三方面：稳定性（能长时间把注意集中在主要问题上）、广阔性（在同一时间内把握对象的数量多、范围广）、转移性（能根据新的要求，迅速将注意转移到新的对象上）。记忆力是指过去经历过的事物在头脑中的重新反映。衡量一个人的记忆力如何，主要看其识记是否敏捷、保持是否持久、能否迅速回忆和再认识所需的东西，以及记忆的内容是否准确。想象力是指在头脑中对已有感性材料和知识进行加工改造，并创造新形象的能力。借助想象对类似事物进行推断，可以认识从未见过又不可能见到的事物。市场营销策划的独特性或唯一性要求策划人必须具备良好的认识素质。观察力、注意力和记忆力决定了策划人能否比他人发现和收集更多的有用信息，并在占有丰富信息的前提下，加工出高效的策划产品；想象力则会影响策划人的创造性和创新能力水平。

② 情感和意志素质。情感是人们对周围和自己所认识的事物的态度体验。由生理需要产生的情感是情绪，由社会需要产生的情感是情操。个体的活动难免会受情绪左右，而策划人必须善于保持良好的情绪，否则将不利于营销目标的实现。意志是自觉确定目的，根据目的来支配调节行为、实现预定目的的心理过程。策划人应具备果断性和顽强性，其中，果断性决定了策划人的应变能力，顽强性表现了策划人的毅力。

③ 个性心理特征。其主要包括个体的气质和性格。气质是指一个人出生时就具有的、较稳定的心理特点。心理学将气质分为多血质、胆汁质、黏液质和抑郁质四种类型。策划人在策划过程中，应注意扬长避短。性格是一个人表现在态度和行为上的、比较稳定的心理特征和行为方式。心理学将性格分为理智型、意志型和情绪型三类。策划人应具有良好的态度体系，包括对社会的责任感、对集体的集体感、对他人的同情心、对工作认真细致的态度和勇于创新的精神、谦逊且自信，能理智地分析现状，实事求是地做出正确的决策。

专栏 2-8

UUC 咖啡的“丧文化”营销策划

日本品牌 UCC 咖啡为了宣传自己的新品无糖黑咖啡，采用了“丧文化”营销策略。通过与 Facebook“每天来点负能量”的网络红人进行合作，将负能量语录印制在产品的外包装上，打造每天来点儿负能量，从而俘获了一大批粉丝。

2016 年，“丧文化”已经成为一种显性的文化潮流，越来越多的年轻人习惯用“丧”来描述自己。社交网络的力量又加深了它的传染力，就像病毒一样扩散，成为年轻人借助互联网宣泄负面情绪的一种形式。

根据以下资料编写：如何用“丧”文化做营销？http://www.jumeili.cn/news/view/25521.html，2017-06-15（2017-12-20）。

2. 市场营销策划人员的能力要求

在心理学中，把能力定义为直接影响活动效率，使活动顺利进行的个性心理特征；人才学认为，能力是在已有知识的基础上，通过脑力劳动和体力劳动形成的技能的高度发展。综上所述，能力是能胜任某种任务的客观条件。策划人要想较好地从事策划活动，仅仅依靠一种能力是远远不够的，必须借助于各种能力的综合，才能实现综合效应。

（1）分析、判断与决策能力。分析、判断能力表现为策划人能够对信息做出有效的处理。正确的策划有赖于正确的信息，没有正确、广泛的信息，市场营销策划就会成为无源之水、无本之木。现代组织面临的信息面广、量大、形式多样、动态性强、渠道各异，在有效性和精确性上存在较大差异，这要求策划人必须具备分析、判断和处理信息的能力，即能迅速察觉和了解组织与外部所发生的各种情况，并善于捕捉各种信息，能通过一定的方式和方法处理信息，从而及时、准确地做出有效策划。

决策能力是指策划人在规划、设计组织未来时，以战略的胆识综合分析各种因素，善于处理各种信息，择优决断，以达到营销目标的能力。从本质上讲，市场营销策划是一种决策过程，而科学的决策是在多个市场营销方案中进行优选，因而进行择优决断就成了策划人能力要求的重要方面。

（2）创新能力。创新能力是指对某种刺激产生“独特认识联结”的能力。具体包括：第一，流畅性，即对刺激能够很通畅地做出反应；第二，灵活性，即随机应变的能力；第三，独创性，即对刺激做出不同寻常的反应。市场营销策划只有建立在丰富的想象和创新的基础上，才能获得广泛关注，取得出人意料的营销活动效果。因此，这要求策划人必须具备打破常规、不拘一格探寻问题的“创造性思维”。

（3）表达能力。表达能力主要包括口头表达能力和书面表达能力。口头表达能力是指策划人说话要准确、形象、生动，有表现力，用词得当，富有文采，发音纯正，吐字清晰，逻辑性强。书面表达能力是指写作要流畅、准确、得体而又生动、形象。此外，为了提高策划人的表达效果，还可借助手势、表情及人体其他部位带有意义的某种或姿态。

策划人需要与具体营销方案的执行人员进行沟通，使其了解营销策划方案、营销策略和营销技巧。因此，策划人必须具备较强的表达能力。

（4）自控能力和应变能力。自控能力是指个体控制自我情绪的能力，应变能力是指应付突发情况的能力。自控和应变既矛盾，又统一。应变的基础和前提是自控，自控的目的是应变。市场唯一不变的是变化。因此，策划人应能根据新情况随机应变，根据不断发展变化的主客观条件随时调整策略。

（5）组织能力。组织能力是指策划、指挥、安排、调度的能力，包括把个体组织成一个可靠的团体，领导下属完成既定任务，接受委托完成某项活动等。

市场营销策划工作是一项系统工程，需要策划人精心安排、认真组织，根据目标需要，协调组织各种资源，带动全体成员行动，把决策目标和各项任务落到实处。

（6）社交能力。社交能力是指策划人进行人际交往、广泛联络，以取得信息的能力。拥有社交能力的重要性在于能够获取更多的信息。策划成功与否的决定性因素之一就在于占有信息量的多少，而信息弥散在社会的各个角落，只有善于交际的人，才能获取更多的信息。因此，社交能力是策划人的一个重要能力要求。

专栏2－9

互联网营销人才需要的思维

互联网行业与传统行业的差异，使得市场营销策划也在经历由传统向互联网转变的过程。正视传统营销与互联网营销之间的差异，培养互联网营销的思维，是成为一名顶级互联网营销人才的前提。互联网营销人才需要的思维主要包括以下几方面：

（1）流量思维。流量是互联网企业的核心竞争力之一，即传统营销中的受众概念。营销策划人员需要了解企业的互联网流量来自什么地方、优质流量的特征是什么、流量的规模有多大。

（2）用户思维。与传统营销类似，策划人需要了解互联网产品的用户分布情况及需求。

（3）品牌思维。对于互联网营销策划人才来说，品牌一定要围绕核心用户群来打造，并且所有的宣传策划都应该围绕品牌定位来塑造。

（4）竞争思维。互联网行业中的竞争十分激烈，互联网营销策划人一定要审时度势，时刻准备应对竞争对手的营销冲击。

根据以下资料编写：随风，知乎：如何成为一名顶级的互联网营销策划人才，http://www.tooopen.com/copy/view/40347.html，2016－01－14（2018－01－26）。

三、市场营销策划的经费预算

市场营销策划的经费预算是企业综合预算的重要内容，预期效益分析主要涉及两方面问题：第一，策划方案所可能带来的经济效益，如预期销量、目标利润、市场占有率等；第二，实施市场营销方案可能花费的成本，如产品研发费用、广告宣传费用、促销推广费用及商品分销费用等。在有些情况下，还应当对实施某种营销方案所可能产生的机会成本加以说明，通过对不同方案的机会成本的比较来证明该方案的经济可行性。

1. 市场营销策划经费预算的原则

市场营销策划经费预算是企业调节和控制经营活动的重要工具，也是市场营销策划方案顺利实施的具体保障。一般来说，市场营销策划经费预算应遵循以下几个原则：

（1）效益性原则，即以最少的经费投入产生最大的营销效益，不能产生营销效益的市场营销策划经费投入应在预算中尽量加以避免。

（2）充足性原则，即投入的市场营销策划经费能保证市场营销策划方案的全面实施。市场营销策划经费是企业投入的营销成本，直接影响企业利润的高低。市场营销策划经费过高会造成资源浪费，过低会影响营销效果和策划方案的实施。因此，企业应通过边际收益分析对市场营销策划经费投入的充足性做出测算和评估。

（3）弹性原则，即对市场营销策划经费的预算要能根据未来环境的动态变化而具有灵活机动性。企业市场营销活动受到市场营销环境变化的影响，当市场营销环境发生变化时，原有的市场策划经费也应相应调整，与环境变化相适应。

2. 市场营销策划经费预算的内容

每一项市场营销策划都要投入一定的资金，而对于具体投入多少、投到什么地方、什么时候投入，需要有一个经费预算。经费预算是策划书的一项重要内容，详细、科学的经费预算能节约成本，使营销策划获得良好的经济效益。市场营销策划经费预算的内容包括以下几方面：

（1）市场调研费。委托专业调查公司或雇用专业调查人员进行调查的费用是一笔重要开支，需要根据规模大小和难易程度来确定预算费用。

（2）信息收集费。其主要是指信息检索费、资料购置及复印费、信息咨询费、信息处理费等。

（3）人力投入费。为完成不同的分工，要投入一定的人力，这项费用可以比较准确地算出。

（4）策划报酬。内部员工策划可节省这方面的开支，如通过奖金形式反馈给员工；委托“外脑”策划费需要事先商定，或根据“外脑”策划实现的效果确定。

四、市场营销策划的实施与控制

1. 市场营销策划的实施

（1）市场营销策划实施的基本程序。市场营销策划实施是指营销策划方案在实施过程中的组织、指挥、控制和协调活动，是把营销策划方案转化为具体行动的策划实践过程。市场营销策划的实施不仅涉及市场营销策划部门，而且涉及销售部门及其他相关部门，因此，市场营销策划的实施必须明确各个部门的工作角色，并形成相互配合、有机协调的工作格局。

市场营销策划的实施一般可分为两个基本工作阶段，即模拟策划实施阶段和分工具体实施阶段。模拟策划实施阶段主要是将未来可能的发展事先仔细地在脑海中呈现出来，在策划实施者的头脑中进行预演；或者是设立模拟实施场景，展开模拟演练。分工具体实施阶段的基本工作程序包括列表、动员、培训、协调、执行、维护、修正和总结。

（2）市场营销策划实施的基本模式。市场营销策划实施的基本模式包括指令性模式、转化性模式、合作性模式、文化性模式和增长性模式。各种模式的侧重点、领导者角色、优缺点各不相同（见表2－1），企业应根据客观实际情况选择合适的模式。

表2－1 市场营销策划实施基本模式的比较

模式类型	侧重点	领导者角色	优点	缺点
指令性模式	突出领导者在方案实施中所起的决策性作用，通过决策，凭借权威发布命令，推动策划的实施	领导者 决策者	统一决策、统一指挥，有利于营销方案的顺利实施	需要准确的市场信息，受领教者素质高低制约，决策者与执行者分离
转化性模式	重点运用组织机构、激励手段和控制系统来促使策划实施	设计者 协调者	用行为科学方法把企业的组织机构纳入方案实施的轨道，是指令性模式的补充和完善，使策划实施更加科学和有效	并没有解决指令性模式中存在的诸如难以取得可靠信息和方案实施缺少动力等问题，且易产生许多新问题
合作性模式	方案决策范围扩大到企业高层管理者，充分调动高层管理人员的积极性，使策划决策实施更加完善	决策者 协调者	领导者接近一线管理人员，获得信息的准确性高，信息量大。营销策划方案的制定与实施是集体共同参与的结晶，大大提高了策划实施成功的可能性	并不是企业全体员工参与决策活动的结果，仅仅是不同观念、不同目的的参与者协商的结果，所以，其结果有可能以牺牲经济合理性为代价
文化性模式	在整个企业组织里宣传一种适当的文化，使得营销策划得以实施	组织者 指导者 宣传者	将合作性模式中的参与成分深入组织中较低的层次，消除营销策划方案的制定者与执行者之间的隔阂，参与者涉及各层次的员工，使企业组织与参与者同舟共济	以员工有相当高的文化程度为前提，难以实现；过分强调企业文化，易掩盖企业中存在的某些问题；耗费人力、物力、财力；企业高层领导如不愿放弃控制权，则此模式易造成形式化
增长性模式	策划是从基层经营单位到最高决策层自下而上产生的，而不是自上而下推行	组织者 领导者 决策者	注重领导负责和集体决策相结合，体现民主与集中制原则	受领导者素质、组织制度因素制约；耗费人力、物力、财力

2. 市场营销策划的控制

市场营销策划控制是指市场营销管理者为了监督与考核企业营销活动过程的每一环节，确保其按照企业预期目标运行而实施的一整套规范化约束行为的工作程序或工作制度。

（1）市场营销策划控制的要求。要使市场营销策划的控制工作发挥作用，并取得预期的成效，企业在设计系列调控措施时应满足下列几个要求：

① 市场营销控制系统应与市场营销主管人员的具体情况相结合。

② 市场营销控制应确立客观标准。

③ 市场营销控制应具有灵活性。

④ 市场营销控制应讲求经济效益。

⑤ 市场营销控制应有调整措施。

⑥ 市场营销控制要具有全局观点。

（2）市场营销策划控制的程序。其可以分为设计市场营销控制标准、对市场营销活动情况进行监测与评价以及纠偏。具体内容如下：

① 设计市场营销控制标准。它包括定量指标和定性指标两种。定量指标有销售业绩（产品、市场的销售量与销售额）、盈利能力（产品、市场的利润及利润率）、营销费用及费用率、增长潜力（产品/市场的销售增长率）、竞争性（市场占有率）等；定性指标有消费者或用户的满意度、与合作伙伴的关系与互动、销售队伍的努力程度与成效、渠道成员之间的关系发展等。

② 对市场营销活动情况进行监测与评价。它是指通过比较实际情况与标准，分析偏差的大小及容忍度，并通过分析偏差形成的原因，制定纠偏措施。

③ 纠偏。它包括两种方法：第一，修改或调整企业市场营销目标和市场营销战略，以适应环境的变化；第二，影响或指导企业市场营销人员或合伙企业改变某些不当行为，采用合理、先进的工作方法，提高市场营销的效率与合作水平。

（3）市场营销策划控制的类型。因控制者、出发点和方法上的差异，市场营销策划控制可分为4种主要类型：年度计划控制、盈利能力控制、效率控制和营销战略控制（见表2－2）。

表2－2 市场营销策划的控制类型

控制种类	主管人	控制出发点	采用方法
年度计划控制	最高层主管中层主管	检查计划目标是否实现	对销售额分析、市场占有率分析、销售—费用比值分析、财务分析、顾客态度分析与研究等
盈利能力控制	市场营销主管	检查企业的盈亏点	对各产品、地区、细分市场、分销、渠道的获利能力等情况的分析与研究
效率控制	职能管理部门市场营销主管	评价和提高营销费用支出的效果	对销售队伍、广告、促销和分配等的效率分析与研究
营销战略控制	最高层主管营销审计人员	检查企业是否最大限度地利用了最佳市场机会	对市场营销审计结果、营销有效性等分析与研究

（4）市场营销策划控制的方法。这主要包括监督与检查、利用反馈。

① 监督与检查。监督与检查能使策划活动的负责人或策划实施的组织者有效地掌握方案的实施情况和实施效果，有利于及时发现和解决策划方案实施过程中出现的问题。监督与检查最常用的方法有两种：定期检查和不定期检查。定期检查是指检查按事先规定好的时间进行，如每周一次、每月一次等。定期检查能起到有效督促操作部门，增加

操作部门发现和纠正工作中问题的主动性与自觉性等作用，但检查过程中应付检查或弄虚作假的情况常常无法避免。不定期检查是指检查在没有与检查对象事先约定的情况下进行，其结果的可信性与真实性较强，但易对检查对象的正常工作产生干扰。在实践中，两种方式常配合使用。

② 利用反馈。利用反馈进行控制也是一种有效的方法。最常见的反馈有三种方式：第一，在策划方案实施前进行反馈。在策划方案实施前进行反馈，能使策划方案得到有效完善，为策划实施工作的顺利开展打下基础。第二，在策划方案实施过程中进行反馈。在实施过程中将策划方案的实施情况进行及时反馈是策划活动能够顺利进行的必要条件。第三，在策划活动结束后进行反馈。在策划活动结束后进行反馈能使策划人更有效地评估策划方案及策划工作，通过对策划工作经验、教训的总结，有利于提高策划人的策划水平。

小　结

市场营销策划是一项复杂的系统工程，包括明确策划问题、市场调研和环境分析、市场预测、确定策划目标、制定营销策略组合和撰写营销策划方案等步骤。在市场营销策划中，必须坚持创新性、可行性、权变性和系统性的原则，灵活运用人文法、系统法和体式法等策划方法。在实践过程中，市场营销策划通常具有很强的技巧性。市场营销策划需要进行有效的管理，即建立专门的营销策划机构，选择具有较高素质和综合能力的策划人员，并对策划经费进行合理预算，注重实施和控制，以获取有效的策划效果。

开篇案例讨论

1. 简要说明百事可乐体验营销策划成功的启示。
2. 在策划方案中，百事可乐运用了哪些策划方法和策划技巧？
3. 在策划方案的实施和控制过程中，百事可乐应注意哪些问题？

思考题

1. 市场营销策划应遵循哪些原则？
2. 市场营销策划包括哪些步骤？
3. 市场营销策划人员应具备哪些素质？
4. 如何实施和控制市场营销策划方案？
5. 市场营销策划的方法有哪些？举例说明。

网上练习

主题：找一找市场营销策划成功的关键所在。

步骤 1：通过网络资源，搜索 10 个市场营销策划的成功案例。

步骤 2：阅读和分析这 10 个策划案例，找出每一个策划案例的成功之处。

步骤 3：分析和归纳 10 个策划案例的成功之处，对于市场营销策划成功的关键，写出自己的观点。

步骤 4：结合本章阐述的内容，比较和分析结论。你认为策划成功的关键是什么？

步骤 5：与同学进行交流，看看哪些观点是一致的？哪些观点是不一致的？

策划技能训练

主题：智力激励游戏——MBS 法

步骤 1：教师将学生分组，7 ~ 9 人一组。

步骤 2：教师给出一个结合当地生活的问题，如应该如何提高公交车的便利性？

步骤 3：小组按照 MBS 法的步骤进行游戏。

① 给 10 分钟左右时间，让参加者将设想写在笔记本上。

② 轮流宣读设想，每人每次宣读 1 ~ 5 个设想，记录员记下设想，其他人受到启发后可在笔记本上写下新设想，尽量让全体人员把所有设想宣读完。

③ 开始对设想提出质询，提设想人可进行说明。

④ 主持人对讨论结果进行归纳。

⑤ 参加者对设想进行评价，整理有用的设想。

步骤 4：各小组课堂交流，以小组为单位，重复步骤 3 中的② ~ ⑤，最后整理出班级的设想。

第三章　市场营销策划创意与策划书

学习目标

- 理解创意的内涵与特征
- 了解创意的作用与形式
- 掌握创意的步骤
- 熟悉市场营销策划创意的技巧
- 掌握市场营销策划书的撰写
- 了解创意效果评价的原则和方法

开篇案例

汉堡王的创意营销：朋友和汉堡谁更重要?

汉堡王曾在美国策划并发起一个网络营销活动，是一个名为“Whopper? Sacrifice”的游戏，游戏设置在汉堡王企业主页的一个应用程序里。游戏很简单，只要你删除你的10位Facebook上的好友，就可以免费获得一份王牌汉堡。不过，当你删除好友的时候，你的好友是会被通知的。信息是这样写的：“我为了一个免费的王牌汉堡，把你从我的好友名单中删除了!”意思就是，参加游戏的人“卖友求汉堡”——宁愿牺牲好友，也要得到一个免费的汉堡！被牺牲的人可能感到很疑惑：难道我是他最不好的好友吗？于是可能会报复，甚至会翻脸。这个删除好友的行为显然违反了Facebook建立社交网络的精神，也有可能对朋友之间的互相信任产生冲击。

这项Facebook营销策划活动在上线初期非常低调，仅仅依靠SNS的力量，甚至没有媒体支持。汉堡王就这样送出了20 000个免费汉堡：10天内共有8万多人参与了此活动，而被删除的好友数量达到23万人次，13 000个博客网站报道过这个活动，在搜索器上有超过14万个帖子。汉堡王通过“考验友情”挑战了消费者的“危机意识”，引起了关注，让更多人知道了汉堡王。

根据以下资料编写：汉堡王：一个成功的“劫持者”，http://news.sznews.com/content/2016-03/22/content_12930321.htm，2016-03-22（2018-02-20）。

第一节 创意与创意思维

一、创意的内涵与特征

1. 创意的内涵

（1）创意的界定。“创意”一词的表述主要有以下几种观点：

① 广告大师大卫·奥格威认为，创意即“好的点子”。他认为，企业如果要吸引消费者的注意，并且让他们来买自己的产品，那么必须有好的点子。

② 詹姆斯·韦伯·扬认为，创意是一种组合商品、消费者及人性的种种事项。他认为真正的策划创意，眼光要放在人性方面，从商品、消费者及人性的组合去拓展思路。

③ 爱因斯坦认为，创意就是想象力。想象力比知识更重要。因为知识只是定义了我们熟悉和了解的内容，而想象力使我们发现和创造。

④ 被誉为“创意产业之父”的英国著名经济学家约翰·霍金斯认为，创意是人类的本性之一，有时清楚，有时又很模糊，只有通过创意才能创造出令人惊异的产品，只有通过各种各样的碰撞才能产生更好的点子。

综合而言，创意可以界定为人们在经济、文化活动中产生的思想、点子、主意、想象等新的思维成果，是一种创造新事物、新形象的思维方式和行为。

（2）创意的衡量。在一般情况下，可以从以下三个方面来衡量创意：

① 创新性。缺乏创新性的创意没有个性，缺乏活力，没有生命力，它只能是对已有策划思路的机械模仿或拼凑。

② 影响力。影响力是指创意对大众影响的广度和深度。优秀的创意总是能以极强的震撼力与感染力来吸引大众，并激发其无限的遐想。反之，即使创意方案再奇特、再巧妙，如果曲高和寡，发挥不了影响力，那么这样的创意也是没有任何意义的。

③ 持续性。有些策划人费尽周折、日积月累才形成一个策划方案，实行周期却只有短短几天。这样的创意不仅投入产出比低，而且难以真正达到预期效果。

专栏 3-1

瓶子的创意

1. 让橙汁销售量增加 4 600% 的包装创意

法国一家超市创造了一个最新鲜的橙汁品牌，品牌的名字就是制造橙汁的那一时刻，每一瓶橙汁的“品牌”名字都会随着生产时间的不同而改变。橙汁的售价仅仅为 1.5 欧元（按当时的汇率，折合人民币约 10.3 元）。新橙汁上市三周，到店客流增加 25%，橙汁销售量增加 4 600%。

2. 有“新闻”的矿泉水标签

日本的每日新闻社将《每日新闻》的内容印在矿泉水瓶上，矿泉水的定价降低了一半。在一个月的时间里，平均每个零售超市售出了3 000瓶这样的矿泉水。这种“新闻瓶”凸显了产品的新闻价值，实现了虚拟信息与真实环境的无缝融合。

3. 可口可乐公司印上二维码的“歌词瓶”标签

可口可乐公司运用先进的数码印刷技术，在一箱中的每瓶可乐瓶身上印上不同的歌词。为赋予“歌词瓶”真正的“歌唱”功能及分享的乐趣，可口可乐的瓶身标签上还加印了二维码。消费者只要扫描二维码进入微信界面，就可以看到根据这段歌词创作的动画，还可以点击收听原版音乐并转发到微信朋友圈。

根据以下资料编写：“瓶子营销”风靡饮料界，为啥这6个创意最得人心？http://www.foodaily.com/market/show.php？itemid=12119，2015-08-18（2017-12-20）。

2. 创意的特征

任何策划都是要和创意紧密联系在一起的。离开了创意，策划就不再是策划，而只能算是计划。创意作为一种辩证性思维，具有不同于其他思维的特征。具体如下：

（1）积极的求异性。创意思维实为求异思维。求异性贯穿于整个创意形成的过程之中，表现为对人们已有的认识持怀疑和批判的态度，并在此基础上探索符合实际的客观规律。营销策划活动只有建立在积极的求异思维基础之上，才能独树一帜，引起公众广泛的关注和支持。

（2）睿智的灵感。灵感是人们接受外界的触动而闪现出的智慧之光，它是人们在平时知识积累的基础上，在特殊情况下受到触动而迸发出来的创造力。灵感是随机迸发的，是可遇而不可求的。但灵感是思维的积累，有了知识、材料的积累，才可能有灵感的迸发。灵感产生于有准备的头脑中。

（3）敏锐的洞察力。洞察力是以批判的眼光，准确地观察复杂多变的事物之间的相互关系的能力。敏锐的洞察力是创意者提出构想和成功地解决问题的基础。缺乏洞察力就会遗弃和漏掉大量的创意资源。

（4）丰富的想象力。想象是表象的深化，想象力是人们凭借感知而产生的预见、设想的能力。想象力是知识发展的源泉，也是推动创意发展的源泉。想象力包括联想、设想、幻想，它是思维的无拘束的自由驰骋，也是智慧的发散和辐射。

创意是市场营销策划的生命。没有创意的策划是生硬的拼凑或无趣的模仿；只有蕴含创意的策划，才是富有鲜活个性和持久影响力的策划，才是真正意义上的策划。

二、创意的作用与形式

1. 创意的作用

（1）树立独树一帜的企业形象。独树一帜是企业形象鲜明、富有特色、有魅力的表现，是企业实施差别化战略所追求的目标。成功的创意可以有效实现这一目标。

（2）使企业的营销活动引人注目。引人注目是创意所追求的又一社会效果。引人注目必须依靠自身的特色，并在不知不觉中让社会公众接受其想象以及相关的理念、行为措施。

（3）借冕播誉，名扬四海。营销策划还要在公共关系方面进行创意，即如何借助新闻媒介的力量宣传企业及其产品，以准确的切入点和超前的先导效应引导公众舆论，达到提高企业声誉的目的。企业可以通过好的创意，借新闻媒介提高自身的知名度、信任度和美誉度。

2. 创意的形式

（1）直观思维与逆向思维。

① 直观思维。直观思维是指在生活中人们的大脑对外界事物产生直接感觉的思维方式。它具有具体性、生动性和直接性的特点，是产生创意的基础。直观思维取决于个体的观察力、记忆力和想象力。在市场营销策划中，对企业的发展历史和生存现状的认识就是一种直观思维。

② 逆向思维。逆向思维是指人们循着事物的结果而逆向追溯事物发生的本源的思维方式。它引导人们透过事物的现象探究其本质，然后根据事物本质发展的逻辑做出与原发展态势截然相反的判断，为创意者标新立异，甚至反其道而行之开拓新的思路。

（2）形象思维与抽象思维。

① 形象思维。形象思维是指创意者对现实生活中的各种现象加以选择、分析、综合，然后进行艺术塑造的思维方式。生动性、具体性、实感性是这种形式的特点。在市场营销策划中，对企业视觉形象系统的创意、对产品品牌的确定、对企业理念及广告用语的选择等都需要形象思维。

② 抽象思维。抽象思维是用科学的抽象概念揭示事物的本质，表达认识事物的结果。它是人们在认识过程中，借助概念、判断、推理反映现实的过程。抽象思维要把具体问题抽象化后再去思考，以便突破具体问题的束缚，突破层层障碍，从多角度寻求启迪，从意想不到之处加以发掘。在市场营销策划中，企业良好形象的树立必须依赖抽象思维创意，从而打破常规的思维模式，另辟蹊径。

（3）联系思维与倾向思维。

① 联系思维。联系思维是指运用事物存在普遍联系的哲学观点，努力发现事物之间的联系，寻求新的发展机会的思维方式。在市场营销策划中，市场的开拓、广告的运营、公共关系的运用、企业的拓展等活动都需要联系思维。

② 倾向思维。倾向思维是指人们在思维活动中，常常依据一定的目标和倾向而进行思维的方式。在企业形象策划中，策划人往往沿着如何提升企业形象、如何美化企业视觉识别系统等思路进行思维，通过反复思考，有时会在有意或无意、必然或偶然中突然开窍，获得灵感，找到最好的创意。

（4）垂直思维与水平思维。

① 垂直思维。垂直思维是指人们根据事物本身的发展过程进行深入的分析和研究，即向上或向下进行纵向思考的思维方式。依据经验和过去所掌握的知识更新，逐渐积累和产生想法。在市场营销策划中，策划人往往要依据自己的经验对有关商品的知识进行思考，这种

思考方法产生的创意，其改良、重版的成分较多。

② 水平思维。水平思维是指摆脱对某种事物的固有思维模式，将其与和某一事物相互关联的其他事物进行横向分析、比较，另辟蹊径，寻找突破口的思维方式。运用水平思维时，要善于捕捉偶然发生的构想，沿着偶然发生的构想去思考，从而产生意料不到的创意。

（5）灵感思维与顿悟思维。

① 灵感思维。灵感思维具有一般思维活动不具有的特性，如突发性、跳跃性、创造性、瞬时性、兴奋性等。灵感的出现并不神秘，它表现的形式是偶然的，实际上却是必然的，是潜意识转化为显意识的一种特殊表现状态。创意灵感是创作欲望、创作经验、创作技巧和诱发情境的综合产物。

② 顿悟思维。顿悟思维，即领悟思维，是一种突发的特殊思维现象，在创意过程中处于关键性阶段，属于创意的高峰期，是人脑的高层次活动。顿悟近似于灵感，但它们在本质上有很大的不同。顿悟属于直觉的范畴，它是创造者对客观事物的规律性获得直觉认识的一种外在表现，具有更多的理性成分，它是一种理性思维在经验积累的基础上，在一种适宜情境下受诱发而产生的结果。

专栏3－2

大英图书馆搬迁

相传大英图书馆的老馆年久失修，在新的地方建了一个新的图书馆。新馆建成以后，要把老馆里的书搬到新馆去。问题是按预算需要350万英镑，但是图书馆没有这么多钱。馆长想了很多方案，但一筹莫展。一个馆员找到馆长，说他有一个解决方案，不过仍然需要150万英镑。

大英图书馆实施了馆员的新搬家方案。150万英镑连零头都没有用完，就把图书馆给搬了。原来，图书馆在报纸上刊登了一条惊人的消息：“从即日起，大英图书馆免费、无限量让市民借阅图书，条件是从老馆借出，还到新馆去。”

根据以下资料编写：图书馆搬家故事的启示，https://wenku.baidu.com/view/b4c5552d5901020207409c10.html，2013－05－22（2017－12－25）。

三、创意的激发和步骤

1. 创意的激发

市场营销策划是一种创新行为，创新就要把创意贯穿于市场营销策划的过程之中，创意成功与否是市场营销策划是否出新的关键。从某种意义上说，创意是市场营销策划的灵魂。激发创意是研究创意和市场营销策划活动的关键。创意的激发途径有以下几种。

（1）培养创意意识，克服惰性思维。人的创意意识有习惯性创意意识和强制性创意意识之分。习惯性创意意识是指不需要主观意识的主动、特别的干预就能有效地支配人的创意活动的意识。这种创意意识一经形成，就具有稳定、持续的特点，因此要从小培养。强制性创意意识是指创意意识的产生必须有主体意识的强制性干预才能形成的创意意识，它受创意主体的目的性支配，当创意活动的目的达到后，这种创意意识多归于消失。培养创意意识要从培养习惯性创意意识和强化强制性创意意识两个方面着手。

① 习惯性创意意识的培养途径。习惯性创意意识的培养要从小抓起，注意开发右脑，还应注意从创意性品格上加以磨炼。人脑有左、右两个半球，一般认为，左脑主司逻辑思维，表现为语言、运算功能；右脑则主司形象思维，表现为形象识别、艺术鉴赏等。开发右脑就是多做一些与形象思维有关的活动，即要多用右脑。创意性品格是一种稳定的心理品质，它一经形成，就可以激发创意意识的持续延展。创意性品格包括：第一，尊重知识、崇尚科学、仰慕创意的品质；第二，勤于思考、善于钻研、敏于质疑的习惯；第三，勇于探索、刻意求新、独树一帜的创新精神。这是对人的精神品质的磨砺，坚定而不彷徨，勇往直前而不半途而废，致力于探究根由、锐意创新，直至取得成功。

② 强制性创意意识的培养途径。强制性创意意识的培养途径有外部强制和自身强制之分。外部强制是指一切由外部因素激发的创意意识，如上级布置的指令性课题、领导委派的开发任务等。对于具有一定的敬业精神和责任感的人来说，外部强制也可以在一定时期内激发旺盛的创意意识。自我强制是由自我需要的目的性而引发的创意意识。自我需要的目的性既有经济利益的需要，如为获取奖金、转让费等而强制自己去创意；也有个人显示心理的需要，如借此显示自己的才能，认为发明创造是一种享受，可以满足心理上的成就欲，故强制自己去创意；更高的境界则是在宏伟抱负和崇高理想的激发下产生创意意识。

（2）突破思维定式，训练发散思维。在创意过程中，思维定式会制约创意。思维定式的危害总是不知不觉地把人们的思维规范到旧的逻辑链上，并使人确信这是唯一正确的选择。它不但将思维囿于固有的框架之中，而且会扼杀创造性思维。因此，为了更好地激发创意，突破思维定式是前提。突破思维定式的有效途径之一就是训练发散思维。

专栏 3-3

私家园林禁止入内

法国著名歌唱家玛迪梅普莱有一个美丽的私人林园，每到周末，总会有人到她的林园里摘花、采蘑菇、野营，弄得林园里一片狼藉。管家让人围上篱笆，竖上“私人园林禁止入内”的木牌，但无济于事。玛迪梅普莱得知后，在路口立了一些大牌子，上面醒目地写着：“请注意！如果在林中被毒蛇咬伤，最近的医院距此 15 千米，驾车约半小时即可到达。”从此，再也没有人闯入她的林园。

根据以下资料编写：打破思维定势，激发创新思维，https://wenku.baidu.com/view/ba8d05c1b14e852458fb5771.html，2013-06-18（2017-12-27）。

发散思维，也称为辐射思维，是指人们的思维不是沿着一个确定的方向展开的，而是不受任何限制地向四面八方任意展开的一种思维方式。训练发散思维的方法主要有以下几种：

① 非逻辑思维训练。非逻辑思维是与逻辑思维相对应的。逻辑思维是指人们在感性认识的基础上，运用概念、判断、推理等理性思维形式对客观世界的反映过程。非逻辑思维则是指不需运用概念、判断、推理等理性思维形式，就可以达到对客观世界的认识，它是人们认识过程中所产生的灵感、直觉和顿悟等的总称。

非逻辑思维是一种非线性的立体思维，它可以使人的思维从多角度、全方位去寻找新的逻辑链的起点，常常给人以突如其来的感觉。因此，非逻辑思维具有很强的突破性，是创意活动中逻辑思维所不能取代的。非逻辑思维训练的主要内容就是训练创意者在不用概念、判断、推理等理性思维形式的情况下认识客观世界的能力。

② 模糊性思维训练。模糊性思维是人类思维的不可分割的一部分。正是模糊与清晰的对立统一，才推动人类思维的发展。没有模糊，也就没有清晰，创意正是从模糊到清晰的过程。模糊性思维训练就是要通过对模糊性思维的放纵，使思维处于模糊状态，此时出现的某些歧义或自相矛盾的含义会突破原有的狭窄思路并激发人们的各种想象，从而使人们的思维实现突破与创新。

③ 变通性思维训练。任何事物之间都存在一定的联系。创意者在进行创意的过程中，要能够根据事物之间的联系进行有效的沟通，这样才能使创意成功的把握性更大。变通性思维训练的目的就是提高其多角度、立体式思考问题和解决问题的能力。

④ 求异性思维训练。条条大路通罗马，任何事物发展的轨迹都不可能局限于一种模式，而会有多种途径、多种前途。求异性思维训练的目的就是通过对创意者求异性思维的开发，来使其摆脱线性思考习惯的束缚。

（3）寻求诱发灵感的契机，提高想象力。

① 诱发灵感。灵感是人类心灵深处的一种体验。灵感是人在非理性状态条件下，由于外界的触发而使人的心灵产生的突如其来的感觉。当人的思维处于有控状态时，理性和逻辑占主导地位，人脑表现为清醒；相反，如果人脑处于非理性的无控状态，就有可能突破思维定式，产生许多颇有创新价值的创意，但这些创意会由于缺乏理性的梳理而稍纵即逝。因此，只有把心态调整到理性与非理性共存的临界状态，才有可能诱发灵感。需要注意以下几点：一是当人们的意识水平在无控状态和有控状态之间反复摆动时，产生灵感的概率就会变大。人们的意识水平从紧张到松弛，或从松弛到紧张总要经过临界状态，反复的次数越多，产生灵感的可能性越大。二是灵感的产生不可能浅尝辄止，要求人们把要解决的问题时刻放在心上，反复、多次思考，使无控状态和有控状态交替出现，从而触发灵感。三是要机敏地捕捉灵感的产物，然后进行理性加工，形成创意。

② 提高想象力。灵感的触发与丰富的想象力密不可分，人们要获取灵感，就要提高想象力，想象力是创造性思维的核心。提高想象力的主要途径有如下几个：一是排除想象的阻力。想象的阻力既可能是来自外部环境条件的限制，也可能是创意者自身思维障碍或态度障

碍。二是扩大想象的空间。这里所说的想象空间是指个体知识结构的质和量所形成的认识空间，每个人的想象空间是有差别的，知识面广、知识丰富的人，其想象空间大；相反，其想象空间小。因此，要想提高想象力，创意者就必须不断丰富各类知识、改善知识结构、提高知识水平，以扩大想象的空间。三是充实想象的源泉。想象源于知识积累和对各种知识的灵活运用。要想获得丰富的想象力，创意者就要在想象的源头上多下功夫，要充实知识，积累素材。

专栏3-4

讨论：回形针有哪些用途?

把纸或文件别在一起；作为发夹；可用来代替西装领带上的别针；打开一端，烧红了可在软木塞上穿孔；拉开一端，能在蜡板或泥地上画印痕——画图、写字；拉直了，可用作粗织工的针或织针；拉直了，还可以作为鞋带；当鱼钩；穿上一条线，当挂钩；可用来固定标签；装在窗帘上代替小金属圈；等等。

你的创意是：

1. ____________________

2. ____________________

根据以下资料编写：发散思维训练，https://wenku.baidu.com/view/41e78701b6360b4c2e3f5727a5e9856a56122661.html，2017-02-25（2018-02-25）。

2. 创意的步骤

创意既是思维创新，也是行为创新。创意本质上应该是丰富多彩、灵活多样、不受拘束的。它不应墨守成规。但为了便于初学者领会创意过程，学者们还是归纳了若干步骤。

（1）日本学者江川朗的创意步骤划分。江川朗把创意过程划分为4个阶段、15个步骤。

① 第一阶段（含4个步骤）。

第一步，发现创意对象。

第二步，选出创意对象。

第三步，明确认识创意对象。

第四步，调查掌握创意对象。

② 第二阶段（含4个步骤）。

第一步，描绘创意的轮廓。

第二步，设立创意目标。

第三步，探求创意的出发点。

第四步，酝酿创意，产生构想。

③ 第三阶段（含3个步骤）。

第一步，整理创意方案。

第二步，预测结果。

第三步，选出创意方案。

④ 第四阶段（含4个步骤）。

第一步，准备创意提案。

第二步，提案。

第三步，付诸实行。

第四步，总结。

（2）英国心理学家沃勒斯的创意四阶段论。沃勒斯认为，创意开发是一项创造工程，它要经过准备阶段、孕育阶段、豁朗阶段、验证阶段。

① 准备阶段。创造需要长期积累，是对原有事物的重新组合，因此，创造前的准备和积累是必需的。准备阶段是一个广泛收集、大量吸收跨学科知识和相关专业知识的过程，它给创意者充分的时间，以进行多角度、多方面的考察。同时，准备阶段也是一个去粗取精、去伪存真的过程。

② 孕育阶段。孕育阶段又称为酝酿阶段。当问题被暂时搁置时，创意者虽然不再有意识地主动努力思考，但创意者的意识仍围绕在这个问题上。

③ 豁朗阶段。豁朗阶段也就是明朗阶段。当一个问题经过准备、搁置、孕育、成熟后，就将通过某个偶然的外在事物的触发，内心突现顿悟，达到豁然开朗的境界。

④ 验证阶段。经过冥思苦想得到的灵感，是否就是解决问题的创造性结果，还必须经过反复的推理、验证、修改并通过实践的检验，才能最终确定。

专栏3－5

APP创意经典案例

1. 星巴克的手机APP：“闹钟”

星巴克推出了一款别具匠心的闹钟形态的APP——Early Bird（早起鸟），用户在设定的起床闹铃响起后，只需按提示点击起床按钮，就可以得到一颗星。如果能在一小时内走进任何一家星巴克店，就能买到一杯打折的咖啡。

2. 可口可乐的手机APP：CHOCK

用户将此款APP下载到手机上后，在指定的“可口可乐”沙滩电视广告播出时开启APP。当广告画面中出现“可口可乐”瓶盖且手机震动时，用户挥动手机去抓取电视画面中的瓶盖，每次最多可捕捉到3个。当广告结束时，就可以在手机APP中看到揭晓的奖品结果，奖品都是重量级的。

3. 宜家手机APP：定制自己的家

用户可以创建并分享自己中意的布局，参与投票，选出自己喜欢的布局。宜家会对这些优秀创作者进行奖励，利用个性化定制营销来达成传播效果。

4. 广告互动之手机 APP

在广告与用户的互动过程中，前半段开放，用户可以随意把自己的视频放进来，后半段是产品的利益点和诉求，音乐画面精心搭配，然后合成一个整体的广告片，用户仿佛成为广告片的主角。用户可以把这种合成后的广告片发布在社交平台上。

根据以下资料编写：APP 营销创意十大经典案例，http://www.360doc.com/content/15/0215/22/20972995_448861550.shtml，2015-02-15（2018-01-10）。

（3）创意 9 步骤划分法。

① 界定问题。界定问题最好的方法就是，对问题进行多角度、全方位、立体式的分析和思考。

② 设想最佳结果。最佳结果是指在创意过程中最想要和最希望得到的结果。虽然这个最理想的结果并不一定能够实现，但它是营销策划努力的方向。设想最佳结果能够克服思维上的“惰性”，对于提高创意的质量和水平有较大的帮助。

③ 查证资料。查证资料是指根据创意提出的设想，对所占有各种资料的完备性、有用性、有效性进行验证和评估。查证资料不仅可以获取对创意有用的资料，而且能及时发现资料收集工作中存在的不足并给予纠正。同时，查证资料通过对已有资料、信息的分析、整理和再加工，可能给创意者带来新的启示和认识，这是获得更好灵感的一个重要途径。

④ 寻找灵感。从这一步开始就进入了创意的酝酿阶段。寻找灵感的过程的具体特点如下：第一，寻找灵感的过程是一个基于准备与积累的创造过程。如果没有事前对问题的研究与分析，那么想获得灵感几乎是不可能的事。第二，寻找灵感的过程也是一个痛苦的、不断思索的过程。这也是创造性思维活动的一个特点。只有通过“冥思苦想”，思路才会更加清晰，对问题的认识才会更加深刻。当对问题的认识达到一定程度时，灵感也许就会在不经意间产生。第三，寻找灵感的过程也是一个打破思维定式、大胆想象的过程。打破已有的思维定式，进行合理、大胆的想象，能使思维突破各种限制，能使思维的创造性得到充分发挥。灵感的获得有时就来源于大胆的想象。

⑤ 走出熟悉的领域。在精心策划创意的过程中，需要走出熟悉的领域，从其他领域或行业的角度来审视要解决的问题。要想摆脱熟悉领域对思维的限制，可以采取以下措施：第一，要有“走出去”的意识，即能够认识到从不同领域的角度思考问题的重要性和必要性；第二，要有“走出去”的方法，即“走出去”不是盲目的，而是围绕所要解决的问题来进行的，既要善于获取其他领域的知识，也要善于灵活运用这些知识。

⑥ 尝试多种组合。尝试多种组合是指创意者从不同的思维原点出发，去尝试各种解决方案的组合。这也是创意过程中非常重要的一步。不同的组合往往代表不同的意义，即使相同的要素采用不同的组合，也可能产生完全不同的效果。因此，在尝试多种组合的过程中，或许就能找到最具独特性和创新性的创意思路。要想运用好这一方法，就要经常从不同角度、不同方向、不同理解和不同标准等方面进行思考。只要坚持这样做，获得新的价值创意的概率就会大大增加。

⑦ 使自己放松。人在放松的状态下，思维是活跃的，也只有在放松的状态下，人的创造力才能得到充分发挥。可见，保持放松的状态是成功创意的前提和必要保证。

⑧ 初选方案。创意灵感有时不止一个。在这种情况下，除了要快速、完整地将它们记录下来之外，还要根据创意的目的和需要，依据一定的标准对它们进行比较和筛选，将那些价值不大的创意方案剔除，以提高创意工作的效率。在筛选方案的过程中，常用的几个判断标准如下：一是创意方案要具有新奇性；二是创意方案要具有独特性；三是创意方案要具有可行性。

⑨ 验证创意。验证创意主要有两个目的：一是决定创意方案的最终取舍。通过验证的创意方案可以进入具体的实施阶段，而没有通过验证的创意方案将被否定或需要重新创意。对创意方案的效果、实行的难易程度以及成功的概率等方面进行比较，如果通过比较仍然无法选出所需的创意方案，也可以采用“方案综合”的方法，即把各个创意的可取之处进行综合，以形成新的、更具特色的创意方案。二是总结经验与教训。总结经验与教训不仅能加深对创意规律与方法的认识，而且能为下次创意提供可供参考的信息。

第二节　市场营销策划创意的技巧

一、模仿创造法

模仿创造法是指通过模仿已知事物来构造未知事物的方法。模仿创造法又分为仿生法和仿形法。仿生法是指模仿熟悉的某种生物的模仿创造法；仿形法是指仅仅模仿已知事物的形状的模仿创造方法。

模仿创造法是人们常用的创造性思维方法。当人们欲求构建未知事物的原理、结构和功能却又不知从何下手时，最便捷、易行的方法就是对已知的类似事物加以模仿而进行再创造。几乎所有创意者的行为最初都是从模仿创造法入手的。模仿创造法的应用途径包括以下几个：

1. 原理性模仿创造

原理性模仿创造即按照已知事物的运作原理来构建新事物的运作机制。例如，计算机人工智能就是模仿人脑神经元素设计而成的。

2. 形态性模仿创造

形态性模仿创造即对已知事物的形状和物态进行模仿而形成新事物的运作机制。例如，军人的迷彩服就是对大自然色彩的模仿性创造。

3. 结构性模仿创造

结构性模仿创造即从结构上模仿已知事物的结构特点为创造新事物所用的运作机制。例如，决策树方法是对自然界中树干与树枝结构的模仿。

4. 功能性模仿创造

功能性模仿创造即从某一事物的某种功能要求出发模仿类似的已知事物的运作机制。例如，人们受智能相机的启发，正试图研制“傻瓜汽车”。

5. 仿生性模仿创造

仿生性模仿创造包括原理性仿生、技术性仿生、控制性仿生、信息型仿生等。人们通常以生物界中事物的生存和发展的原理、形状、功能为参照物，进行仿生性模仿创造。

在具体应用过程中，模仿创造法不是一般的照搬或抄袭，而是因时、因物、因势采取最适合的创意，对已知事物的模仿只是借鉴，是基础，通过借鉴，在此基础上做出适合未知事物的选择和再造。

专栏3－6

“聪明机器人”与人聊天以假乱真

2011年9月，在印度古瓦哈蒂举行的计算机科技展上，一个“聪明机器人（clever bot)”成功骗过近800名观众，使他们难以分辨对话出自真人还是计算机软件。

当日参加聊天试验的30名志愿者被安排进行4分钟的在线文字聊天，聊天的对象可能是“聪明机器人”，也可能是一个真人。他们的对话内容展示在一个大屏幕上，1 334名普通观众观看对话内容后进行投票。结果，超过59.3%的观众把人与“聪明机器人”的对话误认为人与人之间的对话。

根据以下资料编写：“聪明机器人”与人聊天以假乱真，http://news.cntv.cn/20110911/101337.shtml，2011－09－11（2017－12－20）。

二、移植参合法

移植参合法是指将某一领域的原理、方法、技术或构思移植到另一个领域而形成新事物的方法。它是人们思维领域的一种嫁接现象。生物领域的嫁接、杂交可以产生新的物种，科技领域的移植、嫁接可以产生新的科技成果，同样的市场营销策划可以通过对不同领域、不同行业的企业的某些地方进行移植、嫁接，从而形成新的创意。

1. 原理性移植

原理性移植是指把思维原理、科学原理、技术原理、艺术原理移植到某一新领域的方法。例如，把反馈原理应用于电子线路中就形成了系统控制论；把价值工程应用于市场营销实践便形成了营销价值分析法。

2. 方法性移植

方法性移植是指把某一领域的技术方法有意识地移植到另一个领域而形成的具有创造性的方法。例如，轿车的全球定位系统就是将军事的卫星导航技术移植到民用领域而形成的。

3. 结构性移植

结构性移植是指把某一领域的独特性结构移植到另一个领域，形成具有新结构的事物的方法。例如，把诗歌体裁的韵律结构用于理念识别系统，能使锤炼出来的企业理念产生音韵美。

4. 功能性移植

功能性移植是把某种技术或艺术所具有的独特功能以某种形式移植到另一个领域的方法。例如，戏剧舞台常常采用电影蒙太奇的组接，立体地进行时空转换。

要想运用好移植参合法，需要在对两个领域熟悉的基础上，深入分析拟移植领域的原理、方法、技术、构思及其特点，找到被移植领域中与其特点相似的地方，才能实现两者的有效嫁接。

专栏3－7

飞机的蚱蜢腿起落架的发明

道格拉斯飞机制造公司想要发明一种垂直起降的战斗机，但是，起落架问题一直没有得到很好的解决，因为在垂直降落时，起落架受力太大，很容易损坏。后来，他们想到蚱蜢是世界跳远冠军（按跳远距离等于自己身长的倍数来计算），那么蚱蜢腿的结构一定很合理，于是他们按照蚱蜢腿的结构做成起落架，解决了这一难题。

根据以下资料编写：移植法，https://wenku.baidu.com/view/cd3297004b35eefdc9d3330d.html，2013－09－19（2018－01－15）。

三、联想类比法

联想类比法是指通过对已知事物的认知而联想到未知事物，并根据已知事物的属性去推测未知事物也有类似属性的方法。类比的两个事物既可以是同类的，也可以是不同类的。即使是差别很大的两个事物，它们之间依然可以进行类比。通过类比，策划的创意的视野将得到极大的拓展。

1. 直接类比法

直接类比法就是直接在两个事物之间建立联系的类比法。它是最简单的，也是最常用的一种类比法。直接类比的对象既可以来自自然界，也可以来自人类社会。在很多情况下，采用直接类比法时，只需通过与类比对象的直接比较与推理，就能得出大量具有创新性的想法或点子。

2. 结构类比法

结构类比法是指根据未知事物与已知事物在结构上的某些相似性而推断未知事物也具有某种属性的方法。

3. 因果类比法

因果类比法是指从已知事物的因果关系与未知事物因果关系的相似之处出发，来寻求未知事物的一种思维方法。因果关系是事物所具备的最基本的关系，因此，利用因果关系类比法来进行事物之间的类比与推理，效果往往是非常明显的。

4. 拟人类比法

拟人类比法是指将问题对象与人类的活动进行类比的方法，赋予非生命的具体事物以人的生命及其思维和想象。企业形象设计本身就是把企业拟作人进行设计和策划，赋予其人的理念、视觉美感和行为方式，使之在社会公众中产生美好形象。

综上所述，在应用其中任何一种类比法的过程中，只有在把握住比照对象特征和类比点的情况下，才能有效地运用联想类比法来进行模拟和推理，才能有好的创意和点子。

专栏 3 - 8

将哺乳动物的基因移植到植物上

1986 年 12 月 5 日，加拿大生物学家丹·莱弗伯夫博士宣布，他已成功地将哺乳动物体内的基因移植到植物上，跨越了动物和植物之间基因移植的“鸿沟”。

在渥太华实验农场的暖房里，莱弗伯夫博士展示了一种十字花科植物——芜菁，在它的体内已植入了中国仓鼠的基因。所有哺乳动物体内都有屏蔽基因，他把去重金属离子的屏蔽基因从动物体内移植到植物体内，植物可将土壤中有害的镉固留在植物根部，而使其无法到达茎、叶、果实部位，给人类和牲畜的健康带来很大的益处。

根据以下资料编写：加拿大科学家跨越动植物基因移植鸿沟，http://news.xinhuanet.com/science/2015 - 12/05/c134877592.htm，2015 - 12 - 05（2018 - 01 - 20）。

四、逆向思维法

逆向思维法改变了人们固定的思维模式和轨迹，而提出了全新的思维方式和切入点，这无疑拓宽了创意的渠道。逆向思维与顺向思维往往交替进行，交替使用这两种思维方法即在不断变换解决问题的途径和思维方式。

对于策划创意活动来说，逆向思维法的最大作用就在于，它可以激发创新思想。这是因为“思维倒转”不仅改变了人们思考问题的固定方式，而且为人们看问题、想问题提供了一个全新的角度，从而使许多看似不可能的事情得以实现。其实，很多优秀的创意就是在这种“思维倒转”的过程中产生的。

要运用好逆向思维法，需要注意以下几点：

（1）有进行逆向思维的习惯和意识。逆向思维是对常规思维的一种“颠覆”，它要求创意者必须从全新的思维角度去认识和分析问题。然而，常规思维模式的影响是根深蒂固的。因此，要想克服它们，必须进行有意识地训练。

（2）善于从最不可能的情况中寻找解决方案。在很多情况下，逆向思维都是在那些看似不可能的情况下进行的。如果是正常情况，那也就不需要再进行逆向思维了，依靠常规思维就能解决问题。“最危险的地方也是最安全的地方”就是逆向思维的一种体现。从不可能的情况中寻求可能是逆向思维法的要旨所在。

（3）熟悉逆向思维的途径和方式。只有充分了解各种逆向思维方式，才能灵活、有效地运用它们。逆向思维的方式有多种，既可以是直接的反转型逆向，也可以是转换型逆向。所谓直接的反转型逆向，是指从已有事物的相反方向出发，通过逆向思维来引导创意的构思，其主要实现途径有功能性反转、结构性反转、因果性反转等。转换型逆向则是通过对原有求解思路的悖逆和转换，来寻求新的、更合适的解决问题的方法。

专栏3-9

出售“一无所有”

日本兵库县有一个小村子叫丹波村，非常贫穷、落后，交通不便，也没什么特产。他们从东京请来一位名叫井坂弘毅的专家，咨询致富之路。

井坂弘毅了解这个村子的情况后，向村民们建议说：“你们唯一的一条致富之路就是出售贫穷、落后。从现在起，你们就不要再住在房子里了，要住到树上去；不要再穿用布做的衣服了，要披树叶、兽皮。要像几千年前我们的老祖宗那样生活，这样，城里的人就会来参观、旅游，你们就可以富起来了。”

村民们照办，消息传到各个城市。日本人惊奇地发现，国内竟然还有这样的原始人部落，于是这个村子很快就吸引来大批的旅游者。这些旅游者住在大树上，披树叶，穿兽皮，吃野菜，喝泉水，在小溪边洗脸洗脚，晚上不但能听到风声、雨声，还能听到各种野兽的怪叫声。旅游者们感到太新奇、太有趣了，来这里旅游的人越来越多。随着收入的不断增多，这个村子很快就富起来了。

根据以下资料编写：直线型思维与曲线型思维，http://www.360doc.com/content/13/1023/09/2136471_323440991.shtml，2013-10-23（2018-02-15）。

五、组合创造法

组合创造法是指将多种因素通过建立某种关系组合在一起而形成组合优势的方法。不同的组合所代表的意义是不同的，这种不同有时甚至存在本质上的区别。组合创造法正是利用组合本身所具有的这些特点，从而实现对创意思路与创意方案的有效发掘。

组合的基本前提是，各组成要素之间必须建立某种关系并成为整体。没有规则约束即堆砌，有了规则约束才会形成新的事物。例如，企业商号和产品品牌的命名是由词来体现的，词是词素的组合，两个毫无关系的词素组成的词没有意义。只有两个在含义、平仄等方面建立关系后组成的词才能表情达意而又优美响亮，如长虹、联想、太和、奔驰等。

组合可以是原理组合、结构组合、功能组合、材料组合及方法组合等。不论什么组合，都必须注意以下三个问题：

（1）考虑能否进行组合。虽然组合的过程体现了多样化，但并不是所有要素都能实现有效的组合。因此，在运用组合创造法前，应先考虑要素是否具备有效组合的条件。如果要素之间通过组合不能产生创新性的效果，那么进行组合就没有什么意义和必要。

（2）组合要有一定的规则。俗话说，“没有规矩，不成方圆”，组合的过程也是这样。如果失去了一定的规则，那么组合的过程将会变得杂乱无章，组合的结果也只能是对各种要素的简单堆砌或生拼硬凑。利用这样的组合，几乎是得不到任何有价值的信息的。

（3）对组合方式进行优化。组合的方式通常有很多种，不同的组合方式会带来不同的组合效果。为了能够得到最满意的效果，就必须注意对组合的方式和过程进行优化。

专栏 3－10

表 3－1 中的东西可以组合成什么？请填表 3－1。

表 3－1　练习表

	床	沙发	衣柜	镜子	电视
床	—	?	?	?	?
沙发		—	?	?	?
衣柜			—	?	?
镜子				—	?
电视					—

第三节　市场营销策划书

一、市场营销策划书的类型和作用

1. 市场营销策划书的类型

市场营销策划书也称为市场营销企划书、市场营销策划案，是市场营销策划方案的书面表达形式。市场营销策划书不仅是策划人关于所有营销策划工作的最后归纳，而且是企业下一步开展市场营销活动的指导依据。按照营销策划的内容及应用范围，可以将市场营销策划书分为营销策划书、营销诊断书和年度营销策划书。

（1）营销策划书。营销策划书的策划对象是企业尚未推出的产品、服务、产品线或品牌，目的是将新产品或服务打入市场。在这个阶段，针对一些市场信息不明确的情况，需要在项目启动之前撰写一份完整的新产品营销策划书，以提高企业投入的营销资源的有效性和竞争性。企业营销部门、企划部门人员或企业外聘的咨询与策划人员等都可为企业制定营销策划书。

（2）营销诊断书。营销诊断书的策划对象是企业在运营过程中出现的问题，目的是提出具有可行性的解决方案。它通过调查分析企业经营的实际状况，发现运营中存在的问题，然后运用科学的方法，有针对性地进行分析，查找问题产生的原因，提出改进方案，以使企业良性发展。企业内部营销人员和企业外部策划人员都可以为企业制定营销诊断书。

（3）年度营销策划书。年度营销策划书的策划对象是企业下一年的营销工作规划。年度营销策划书一般在当年年底制定，一年一次，需要接受企业高层管理人员的正式审核和批准，同时，也要随着环境的变化做出相应的调整和修改。年度营销策划书是由企业内部营销人员制定的。

2. 市场营销策划书的作用

市场营销策划书既是营销策划工作的书面表达形式，也是下一步实施营销活动的具体行动指南。因此，市场营销策划书是实现营销策划目的的关键环节，是市场营销策划成功的保证。市场营销策划书对整个市场营销策划活动的顺利开展具有重要作用。

（1）准确、完整地反映市场营销策划的内容。市场营销策划书是市场营销策划方案的书面反映形式。在市场营销策划书的形成过程中，策划人不仅要简单地记录其思考和真实意图，而且要根据市场营销策划书的结构，对所有的资料进行整理、组合和归纳，并形成系统的、条理清晰的书面文案，并准确、完整地体现市场营销策划方案的内容。从整个市场营销策划的过程看，市场营销策划书是达到市场营销策划目的的第一步，是市场营销策划能否成功的关键。

（2）充分、有效地说服企业决策者。策划人要通过市场营销策划书的文字表述，首先使企业决策者认同市场营销策划的内容，说服企业决策者采纳市场营销策划中的意见和建议，并按市场营销策划的内容实施。因此，策划人要在市场营销策划书的文字表述魅力和视觉效果方面多加思考，以打动、说服企业决策者。

（3）作为执行和控制市场营销方案的依据。市场营销策划书中除了包括市场营销战略和市场营销策略外，还包括了落实这些市场营销战略和市场营销策略的具体行动方案与企业营销活动的具体安排。因此，市场营销策划书作为企业执行市场营销策划方案的依据，增强了营销职能部门在操作过程中行动的准确性和可控性。同时，市场营销策划书中的市场营销目标也是市场营销策划方案实施以后测评策划实施效果的依据。

二、市场营销策划书的结构

一般来说，市场营销策划书没有一成不变的格式，它依据产品或营销活动的不同要求，在策划书的内容与编制格式上也有所变化。但是，从市场营销策划活动的一般规律来看，其中有些要素是共同的。一般来说，市场营销策划书的基本结构可分为以下 7 项：

1. 封面

封面应提供以下信息：市场营销策划书的名称、被策划的客户、策划机构或策划人的名称、策划的完成日期以及策划适用的时间段和编号。

2. 前言

前言是市场营销策划书正式内容前的情况说明部分，是对市场营销策划书的高度概括，内容应简明扼要，最多不要超过 500 字，让人一目了然。其内容主要包括：

（1）接受委托的情况。

（2）本次策划的重要性与必要性。

（3）策划的概况，即策划的过程和要达到的目的。

3. 目录

目录与其他书籍的目录作用相同，它涵盖了市场营销策划书的主体内容和要点。阅读者通过它可以对策划的全貌、策划人的思路、市场营销策划书的整体结构有一个大体的了解，而且借助它，使用者可以方便地查找相关内容。目录实际上就是市场营销策划书的简要提纲，其内容要精练，策划人要认真编写。

4. 概要

概要包括策划的目的、意义、创意形成的过程、相关策划的思路和内容等。阅读者应能够通过概要大致理解策划内容的要点。概要应简明扼要，篇幅不能过长，一般控制在一页纸内。另外，概要不是简单地把策划内容予以列举，而是要单独成一个系统。

5. 正文

正文是市场营销策划书中最重要的部分，具体包括以下几方面内容：

（1）界定问题。这一部分需要明确策划所要实现的目标或改善的重点。即使是做得再好的策划书，如果定位于错误的市场，把重点放在错误的方向上，最终会因偏离企业所希望达到的目标而失败。因此，在进行市场营销策划之前，要找到一个最佳切入点，并找准实现那些目标的基本方法。这主要通过界定问题来解决，即把问题简明化、重点化。

（2）环境分析。市场营销策划是以环境分析为出发点的，它是市场营销策划的依据和基础。环境分析的内容包括外部环境和内部环境。策划内容不同，考虑的环境因素重点也有差异。一般来说，大多数策划书的环境分析包括市场状况、竞争状况、分销渠道状况等。

第一，市场状况分析，主要分析市场规模与增长情况。

专栏3-11

共享单车行业环境分析

1. 政治法律环境分析

交通运输部发言人称要鼓励、支持共享单车行业的发展。对于共享单车出现乱停、乱放的痛点问题，北京、广州、深圳等地都出台了治理乱象的政策。

2. 经济环境分析

对于普通用户而言，从经济的角度考虑，最后1~5千米的出行选择共享单车，会比乘坐地铁、公交车等在金钱上节省很多。公交车因堵车带来的身心健康成本、等待时间损耗的社会成本也更高。

3. 社会文化环境分析

共享单车唤醒了中国自行车传统文化的回归，它也倡导一种全民健身的理念。

4. 科学技术环境分析

技术主要依赖以下几点：智能手机的技术红利；物联网运用于城市的交通升级；高科技智能解锁、精准的全球定位技术及互联网移动支付；工业技术，如实心轮胎、轴传动、铝合金车架焊接工艺等。

根据以下资料编写：冷蓓蓓，关于共享单车行业的PEST模型分析，现代营销，2017：150。

第二，竞争状况分析。策划人可以根据迈克尔·波特的5种力量分析框架，对竞争现状有一个整体、全面和清晰的了解。

第三，分销渠道状况分析。这部分应列出在各个分销渠道上的销售数量和重要程度。

（3）问题和机会。市场营销策划书是对市场机会的把握和策略的应用。因此，分析问题，寻找市场机会就成了市场营销策划的关键。找准了市场机会就可以大大地提高策划成功率。在一般情况下，市场营销策划书通常采用SWOT分析方法，即对企业内部环境的优势（strength）、劣势（weakness）以及外部环境中存在的机会（opportunity）和威胁（threats）进行全面评估。

（4）营销目标。营销目标是市场营销策划书必须明确提出的，它主要包括市场营销目标和财务目标两大类。其中，市场营销目标主要包括市场占有率、销售增长率、销售额、市场覆盖率等；财务目标主要包括成本利润率、货款回收率等。营销目标必须满足以下四个条件：

① 目标必须按轻重缓急有层次地安排。

② 在可能的条件下，目标应该用数量表示。

③ 目标必须切实可行。

④ 各项营销目标之间应该协调一致。

（5）营销战略。这一部分要清楚地表述企业所要实行的营销战略，包括市场细分、目标市场和市场定位三方面的内容。市场细分的目的是帮助企业发现和评价市场机会，以正确选择和确定目标市场；目标市场是企业根据自身资源状况和实力找准的目标顾客市场；市场定位是指企业在目标顾客心目中寻找和确定的最佳形象与位置。

（6）营销组合策略。确定营销目标、目标市场和市场定位后，企业结合自身的营销目标与资源状况，针对目标市场的需要制定相应的营销组合策略。营销组合策略包括产品策略、价格策略、渠道策略和促销策略。产品策略包括阐述产品体系、品牌体系、品牌管理、包装体系、包装形式、包装设计等；价格策略包括定价原则、定价方法、价格体系、调价体系等内容；渠道策略包括渠道建设指导方针、渠道开发步骤、渠道网络架构、渠道激励等措施；促销策略是指阐述人员推销、广告、营销推广和公共关系所采用的方法。

专栏3－12

小练习：企业的发展方向

选择一家你熟悉的企业，考虑该企业在过去5年内的成长经历，然后思考下面的问题。

1. 你认为帮助该企业成功的最重要的3个市场机会是什么？请依次按照市场机会的重要性排列。

（1）＿＿＿＿＿＿＿＿＿＿＿＿＿＿＿＿

（2）＿＿＿＿＿＿＿＿＿＿＿＿＿＿＿＿

（3）＿＿＿＿＿＿＿＿＿＿＿＿＿＿＿＿

2. 你认为企业面临的最严重的3个环境威胁是什么？请依次按照环境威胁的严重性排列。

（1）＿＿＿＿＿＿＿＿＿＿＿＿＿＿＿＿

（2）＿＿＿＿＿＿＿＿＿＿＿＿＿＿＿＿

（3）＿＿＿＿＿＿＿＿＿＿＿＿＿＿＿＿

3. 参照前两个问题，你认为该企业未来3年内主要的发展方向：

＿＿＿＿＿＿＿＿＿＿＿＿＿＿＿＿＿＿＿＿

（7）行动方案。实施市场营销策划还需要将上述市场营销战略和策略落实到各项具体的工作上，为此，需要设计详细的策划行动方案。在行动方案中，需要确定以下内容：要做什么作业、何时做、何时完成，其中的个别作业为多少天、个别作业的关联性怎样，在何地、需要采取何种方式进行协助，需要什么样的布置，要建立什么样的组织机构，由谁来负责，实施怎样的薪酬制度，需要哪些资源，各项作业收支预算为多少等。应根据这些问题为每项活动编制详细的程序，以便于执行和检查。

（8）财务分析。这一部分记载的是整个市场营销策划推进过程中的费用预算，包括总费用、阶段费用、项目费用等，其原则是以较少的投入获得最佳的效果。预算费用是市场营销策划书必不可少的部分。预算应尽可能详尽、周密，各费用项目应尽可能细化。预算费用应尽可能准确，能真实反映实施该市场营销策划书的投入水平。同时，应尽可能将各项费用控制在最小规模上，以求获得最大的经济效益。

（9）策划控制方案。其分为一般控制方案和应急方案两种。一般控制方案通常包括以下几点：首先，每月或每季度详细检查目标达到的程度；其次，高层管理者要对目标进行重新分析，从中找出未达到目标的项目及原因；最后，实施营销效果的具体评价方案有经营理念、整体组织、信息流通渠道的畅通情况、战略导向和工作效率。应急方案主要考虑市场信息的不确定性，需制定多套应急方案，其中，须列出可能发生的所有特殊事件及发生这些特殊事件时的对策，以降低风险。

6. 结束语

结束语在整个市场营销策划书中可有可无，它主要起到与前言呼应的作用，使市场营销策划书有一个圆满的结束。

7. 附录

附录的作用在于提供策划补充性的证明。因此，凡是有助于阅读者对策划内容理解、信任的资料都可以考虑列入附录。但是，可列可不列的资料还是以不列为宜，这样可以更加突出重点。附录的另一种形式是提供原始资料，如消费者问卷的样本、座谈会原始照片等图像资料。附录也要标明顺序，以便阅读者查找。

三、市场营销策划书的撰写

1. 市场营销策划书的撰写步骤

结合市场营销策划书的结构与内容，其撰写步骤可分为以下10步：

（1）构建市场营销策划书的框架。在撰写市场营销策划书前，先用因果关系图（也称树状图）将策划的有关概念和框架展现在一张纸上来描述策划的整体构想，其目的在于将核心问题、内外环境因素，以及解决问题的思路清晰地展现出来。

（2）对框架进行细化，列出框架中各部分的具体内容范围。

（3）检查框架结构及各部分的具体内容是否合理得当。视具体情况进行调整、确定各部分内容。

（4）整理资料。在收集了相关资料之后，应先对这些资料加以整理、分类，再按照市场营销策划书的框架顺序一一列入，绝对不要将无关紧要的资料硬塞进市场营销策划书中。

（5）进行SWOT分析，列出分析结果。

（6）根据SWOT分析结论，撰写营销目标、营销战略和营销策略组合等内容。

（7）制订策划的实施计划。根据选定的方案，把各功能部门和任务加以详细分配，分头实施，并按进度表与预算表进行监控。

（8）制定检查办法。对策划的方案提出详细、可行的检查办法和评估标准。

（9）设计版面。若市场营销策划书的版面设计过于零散，则不利于使用者理解和阅读。因此，应该统一营销策划书中各部分使用的符号。

（10）统撰全篇，润色定稿。

专栏 3－13

地下超市 SWOT 分析

1. 优势分析

（1）位于城市中心商业地带，接近庞大的顾客群。

（2）相对于地上空间成本，地下超市的地皮租金便宜，维修费少。同时，地下空间具有冬暖夏凉的特征，大大减少了地下超市在取暖和制冷方面的费用。

2. 劣势分析

（1）地下位置易引起顾客的心理压抑。

（2）难以培养忠实顾客。

3. 机会分析

（1）经济发展，人们的收入水平提高。

（2）消费者逐渐认可。

（3）消费者在地下超市购物更方便。

4. 威胁分析

（1）行业内竞争加剧。

（2）竞争立体化，顾客出现分流。

根据以下资料编写：卢明明，销售力：文案与活动策划撰写完全修炼手册，北京，中国铁道出版社，2017：8。

2. 市场营销策划书的撰写方法

因提出的对象和内容不同，市场营销策划书需要在内容与编制格式上进行相应的变化。经常采用的撰写方法是两分法，即将一份完整的市场营销策划书分为市场状况分析和策划书正文两部分，然后逐一撰写即可。

（1）市场状况分析。市场状况分析主要是了解整个市场规模的大小和主要竞争对手的情况，其具体包含以下 12 项内容：

① 整个产品市场的规模。

② 各竞争品牌的销售量与销售额的比较分析。

③ 各竞争品牌市场占有率的比较分析。

④ 消费者年龄、性别、职业、学历、收入和家庭结构的分析。

⑤ 各竞争品牌产品优缺点的比较分析。

⑥ 各竞争品牌市场区域与产品定位的比较分析。

⑦ 各竞争品牌广告费用与广告表现的比较分析。

⑧ 各竞争品牌促销活动的比较分析。

⑨ 各竞争品牌公关活动的比较分析。

⑩ 各竞争品牌定价策略的比较分析。

⑪ 各竞争品牌销售渠道的比较分析。

⑫ 企业过去 5 年的损益分析。

（2）策划书正文。策划书正文由以下六大项构成：

① 企业的主要政策。在撰写市场营销策划书之前，策划者要与企业的最高领导层进行深入沟通，以确定企业现在和未来的经营方针与主要政策。沟通内容主要包括 7 项：确定目标市场与产品定位；确定销售目标是扩大市场还是追求利润；制定价格策略；确定销售方式；确定广告表现与广告预算；确定促销活动的重点与原则；确定公关活动的重点和原则。

② 销售目标。确定量化的销售目标是非常有必要的，因为量化销售目标可以为整个市场营销策划书的实施效果评价提供依据；为评估工作绩效目标提供依据；为拟定下一次销售目标奠定基础。

③ 推广计划。制订推广计划的目的是要协助实现销售目标。推广计划包括目标、策略和细节计划三部分。第一，目标。市场营销策划书必须明确地体现为了实现整个市场营销策划书的销售目标所希望达到的推广活动的目标。第二，策略。推广计划的策略包括广告表现策略、媒体运用策略、促销活动策略、公关活动策略四大项。广告表现策略主要针对产品定位与目标消费群确定广告表现的主题；媒体运用策略主要确定选择哪些媒体、各媒体所占的比例以及广告的视听率与接触率；促销活动策略主要确定促销的对象、促销活动的方式以及促销活动所希望达到的效果；公关活动策略主要确定公关的对象、公关活动的方式以及公关活动所能达到效果。第三，细节计划。细节计划主要详细说明实施每一种策略的具体细节。

④ 市场调查计划。通过市场调查，可以获得重要的市场信息与情报，这些重要信息是制定市场营销策划书的重要内容。市场状况分析中的内容大多可以通过市场调查来获取，由此可以体现市场调查的重要性。但在现实中，许多企业每年愿意投入大笔广告费，而不注重市场调查的投入。因此，策划人必须做好市场调查计划。市场调查计划与推广计划一样，也包含目标、策略和细节计划三大项。

⑤ 销售管理计划。销售管理计划主要包括确定销售主管和销售职员、制订销售计划、选择与训练推销员、激励推销员、制定推销员的薪酬制度。

⑥ 损益评估。制定市场营销策划书的目的就是要为企业带来利润，而损益预估就是要在事前预估该产品的税前利润。

3. 市场营销策划书的撰写技巧

市场营销策划书对可信性、可操作性和说服力的要求特别高，这也决定了撰写市场营销策划书有以下技巧：

（1）寻找一定的理论依据。要提高市场营销策划书内容的可信性并使阅读者接受，就要为策划人的观点寻找理论依据。事实证明，这是一个事半功倍的有效办法。但是，要防止纯粹的理论堆砌，否则不仅不能提高可信性，反而会给人脱离实际的感觉。

（2）利用数字说明问题。市场营销策划书是一份指导企业营销实践的文件，必须保证其可靠性。市场营销策划书的内容应有理有据，任何一个论点都应有依据，而数字就是最好的依据。在市场营销策划书中利用各种数据进行比较对照是绝对不可少的，但这些数据一定要有出处，以证明其可靠性。

（3）运用图表帮助理解。运用图表有助于阅读者理解市场营销策划书的内容，它的主要优点在于有强烈的直观效果，用其进行比较分析、概括归纳、辅助说明等非常有效。另外，图表也是专业人员和非专业人员沟通的重要方式，它能调节阅读者的情绪，从而有利于对市场营销策划书进行深刻理解。

（4）适当举例说明。在市场营销策划书中，加入适当的成功与失败的例子既可以充实内容，又能增强说服力。一般来说，在具体使用时，以多举成功的事例为宜，选择一些国内外先进的经验与做法，以印证自己的观点，效果是非常明显的。

（5）有效利用版面设计，增强感染力。市场营销策划书视觉效果的好坏在一定程度上取决于版面设计，因而有效利用版面安排也是市场营销策划书的撰写技巧之一。这里包括打印的字体、字号、字间距、行距、黑体字的应用以及插图和颜色等。如果整个市场营销策划书的字体、字号完全一样，没有层次、主辅，那么该市场营销策划书就会显得呆板，缺少生气。通过版面设计可以使重点突出、层次分明、严谨而不失活泼。

（6）突出重点。如果一个策划里面包含太多的设计、想法、目标，最终可能无法实现。就某个问题可能会产生很多的想法，但如果策划人把这些想法全部纳入策划中，可能是一件非常危险的事情，因为市场营销策划书中的观点和想法太多会导致重点分散。因此，一个优秀的策划人一定要把构想浓缩，即使有很好的方案，只要与主题无关，就要删除。

（7）认真校对，重视细节。市场营销策划书完稿后，还应该进行认真的核实、反复的核对，以免出现差错。策划书执笔人校对后，最好再交其他一些相关或无关的人进行校对，当涉及一些专业性很强的问题时，最好还要请教一些专家进一步核实，保证市场营销策划书准确无误。

撰写市场营销策划书时注重细节也是十分重要的。需要注意以下几个问题：

① 错字、漏字会影响阅读者对策划人的印象。企业的名称、专业术语更不能出现错误。

② 一些专门的英文单词的差错率往往是很高的，在检查时要特别予以注意。如果出现差错，阅读者往往会以为是由撰写人的知识水平不高所致的，这就影响了对策划内容的信任度。

③ 纸张的好坏、打印的质量等都会对市场营销策划书本身产生影响。

（8）准备若干方案。当拟定市场营销策划书时，并没有硬性规定一次只能做一个策划方案。对于同一个主题，同时做出两个或三个策划方案也是可以的。从企业的实践来看，在对策划进行评审时，策划人与企业决策人考虑问题的角度很难完全一致，一定会有种种的意见出现，所以事先准备替代方案是明智的。有经验的策划人会预测审查者可能提出的反对意见，或者了解他们的习惯，然后准备第二方案、第三方案。如果只准备一套方案，被企业决策人完全否定后，策划人就无路可退了。

（9）突出创意，强调效益。创意是市场营销策划书的灵魂。因此，市场营销策划书中首先应该重点阐述的内容是创意。此外，一套策划方案最有说服力的内容就是效益，最能打动企业决策人的也是效益。因此，市场营销策划书中还应该重点阐述其效益，即该项策划案的投入是多少，回报能有多少。

（10）总案分案，相辅相成。对于一些综合性强的大型市场营销策划项目，仅仅通过一份总体的市场营销活动方案就把所有问题都解决是有一定难度的。因此，要在总体市场营销策划书的统领下，单独制定许多具体项目、各个时段、各个分主题的活动方案。也就是说，在一份市场营销策划书内，常常既有总体市场营销策划书，又包括若干具体项目的策划书或某一具体时段活动方案的策划书。这就要求，在市场营销策划书撰写过程中，要注意总体策划书和分策划书之间的前后对应与衔接，处理好总体策划书和分策划书之间的承启与分工关系。撰写者要努力做到，让企业决策者看了感觉思路清晰、主辅分明，让执行者看了感觉分工明确、详略得当。

专栏3－14

失败市场营销策划书的特征

① 缺乏创意和创新的特征，提出的策划创意比较平庸、平淡。

② 缺乏充分的市场调查，可行性不强，在现实生活中不具备可操作性和现实性。

③ 以自我为中心，完全从策划人自身利益的角度看问题，不关心委托方的利益和要求。

④ 不具有充分的说服力，引用的论据不充分。

⑤ 内容不精练、冗长繁杂。

⑥ 缺乏严密的逻辑性和条理性。

⑦ 文字表达生硬、僵化。

根据以下资料编写：李宏岳，市场营销学，广州，中山大学出版社，2016：287。

四、市场营销策划书的推介

评审委员会或企业决策者是否顺利接纳与认可市场营销策划书，推介活动起着至关重要的作用。推介的主要步骤如下：

1. 自我说服

在推出市场营销策划书之前，策划人要自己先进行审核评定，即自己先把关。如果连自己都认为市场营销策划书的内容不可能实现，那么说服别人接受市场营销策划书根本就无从谈起。

2. 模拟演练

模拟演练就是模拟市场营销策划书在评审过程中可能会遇到的各种场景。市场营销策划书推介的首要工作是“模拟问答”。当推介市场营销策划书时，评审委员会或企业决策人可能提出各种质询或问题，而事前应该把这些可能出现的问题列出并拟定答案。

这种模拟演练不同于同事之间就策划内容进行的意见交换，而是假设自己站在评审委员会或企业决策人的立场上会提出哪些问题，并设想怎样回答才能令其满意。在实际演练时，可以请自己的同事扮演评审委员会人员或企业决策者，在他们仔细阅读市场营销策划书之后，请他们站在评审人的立场上坦率地提出质询或意见，而策划人应考虑如何回答才能令人满意。真实应是模拟演练力求实现的目标。

3. 进行事前协调

事前协调是指在正式评审之前，为取得有关人员的理解、认同及协助而做的准备工作。尽管经过模拟演练后市场营销策划书通过的概率大大增加，但若缺少必要的事前协调，在市场营销策划书评审过程中仍会遇到意想不到的阻力。有些人把事前协调看作一种卑劣、龌龊的事情，这是一种错误的想法。策划人应该把它看作一种使市场营销策划书得以付诸实施的技巧和策略。

4. 突出市场营销策划书的“卖点”

从某种意义上说，市场营销策划书也是一种商品。既然是商品，要被“买家”接纳和认可，就必须有一个能让其接纳和认可的理由，即它必须具有吸引人的地方。这个能吸引人的地方就是“卖点”。策划人如果能够有效地抓住和利用这些“卖点”，那么要实现市场营销策划书的成功推介并不困难。

一般来讲，能作为市场营销策划书“卖点”的地方有很多，但真正能引起企业决策者注意的是那些与他们的兴趣点比较接近的“卖点”。从企业决策者的角度来看，他们关心的并不是策划的过程或理论，而是策划是否能为企业带来经济效益。因此，策划人在推介自己的策划案时，应尽可能地了解企业决策者的兴趣，使策划案的“卖点”与之接近。另外，市场营销策划书的“卖点”一定要具体，量化的“卖点”更具有吸引力和说服力。可以用数字来表示营业额、市场占有率等指标来引起企业决策者的兴趣。

专栏3-15

小练习：为葡萄酒撰写市场营销策划书

地理条件：西北的戈壁滩和法国的波尔多处于同一纬度，昼夜温差大，气候干燥，十分有利于葡萄生长。

产品特点：有机葡萄酒，绝对天然。一是种植条件有机化。葡萄园的土壤不含有任何的杀虫菌剂和无机肥料。肥料只可以是牛粪、葡萄渣滓、堆肥及其他的有机肥料。二是酿造过程有机化。葡萄酒的发酵过程全部采用野生酵母，不含添加剂。酿造过程不采用过滤剂，只通过沉淀去除沉淀物。

利用网络进一步收集相关资料，为此葡萄酒命名并撰写市场营销策划书。

根据以下资料编写：徐蔚，广告策划与创意实务，合肥，合肥工业大学出版社，2015：50。

5. 准备报告中使用的工具

为了有效地向评审委员会或企业决策人推销、介绍和说明市场营销策划书，市场营销策划书报告人除了要提供必要的资料、图表外，还必须配合使用多种表现工具和辅助设备。尤其是当报告者无法用语言、文字或手势来表达某种意思时，运用表现工具和辅助设备来说明会显得非常有效。

一般来说，最常用的说明工具有简报、投影胶片、演示磁盘、录像机或计算机投影仪等设备。它们不仅能从视听角度使枯燥的报告内容变得生动形象，而且能将报告的形式变得丰富多样。灵活运用这些工具，能使策划书的内容更具变现力和说服力，使市场营销策划书更易被评审者和决策者们认同与接受。

准备报告中使用的工具还要在细节上下功夫。简报的内容应采用图片、艺术字体的文字、图表等；投影胶片的内容或磁盘投影文件的内容应尽量简洁，字数不宜过多；采用计算机投影时，最好能恰当地设置动画效果，以增强所报告内容的趣味性和吸引力；等等。

6. 把握决策者的水平

在推出市场营销策划书之前，有一件事情是绝对不可忽略的，那就是首先要把握决策者的理论水平，然后选择决策者可以接受的方式推出策划案。

7. 找到提案的恰当时机

选择恰当的时机递交提案对提高市场营销策划书通过的可能性有着重要的作用。首先，策划人要善于观察和审时度势。如果众多的议案已经堆满了决策者和评审委员们的案头，那么此时再提出策划案只能是给他们“添乱”。其次，策划人要善于创造提案机会。对于一些时效性较强的策划方案，提案时机的获得不能靠等待，而要靠策划人主动创造。尽管决策者有大堆的议案要评审，但假如能说服其召开一次特别的会议专门来讨论自己的策划案，那么策划人就获得了一个良好的提案时机。最后，策划者要学会“察言观色”。有时决策者或评审人的情绪或心情对评审结果也可能产生较大的影响。因此，策划人要善于了解决策者或评审人平时的喜好，掌握其情绪或心情变化的规律。

8. 提案汇报

当提案前所有的准备工作就绪之后，利用恰当的时机，策划人就可以进行提案。策划案能否通过、能否得到认可，关键也就在此一举。此时，策划人要设法使出浑身解数，向评审委员会及决策者推销和展示自己的策划案。

第四节 市场营销策划的创意效果评价

一、创意效果评价的原则

创意效果是指应用创意后对生产、销售、管理等各方面产生的影响与发挥的作用，是通过资源消耗和资源占用而获得的成果与效用。

创意效果按其内容，可分为经济效果、社会效果和心理效果；按产品市场生命周期，可分为导入期的创意效果、成长期的创意效果、成熟期的创意效果、衰退期的创意效果；按活动周期的长短，可分为短期的效果、中期的效果、长期的效果。

创意效果评价的原则主要有以下几个：

（1）目标性原则。进行创意效果评价时，必须以创意目标为准则。事前评价，主要考虑目标的可行性与可用性，如果创意目标根本不可能实现，或即使能实现也对企业无用，那么这样的创意应及时否定；事中评价，主要看创意是否朝着既定目标前进，如果出现偏差，应及时校正；事后评价，主要考察创意的效果是否达到了既定目标，达到了就是成功的，没达到就是失败的。

（2）可靠性原则。这里的可靠性是指保证评价方法和手段的可靠性以及资料的可靠性。因此，对创意效果的评价应由有关专家进行，以避免被误导和乱指挥。

（3）经济性原则。企业是以盈利为目的的组织，企业行为都应该考虑经济性原则，创意效果的评定也需要坚持经济性原则。

（4）综合性原则。评价创意应综合考虑创意的经济效果、社会效果、心理效果以及影响这些效果的各种相关因素，包括企业的可控因素和社会不可控因素，以便准确地评价创意效果。

二、创意效果评价的方法

创意效果评价的方法按照创意效果的内容，可分为经济效果、社会效果和心理效果三个维度进行评价的方法。

1. 创意经济效果的评价

（1）创意经济收益额，即创意后经济收益与创意前经济收益的差额。其计算公式为

创意经济收益额 = 创意后经济收益 - 创意前经济效益

（2）创意成本利润率，即创意所产生的利润额与所支出的创意成本之比。其计算公式为

创意成本利润率 = 创意利润额/创意成本 × 100%

除了事后评价之外，还可进行事前预测和事中评价。事前预测主要研究创意的可行性，以企业目标为准则，以实现经济效益最大化为标准，运用各种手段进行综合分析；事中评价是为了检验创意是否按计划实施，并取得预期进展，以定性分析为主。

专栏3-16

沃尔沃集团和三星集团的品牌“善营销”策划

1. 沃尔沃集团：Lifepaint

沃尔沃集团为了保护骑自行车的人在夜幕下的人身安全，推出了夜光喷雾“Lifepaint”。用户喷在衣服和自行车上后，人和自行车都会呈现出银色，可大大提高夜间骑自行车安全。

2. 三星集团：安全卡车

在交通意外事故死亡率很高的国家，三星集团专门设计了一款名为“安全卡车”的产品。卡车前保险杠上安装有摄像头，通过无线传输到车尾安装的大尺寸屏幕上，实时显示卡车前方道路情况，以此帮助后车驾驶员更清楚地了解前方路况。

根据以下资料编写：2016年你不能错过的10个创新营销策划方案趋势，http://www.siilu.com/20151008/151058.shtml，2015-10-08（2018-02-10）。

2. 创意社会效果的评价

创意社会效果是指创意实施以后对社会环境，包括法律规范、伦理道德、文化艺术、自然环境的影响。一般采取定性分析的方法，创意社会效果评价如果能运用某种实物佐证、图表说明、相关群体评价等方法将会更富有意义。

3. 创意心理效果的评价

创意心理效果是指创意在消费者心理活动的影响程度，主要针对创意对消费者的感知效果、认知效果和心理变化效果等进行评价。可采用意见与态度测试法、认知与回忆测试法和实地调查法等方法。

小结

创意是一种创造新事物、新形象的思维方式和行为。它具有积极的求异性、睿智的灵感、敏锐的洞察力和丰富的想象力等特征，通过直观思维与逆向思维、形象思维与抽象思

维、联系思维与倾向思维等方式表现。创意的激发是研究创意、从事企业形象策划活动的关键。创意的步骤可以为策划人领会创意过程提供借鉴和参考。掌握多种创意技巧对于提高创意水平和创意效果很有帮助。市场营销策划书是营销策划方案的书面表达形式，它是企业开展市场营销活动的指导依据。策划人了解并熟悉市场营销策划书的撰写步骤、方法和技巧，将有助于其写出一份优秀的市场营销策划书。策划人必须了解并掌握市场营销策划书的推介，并能从经济角度、社会角度和心理角度进行创意效果评价。

开篇案例讨论

1. 汉堡王的创意营销策划中借用了创意的哪些技巧？
2. 汉堡王创意的前提和基础是什么？
3. 发挥想象，提出汉堡王的其他营销创意。

思考题

1. 创意的作用是什么？
2. 创意的思维是什么？
3. 创意的步骤包括哪些？
4. 市场营销策划书是由哪些部分构成的？
5. 创意效果评价的原则有哪些？

网上练习

主题：熟悉市场营销策划书

步骤1：通过网络资源（或教师提供的资源），搜索一份完整的市场营销策划书。

步骤2：阅读和分析市场营销策划书。

步骤3：结合本章第三节内容，思考、分析和评价市场营销策划书，分别列出其三个优点和三个缺点。

步骤4：针对市场营销策划书的缺点，提出修改意见。

步骤5：针对修改前后的两稿市场营销策划书进行交流，或者教师在课堂上进一步点评。

策划技能训练

主题：小问题　大创意

步骤1：教师结合当地生活或企业面临的问题，为学生描述某一产品或服务问题。

步骤2：教师将学生分组，每5~7人为一组。

步骤3：参考本章第一节和第二节内容，小组成员采用不同的创意步骤，形成个人创意，解决问题。

步骤4：小组讨论。个人创意交流，将个人创意采用的激发、步骤、技巧等进行交流。

步骤5：小组成员对各个创意，按照创意的创新性、影响力、持续性建议衡量，通过讨论互相启发，完善小组最好的创意。

步骤6：在课堂上小组介绍创意，总结所有的创意，评选出最有价值的创意。

第四章 市场营销战略策划

学习目标

- 掌握市场营销战略的概念
- 熟悉市场营销战略的类型
- 了解市场营销调研方法的策划
- 掌握企业战略定位策划和企业品牌定位策划
- 熟悉企业产品定位策划

开篇案例

屈臣氏的营销战略策划

2011 年年底，屈臣氏第 1 000 家门店在上海浦东开业，屈臣氏的“百城千店”计划完美收官。屈臣氏酝酿在 2016 年前将门店规模扩大至 3 000 家，正式启动“三千店计划”。

从提供药品到个人护理产品的嬗变，屈臣氏找到了自己在消费者心中的地位，精准锁定目标顾客，准确发现亚洲与欧美国家的消费习惯显著不同。亚洲女性会用更多的时间进行逛街购物，她们愿意投入大量时间去寻找更便宜或是更适宜的产品。这种差异让屈臣氏最终将中国的主要目标市场锁定在 18 ~40 岁的女性，特别是 18 ~35 岁的时尚女性。

同时，屈臣氏以“个人护理专家”为市场切入点，以低价作为引爆点，围绕健康、美态、快乐三大理念，旨在协助热爱生活、注重品质的消费者塑造内在美与外在美的统一，通过为消费者提供高性价比的产品、优雅的购物氛围环境和专业资讯服务来传达积极美好的生活理念。除了在产品上下足了功夫，屈臣氏在营销方面更是处处为目标顾客着想，各种手段细致而独具特点，使顾客在购物的同时经历一种非常新奇而满足的体验，把购物当作一种放松和休闲活动，在不知不觉中形成对屈臣氏的品牌偏好，最终成为它的忠实顾客。

根据以下资料编写：陈袁宝，屈臣氏营销策略思考，https://www.xzbu.com/3/view-4878086.htm，2014-11-08（2018-05-26）。

第一节　市场营销战略概述

一、市场营销战略的概念

市场营销战略是指企业为实现长远经营目标，对市场营销活动制定的一种长期性、全局性、系统性的筹划谋略与行动总方案。市场营销战略是企业总体战略的一部分，市场营销战略的策划与实施是为了实现企业任务和目标（见图4－1）。

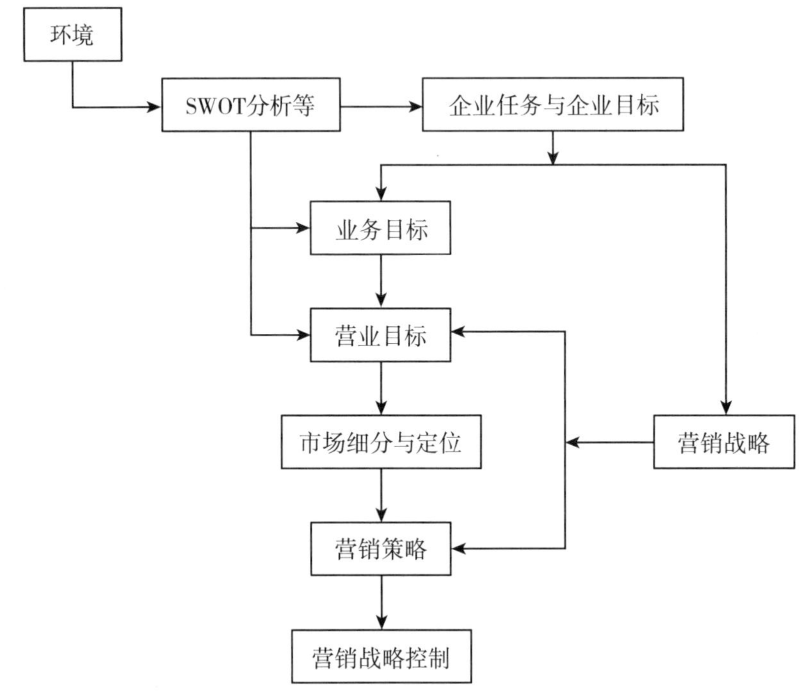

图4－1　市场营销战略策划与实施

市场营销战略的特征包括：

（1）目标性。市场营销战略始终围绕企业成长与发展的目标制定。

（2）竞争性。市场营销战略是企业的一种竞争手段，它的制定建立在对竞争对手分析的基础上。

（3）动态性。市场营销战略的制定是一个动态过程，需要在辨识、选择市场机会的过程中不断地进行调研和修正。

（4）风险性。营销战略的制定受到环境状况、资源供应和利用条件的限制，具有一定的风险性。

二、市场营销战略的类型

以市场营销目的划分，市场营销战略的类型主要有以下几种：

1. 以盈利为目的的战略

以盈利为目的的战略就是以追求利益最大化为目标的战略，主要有开源与节流两种途径，通过产品、定价、分销、促销及其营销策略组合来组织实施。企业在不同的发展时期所采用的市场营销战略方式也会有所不同（见表4－1）。

表4－1 以盈利为目的的市场营销战略方式

企业发展时期 企业采取的战略	投入期	成长期	成熟期	衰退期
产品战略	单一、小批量投放战略	提高品质战略 单一性、大批量投放战略	多品种产品组合战略 改良产品战略 大批量投放战略	收缩、维持、放弃战略
定价战略	撇脂定价战略 渗透定价战略	降价战略 维持或提价战略	降价战略	降价战略
分销战略	就近直销战略 借道销售战略	建立分销渠道战略 加强管理与维护战略 开拓新市场战略	开辟、完善战略 分销渠道网络战略 加强管理与维护战略	集中维护主渠道战略
促销战略	高促销战略 低促销战略	突出一个“好”字战略 高强度促销战略	突出一个“增”字战略 高强度促销战略	低强度促销战略

2. 以竞争为目的的战略

以竞争为目的的战略就是以如何战胜竞争对手为目标的战略，主要有成本领先战略、差异化战略与集中化战略。

（1）成本领先战略。成本领先战略是美国学者迈克尔·E. 波特提出的三大竞争战略之一，是指通过有效途径，使企业的总成本低于竞争对手的成本，以获得同行业平均水平以上的利润。它要求企业在管理上对成本给予高度的重视。

要赢得总成本最低的有利地位通常要求企业具备较高的相对市场份额或在原材料供应上有优势。通常有两种方法：第一，在企业价值创造的每一个环节上实行有力的成本控制；第二，价值链重构，使设计、制造、分销等环节形成的价值链的总成本更低。

（2）差异化战略。企业凭借自身的技术优势和管理优势生产出在性能、质量方面优于市场上现有水平的产品，或是在销售方面，通过有特色的宣传活动、灵活的促销手段、周到的售后服务，在消费者心目中树立良好的形象。

对于一般商品来说，差异总是存在的，只是大小、强弱不同而已。差异化营销所追求的"差异"是产品的"不完全替代性"，即在产品功能、质量、服务、营销等方面，企业为客户所提供的是部分对手不可替代的。"鹤立鸡群"是差异化战略追求的最高目标。

专栏4－1

海底捞的差异化战略

四川海底捞餐饮股份有限公司成立于1994年，是一家以经营川味火锅为主、融汇各地火锅特色为一体的大型跨省直营餐饮品牌火锅店。

海底捞在继承川、渝餐饮文化原有的"麻、辣、鲜、香、嫩、脆"等特色的基础上，不断创新，以独特、纯正、鲜美的口味和营养健康的菜品赢得了顾客的一致推崇，并在众多的顾客心目中留下了"好火锅自己会说话"的良好口碑。同时，海底捞始终秉承"服务至上、顾客至上"的理念，以创新为核心改变传统的标准化、单一化服务，提倡个性化的特色服务，将用心服务作为基本经营理念，致力于为顾客提供"贴心、温心、舒心"的服务。

根据以下资料编写：叶家，浅谈海底捞火锅差异化战略，商场现代化，2016（6）：65－65。

（3）集中化战略。集中化战略也称为专业化战略、目标集中战略、目标聚集战略、目标聚集性战略，是指将企业的经营活动集中于某一特定的购买群体、产品线的某一部分或某一地域性市场，通过为这个小市场的购买者提供比竞争对手更好、更有效的服务来建立竞争优势的一种战略。

综上所述，这三种战略的比较见表4－2。

表4－2　以竞争为目的的三种营销战略的比较

类型＼优缺点	优　点	缺　点
成本领先战略	品种少 适合大批量生产 成本低	应变能力差 依赖性强 风险较大
差异化战略	市场广阔，可扩大销量，增强竞争力 适应性强	经营管理水平要求高 生产成本、存货成本、促销成本增加
集中化战略	节省费用 可提高产品和企业知名度	目标市场依赖性太大 风险大

3. 以市场拓展为目的的战略

以市场拓展为目的的战略就是以追求市场最大化为目标，继而追求利润最大化的战略，主要有垄断性营销、渗透性营销与开发新产品营销三个基本途径。

（1）垄断性营销。垄断性营销决定了产品功能的不可替代性、特殊性、技术创新性等，具有很大的利润空间。在营销中，常用提高产品技术性能与功能、品牌战略、高价策略、渠道的专有性等方式形成垄断，防止竞争者进入。

（2）渗透性营销。渗透性营销是一种通过互动式的交流，从顾客的角度出发，以有效的、低成本的方式潜移默化地影响顾客，逐渐扩大产品市场，共同实现企业与消费者的利益目标的活动。

（3）开发新产品营销。开发新产品营销可以使企业提高自身的技术水平，不断开拓新的市场，树立创新性强的企业形象，这也是企业获得持续发展、增加经济效益的重要途径。

三、市场营销战略环境

1. 宏观环境

任何一个企业都是在一定的宏观环境下开展经营活动的，以求得自身的生存和发展。因此，如同自然界的生物必须遵循“适者生存”的自然法则一样，企业必须注意对宏观环境的研究，争取使外部市场环境与企业内部条件和营销策略互相适应，从而增强企业的应变能力，实现企业的营销目标。

市场营销的宏观环境是指那些给企业造成市场营销机会和形成威胁的外部因素。这些因素主要包括人口环境、经济环境、自然环境、科技环境、法律环境以及社会和文化环境，它们是企业不可控制的变量。

研究宏观环境对制定市场营销战略至关重要。原因如下：第一，市场营销的成果在很大程度上要受到其环境的左右；第二，宏观环境因素属于不可控因素，难以掌握，企业必须有组织地进行调研，收集信息，并科学地对其进行分析；第三，环境正在加速变化。环境的变化对企业来说既是机遇，也是威胁，关键在于能否抓住机遇或者使威胁变为机遇。

2. 市场环境

一般从市场特性和市场状况两个方面来分析市场环境。

（1）市场特性。市场特性包括：

① 互选性。企业可选择进入的市场，市场（顾客）也可选择企业（产品）。

② 变动性。市场会随经济、社会、文化等发展而发生变化，包括量和质的变化。

③ 竞争性。市场是企业竞争的场所，众多的企业在市场上展开着激烈的竞争。

④ 导向性。市场是企业营销活动的出发点，也是归宿点，担负着起点和终点的双重作用。

⑤ 非固定性。市场可通过企业的作用去扩大、改变甚至被创造。

（2）市场状况。市场状况包括：

① 市场规模。市场规模由市场人口、购买欲望和购买能力三大要素构成。

② 市场性质，即市场是同质化还是异质化。目前我国市场需求的特点在表现为市场丰富化和多样化的同时，两极分化越来越明显和突出。

③ 市场态势，即现在是买方市场还是卖方市场。我国目前绝大部分产品已形成买方市场。

3. 行业动向和竞争

把握住行业动向和竞争就等于掌握了成功的要素，所以企业需注意：第一，了解企业所在行业的现状，把握企业的发展动向；第二，明确竞争者，竞争者在不断变化，它不再只限于同行业竞争者，相关行业、新参与者、采购业者、代理商、顾客等都可能成为竞争关系。

4. 企业状况

利用过去实绩等资料来了解企业状况，并整理出其优势和劣势。战略实际上是一种企业用以取胜的计划，所以，企业在制定战略时必须充分发挥企业的优势，尽量避开其劣势。

四、市场营销战略方案

市场营销战略策划是在企业使命的指导下，在充分进行市场营销调研的基础上，围绕市场营销定位（企业战略定位、企业市场定位和企业产品定位）策划展开，具体市场营销战略方案需要明确市场营销战略目标，进行战略业务单位的划分与评估以及新业务战略策划。

1. 企业使命

企业使命需要回答企业的本质性问题——企业的业务是什么？企业使命规定了企业的发展方向及其基础，直接决定了企业是否可持续发展。企业使命主要基于以下因素形成：一是企业历史的突出特征；二是企业的市场定位；三是企业环境的发展变化；四是企业的资源；五是企业具备的特有能力。

有效的企业使命说明书需要具备四个条件：一是市场导向，以市场需求为中心规定企业的任务；二是切实可行，要按照企业的实际资源实力规定企业的业务范围，做到宽窄适宜；三是鼓舞人心，企业员工从中可感受到其工作对社会和人类的贡献；四是清晰明确，社会对于企业能够辨识，企业具有明确的发展方向和路径。

2. 市场营销战略目标

为了实现企业使命，企业制定相应的市场营销战略目标，指导企业的经营管理。市场营销战略目标是一个目标体系，企业经常采用的业务目标有销售增长率、市场占有率、销售利润率、顾客满意度和新顾客开拓率等。

确定市场营销战略目标需要遵循以下原则：一是层次分明，目标要层次化和等级化，目标相互关联，落实到人；二是充分量化，尽可能用数字表示，便于精确计划和有效控制，具有可考核性和可比性；三是现实可行，目标要符合企业资源条件，适应客观环境；四是协调一致，避免目标之间冲突和抵触，实现企业人、财、物的有效匹配；五是时间限制，具有明确、具体的时间进度表，可以考察和控制战略的进程。

3. 战略业务单位的划分与评估

战略业务单位是企业营销战略策划的基本单元。一个战略业务单位具有如下特征：有单独的业务或一组有关的业务；有自己不同的任务；有自己的竞争者；有独立的管理者；拥有一定的资源；从战略规划中收益；可独立规划。

战略业务单位评估通常采用波士顿矩阵法和通用电气法。波士顿矩阵法是美国管理咨询公司波士顿咨询公司提出的一种分析模式，该方法基于市场增长率与市场占有率两个维度，将企业战略业务单位划分为问题类、明星类、金牛类和瘦狗类四种类型，针对不同类型的企业采取不同的战略。通用电气法是美国电器公司提出的对企业战略业务单位加以分类和评价的方法。

4. 新业务战略策划

企业发展新业务战略主要有三种：

（1）密集式发展战略。密集式发展战略是指企业以现有产品或现有市场为基础，提高市场占有率和销售额的战略。

（2）一体化发展战略。一体化发展战略是指企业将其营销业务拓展到产品价值链不同环节，以求不断扩大横向范围或纵向范围的战略。

（3）多元化发展战略。多元化发展战略是指企业增加产品种类和品种，跨行业生产经营多样化的业务或产品，扩大企业的生产经营范围和市场领域的战略。

第二节 市场营销调研策划

一、市场营销调研策划的程序

市场营销调研是针对企业特定的营销问题，采用科学的研究方法，系统、客观地收集、整理、分析、解释和沟通有关市场营销各方面的信息，为营销管理者制定、评估和改进营销决策提供依据的活动。有效的市场营销调研一般包括五个步骤（见图4－2）：

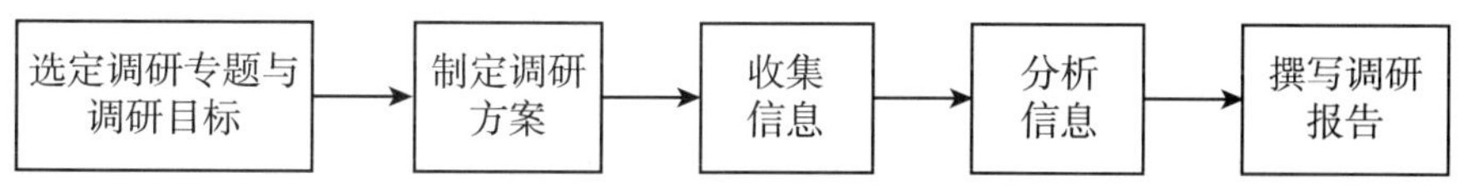

图4－2 市场营销调研程序

1. 选定调研专题与调研目标

市场营销调研的第一步是选定调研专题并确定调研目标。只有明确调研所要解决的问题及调研所要达到的目标，才能有效地制订计划和实施调研。调研可涉及的问题多种多样，既可以是宏观环境的调研，也可以是微观具体问题的调研。

调研目标不能太宽泛、太空洞，必须具有可操作性。如果调研目标太宽泛，调研人员就无所适从，容易在大量的市场信息面前迷失方向，不能准确地发现真正需要的信息。当然，调研目标也不能太窄，太窄不利于进行全面调研，调研的结果也很难反映真实的市场情况。企业在进行具体调研时，要尽量采用量化的调研目标，这样有利于审核和评估。

2. 制定调研方案

一个完善的市场调研方案一般包括以下内容：

（1）调研目的及要求。应根据市场调研目标，在调研方案中列出本次市场调研的具体目的及要求。

（2）调研对象。调研对象一般为消费者、零售商、批发商。在以消费者为调研对象时，要注意到有时某一产品的购买者和使用者不一致，如对婴儿食品的调研，其调研对象应为孩子的母亲。此外，还应注意到一些产品的消费对象主要针对某一特定消费群体或侧重于某一消费群体，这时调研对象应注意选择产品的主要消费群体，如对于化妆品，其调研对象主要为女性；对于酒类产品，其调研对象主要为男性。

（3）调研内容。调研内容是收集资料的依据，可根据调研目的确定具体的调研内容。调研内容的确定要全面、具体，条理清晰、简练，避免面面俱到，内容过多，过于烦琐，避免把与调研目的无关的内容列入其中。

（4）调研表。调研表是市场调研的基本工具，调研表的设计质量直接影响到市场调研的质量。设计调研表时要注意以下几点：

① 调研表的设计要与调研主题密切相关，重点突出，避免可有可无的问题。

② 调研表中的问题要容易让被调研者接受，避免出现被调研者不愿回答或令被调研者难堪的问题。

③ 调研表中的问题次序要条理清楚，顺理成章，符合逻辑顺序，一般可遵循容易回答的问题放在前面，较难回答的问题放在中间，敏感性问题放在最后；封闭式问题在前，开放式问题在后。

④ 调研表的内容要简明，尽量使用简单、直接、无歧义的词汇，保证调研对象能在较短的时间内完成调研表。

（5）调研地区范围。调研地区范围应与企业产品销售范围相一致，当在某一城市做市场调研时，调研范围应为整个城市；但由于调研样本数量有限，调研不可能遍及城市的每一个地方，一般可根据城市的人口分布情况，主要考虑人口特征中收入、文化程度等因素，在城市中划定若干个小范围调研区域，划分原则是使各区域内的综合情况与城市的总体情况分布一致，将总样本按比例分配到各个区域，在各个区域内实施访问调研。这样可相对缩小调研范围，减少实地访问工作量，提高调研工作效率，减少费用。

（6）样本的抽取。调研样本要在调研对象中抽取，由于调研对象分布范围较广，应制定一个抽样方案，以保证抽取的样本能反映总体情况。样本的抽取数量可根据市场调研的准确程度的要求确定，市场调研结果的准确度要求越高，抽取样本数量应越多，但调研费用也会越高。因此，一般可根据市场调研结果的用途确定适宜的样本数量。样本的抽取可采用统计学中的抽样方法。

（7）资料的收集和整理方法。在市场调研中，常用的资料收集方法有文案调研法、观察调研法和实验调研法，这几种调研方法各有其优缺点及适用场合，企业可根据实际调研项目的要求来选择。资料的整理方法一般可采用统计学中的方法，利用 Excel 电子表格，可以很方便地对调研表进行统计处理，获得大量的统计数据。

3. 收集信息

收集资料有两种方法：一种是直接向用户收集，所得的资料称为第一手资料；另一种是间接地检查或探询所调查的问题，所得的资料通常称为第二手资料。由于科学技术，尤其是电子技术突飞猛进的发展，许多传统的信息收集方法已被先进、迅速、准确、及时的电子方法所代替。

4. 分析信息

企业运用市场营销分析系统中的统计方法和模型对收集的信息加以编辑、计算、加工、整理，去伪存真，删繁就简，最后用文字、图表、公式将资料中潜在的各种关系、变化趋势表达出来。

5. 撰写调研报告

针对市场调研的问题，调研人员运用分析资料，提出客观的调查结论，并用调研报告的形式将市场调研结果呈送给决策者。调研报告的编制应遵循如下原则：

（1）应切记调研的目标，在编写报告的整个过程中，要时刻围绕目标。

（2）报告内容应力求扼要，突出重点。

（3）报告文字应简洁中肯，避免晦涩，专有名词宜少用。

（4）报告内容应力求客观。

（5）报告内容应能够使阅读者在最短的时间内有一个全盘的印象。如果能在报告正文之前列出纲要，更有利于阅读者了解报告的结构，也可帮助写报告的人确知每一个项目都已包括在内，不致重复，亦不致遗漏。

（6）应具有报告的形态与结构。

二、市场营销调研内容的策划

市场营销调研的内容分为两大类，即不可控因素的调研和可控因素的调研。

1. 不可控因素的调研

不可控制因素的调研包括以下几类。

（1）宏观环境调研。①国家、地方的有关方针政策、制度调整和体制变化，国家、地方颁布的法规、法令等；②经济状况，如财政、金融、基础设施、国内生产总值、产业机构、人口结构变化等；③社会文化状况，如社会生活方式、风俗习惯、宗教信仰、价值观、教育水平、职业状况等；④自然地理状况，如地理位置、自然资源、气候、交通、人口分布、数量、结构等；⑤科技情况，如科研新发展、新发明、新创造、新技术、新工艺、新材料的研发、应用、发展趋势，新产品开发上市情况等。

（2）市场调研。①市场特性；②市场规模（包括现实需求和潜在需求）；③可能销量的预测；④市场动向和发展；⑤市场对产品销售的态度；⑥市场增长率；⑦本企业及其他产品的市场占有率；⑧最大竞争对手的市场占有率。

（3）竞争者调查。①竞争者的属性；②竞争企业各类产品销售额；③各地域所占的比例；④顾客评价；⑤产品特性和产品竞争力及与本企业产品的优劣情况；⑥按地域类别的销售网点数和销售额；⑦交易条件及其变化；⑧对销售网点的援助和指导情况；⑨广告、宣传的方法、频率、投入金额、渗透情况等；⑩人员推销的方法、推销活动的特性；⑪营业推广的方法；⑫营业人员的数量、素质；⑬售后服务的方法及质量。

（4）消费者调研。①消费者的结构；②消费者的需求特点、数量、种类；③消费者的购买动机和购买习惯；④消费者的购买能力和购买行为；⑤市场的性质（消费者分布、消费者特征、消费者变化、市场比较、潜在市场的决定、销售额的预测）；⑥消费者的动机（购买动机、影响动机的因素、发现产品及店铺的选择背后的动机、分析购物及产品比较的动机）；⑦消费者的态度（发现消费者对店铺、产品的态度、弄清楚消费者的不满、分析态度的相对强度、消费者对店铺、对产品形象的决定、对店铺方便性的态度、评价对购买计划的态度）；⑧对偏好的认识（店铺偏好、产品偏好、对店铺、对产品的忠诚度、评价买卖领域的选择条件、购买频率）；⑨消费者购买意图（购买意图评价、希望和购买意图之间的关系、购买意图的实现程度）。

2. 可控因素调研

（1）产品调研。其内容包括：①产品使用者的特征和需求；②潜在消费者的态度和嗜好；③各产品行情好坏及原因；④产品的消费者层；⑤产品的占有率、知名度；⑥对各产品的购买动机；⑦消费者对产品的不满、抱怨、牢骚；⑧不同产品的购买习惯及变化；⑨新产品的前途、开发、试销；⑩包装和标签；⑪消费者对现有产品的态度和对现有产品的改进。

（2）分销调研。其内容包括：①店铺选址；②渠道选择、变更；③中间商、零售商的选择。

（3）物流调研。其内容包括：①流通中心的规划选址；②产品处理包装；③库存管理；④最佳运输手段选择。

（4）定价调研。其内容包括：①定价决策；②折扣折让策略；③市场划分；④赊销；⑤付款条件。

（5）促销调研。其内容包括：①推销人员分配；②推销策略；③任务设定；④激励政策；⑤活动分工；⑥广告媒体选择；⑦广告信息决定；⑧广告效果测定；⑨广告策略变更；⑩广告费用预算；⑪营业推广策略；⑫公关策略。

三、市场营销调研方法的策划

1. 文案调研法

文案调研法又称为文献调研法、桌面调研法及室内调研法等，是一种获取二手资料的调查研究方法，即根据研究目的，通过对收集到的各种信息和情报资料等进行分析，获得调研成果。文案调研的资料主要来源于企业内部和外部。

（1）企业内部资料。其来源主要包括：

① 销售记录。可从企业的销售记录、消费者名单、销售人员报告、代理商和经销商的信函、消费者的意见以及信访中找到有用的信息。

② 各类报告。各类报告主要包括以前的市场营销调研报告、企业自己做的专门审计报告和为以前的管理问题所购买的调研报告等信息资料。

③ 会计账目。每个企业都会保存自己的财务状况和销售信息的会计账目。

④ 信息系统和数据库。西方许多企业都建立了以电子计算机为基础的市场营销信息系统，其中储存了大量有关市场营销的数据资料，这种信息系统的服务对象之一就是调研人员。

（2）企业外部资料。其来源主要包括：

① 政府机构。中央和地方政府每年都会出版大量较系统、全面的资料信息，如普查资料和方针、政策、法令、声明等政府的其他资料。寻找这类资料信息的主要途径是中央及地方政府出版的各种综合性年鉴资料，如《中国统计年鉴》等。

② 国际组织。许多国际组织都会定期或不定期地出版大量市场情报，如联合国、经济合作与发展组织、世界银行等的年度、季度报告等。

③ 行业协会。许多行业协会都定期收集、整理甚至出版一些有关本行业的产销信息。行业协会经常发表和保存详细的有关行业销售情况、经营特点、增长模式及其类似的信息资料。

④ 专门调研机构。专门调研机构主要是指专业的咨询公司、市场调研公司。这些专门从事调研和咨询的机构经验丰富，收集的资料价值较高，但一般收费较高。

⑤ 联合服务公司。这是一种收费的信息来源，由许多公司联合协作，它们定期回收对营销活动有用的资料，并采用订购的方式向客户出售信息。在联合的基础上，定期提供四种基本的信息资料：经批发商流通的产品信息；经零售商流通的产品信息；消费大众对营销组合各因素反馈的信息；有关消费者态度和生活方式的信息。

⑥ 大众传播媒介。电视、广播、报纸、期刊、图书等类似的传播媒介不仅含有技术情报，而且含有丰富的经济信息，对预测市场、开发新产品、进行海外投资具有重要的参考价值。

⑦ 商会。商会通常能为市场营销调研人员提供的信息包括成员的名单、当地商业状况、贸易条例的信息、有关成员的资信以及贸易习惯等。大的商会通常还拥有对会员开放的商业图书馆，非会员也可前去阅览。

⑧ 官方和民间信息机构。我国的官方和民间信息机构主要有国家统计局、国家经济信息中心、国际经济信息中心、中国银行信息中心、新华社信息部、中国贸易促进会经济信息部、各有关咨询公司、广告公司等。

与其他方法相比，文案调研法具有间接性、历史性、继承性的特点，所获得的信息资料多，也较方便；不受时空限制；调研费用低。但是，这种方法也有一定的缺点：第一，二手资料有一定的局限性，无法反映市场的新情况、新问题；第二，二手资料具有不可预见性，无法直接应用；第三，缺乏直观感、现实感，对调查者的能力要求较高。

2. 实地调研法

实地调研是指由调研人员亲自收集第一手资料的过程。在有些情况下，文案调研无法满足调研目的，就需要适时地进行实地调研来解决问题，取得第一手的资料和情报，使调研工作有效、顺利地开展。实地调研法有以下几种：

（1）访问法。访问法指将调查的事项，以当面或电话或书面的方式向被调查者提出询问，以获得所需资料的调查方法。它是最常用的一种实地调研方法。访问法的特点在于，整个访谈过程是调查者与被调查者相互影响、相互作用的过程，也是人际沟通的过程。它包括电话访问、邮寄访问、面对面访问、入户访问、拦截访问、座谈访问和计算机访问等。

（2）观察法。根据已确定的调研目的，调研人员通过观察某一选定的市场营销过程或这一过程中的某些具体现象，获得所需资料的方法称观察法。观察法一般通过视觉进行资料收集，但也可包括经由其他感官（如听觉、触觉、嗅觉）来收集资料。

调研人员通过观察顾客对商品的购买行为过程或商场柜台、橱窗的商品陈列、布局对他们的吸引来研究广告的内容和形式的效果；通过观察行人的穿着和携带的物品，将其作为研究新产品设计和预测市场流行趋势的依据。科学技术飞速发展，不断地为人们进行观察分析内在心理、行为变化提供了日趋先进的工具。例如，在售货现场安装摄录像机，记录下顾客购货时的整个过程，将其作为研究顾客行为等问题的依据；在选定的调查对象家庭的电视机上安装特殊设计的测录装置，自动将收看的电视节目记录下来，以分析广告的收看次数等。

为了提高观察调查的效果，调查人员应避免先入为主的偏见；观察前，要根据对象的特点和调查目的做好周密计划，合理确定观察的途径、程序和方法；在观察中，要运用技巧，从中取得深入、有价值的资料；同时，要详细、完整地做好观察记录，以便得出准确的调查结论。

3. 实验调研法

实验调研法是指在控制条件下操纵某种变量来考察它对其他变量影响的研究方法。其在市场营销调研中的应用主要有两个方面：第一，解释一定变量之间的关系；第二，分析这种关系变化的性质。例如，在改变商品质量、价格、包装、广告等条件下，通过实验法测试其销售量的变化。实验调研法有以下几种：

（1）实验室实验法。这是把被调查对象请到实验场所进行心理或者行为方面的实验方法。例如，要测定一个广告的效果，可以在不受任何外界干扰的实验室里，让被试者在规定的时间内从头到尾看完一个广告样本，接着让他们回答对何种形式的广告印象最深。这种方法常常用于企业研究顾客的心理。

（2）市场实验法。这是把市场当成实验场所进行调查。例如，在测定一种商品的具体形式时，应该把设计的不同规格、颜色的商品，在选定的市场上进行销售，观察顾客的反应，接着根据顾客的意见，决定产品的规格、款式、价格及颜色。利用这种方法取得的资料比较真实，但是调查的成本很高。

（3）模拟实验法。这是利用计算机进行市场模拟的实验。把影响企业市场营销的各种因素编在特定的程序里，通过输入不同的环境变量，得出结果后再进行分析。现在，这种方法仅仅在理论研究时使用。

综上所述，文案调研法是各种调研方法中最常用、最基础的。几乎所有的调研课题都离不开文案调研；实验调研法是一种较复杂、局限性较大、费用较高的调研方法，因此其使用面不是很广；而实地调研法因为其适用面广、相对容易接受而成为广泛运用的调研方法。

第三节　市场营销定位策划

一、企业战略定位策划

企业战略定位是对企业以什么服务于社会、以什么立足于市场的本源性和战略性思考。它涉及企业生存与生命本源的核心思考，是企业使命和企业愿景方面的哲学思考，具体涉及企业的产业领域定位策划、企业的市场地位策划、企业盈利模式策划和企业发展战略定位策划。

专栏4－2

美国西南航空公司的战略定位策划

在美国西南航空公司成立初期，实力强劲的竞争者一般都争取提供全套服务的竞争策略，尽可能让乘客舒适地抵达目的地。而西南航空公司通过对公司准确的定位和制定相关的市场营销策划，最终选择了利润较薄而无人问津的短途航线：只飞达拉斯、休斯顿和圣安东尼奥三个城市。它凭借独特而恰当的定位，以最低的价格和精简的服务，迅速在市场上占领了一席之地。

正如西南航空公司总裁凯勒尔所说："我们在与汽车竞争，而不是飞机。我们正在降低我们的价格，这样就可以与福特、克莱斯勒、通用、丰田和尼桑相竞争。客运量早就在那儿，那它在陆地上，我们把它从高速公路上拉起来，把它放在飞机上"。

根据以下材料编写：杨建森，美国西南航空公司经营战略研究，中国民用航空，2007（5）：44－46。

1. 产业领域定位策划

企业的产业领域定位是企业战略定位策划最基本的命题，它确定了企业的经营方向和经营范围，即企业在市场中如何根据自身特点选择对自己发展有利的目标产业。

2. 市场地位定位策划

在确定产业领域后，企业还需要对其在行业内的市场地位进行定位。企业在市场中的地位一般有以下几类：

（1）市场领导者。这是指在相关产品的市场上市场占有率最高的企业。一般来说，大多数行业都有一家企业被公认为市场领导者，其在价格调整、新产品开发、渠道和促销等方面处于主导地位，是市场竞争的导向者，也是竞争者挑战、效仿或回避的对象。

市场领导者的地位是在竞争中自然形成的，但不是固定不变的。如果它没有获得法定的特许权，则必然会面临挑战。一般来说，为维护自身优势、保持领导地位，市场领导者通常采取三种策略：一是设法扩大整个市场需求；二是采取有效的防守措施和攻击战术，保护现有的市场占有率；三是在市场规模保持不变的情况下，进一步扩大市场占有率。

（2）市场挑战者。这是指在行业中居次要地位、被称为“亚军公司”或者“追赶公司”的企业。这些亚军公司对当前的竞争态势有两种态度：一种是成为市场挑战者，向市场领导者和其他竞争者发动进攻，以夺取更大的市场占有率；另一种是成为市场追随者，即维持现状，避免与市场领导者、其他竞争者产生争端。

（3）市场跟随者。并非所有在行业中处于第二位的企业都会向市场领导者挑战，因为这种挑战会遭到市场领导者的激烈报复，最后可能无功而返，甚至一败涂地。因此，除非市场挑战者能够在某些方面赢得优势，如实现产品重大革新或是渠道有重大突破，否则他们往往宁愿追随市场领导者，而不愿对市场领导者贸然发动攻击。这种“自觉并存”状态在资源密集型且产品同质性高的行业（如钢铁、化工等行业）中是很普遍的现象。在这些行业中，产品差异化的机会很小，价格敏感度却很高，很容易爆发价格竞争，最终导致两败俱伤。因此，这些行业中的企业通常会形成一种默契，彼此自觉地不互相争夺客户，不以短期市场占有率为目标，以免引起对手的报复。这种效仿市场领导者为市场提供类似产品的市场跟随战略使得行业市场占有率相对稳定。

（4）市场补缺者。几乎每个行业都有一些小企业，它们专心致力于市场中被大企业忽略的某些细分市场，在这些小市场上通过专业化经营来获取最大限度的收益。这种有利的市场位置称为“利基”，而占据这种利基位置的企业称为市场补缺者。

综上所述，企业市场地位的定位策划需要对行业现有竞争格局进行深入分析，对各个企业的发展潜力和增长后劲进行准确的判断，对行业的发展趋势进进行充分的研究，对企业的发展优势与劣势、机会和威胁进行分析，对企业的成长和增长速度做出预计，然后才能确定企业在一定时间内的市场地位定位目标。

3. 盈利模式定位策划

环境总是处于动态变化中，没有哪个的特定盈利模式能够保证企业在各种条件下都能产生优异的财务结果，因此，选择合适的盈利模式对企业的发展至关重要。在美国埃森哲咨询公司对70家企业的盈利模式所做的研究分析中，没有发现一个始终正确的盈利模式，但发现成功的盈利模式至少具有独特价值、难以模仿、脚踏实地等共同特点。因此，成功的盈利模式应具有独特性和难以模仿性。

专栏4-3

阿里巴巴的盈利模式

阿里巴巴网络技术有限公司（以下简称阿里巴巴）作为中国电子商务界的一个神话，从1998年创业之初就开始了它的传奇发展。它在短短几年时间里累积了300万个企业会员，并且以每天6 000多个新用户的速度增加。阿里巴巴网站的目标是建立全球最大、最活跃的网上贸易市场，它不同于早期互联网公司以技术为驱动的网络服务模式，它从一开始就有明确的商业模式。阿里巴巴具有明确的市场定位，在发展初期专做信息流，绕开物流，前瞻性地观望资金流，并在恰当的时候介入支付环节。

阿里巴巴的运营模式是遵循循序渐进的过程，依据中国电子商务界的发展状况来准确定位网站。首先抓基础的，然后在事实过程中不断捕捉新的收入机会。从最基础的替企业架设站点，到随之而来的网站推广以及对在线贸易资信的辅助服务、交易本身的订单管理，不断延伸。其出色的盈利模式具有赢利强有力、可持续、可拓展的特点。阿里巴巴的盈利点主要在以下四方面：设企业站点；网站推广；诚信通；贸易通。

根据以下资料编写：阳志梅，阿里巴巴盈利模式分析与展望，电子商务，2008（12）：20-25。

4. 发展战略定位策划

企业的发展战略定位策划着重考虑企业的发展方向和发展模式，即如何根据现有产业基础和现有市场基础实现向外的拓展，主要有专业化和多元化两种定位方向。

（1）专业化定位方向。这是指坚持原来的产业方向不变，通过市场空间的拓展，实现企业市场规模的扩大，达到企业的发展目标。这是一种避免全面出击、平均使用力量的企业发展战略，更是一种进行产品和市场的深度开发，促使企业获取增值效益的竞争战略。这种定位要求企业把有限的人力、财力、物力、领导的关注力、企业的潜在力等集聚在某一方面，力求从某一局部、某一专业、某一行业进行渗透和突破，凸显局部优势，进而通过局部优势的能量累积和市场的深度开发，争得竞争中的主动地位和有利形势。

专栏4-4

诺基亚的专业化救赎之路

在诺基亚公司（以下简称诺基亚）的百年历程中，它共遇到两次重大危机，但它的管理者都通过聚焦公司业务和专业化经营摆脱了困境。

在 20 世纪 90 年代前，诺基亚已经是横跨造纸、化工、橡胶、能源和通信等多领域的大型集团公司，但其中不乏濒临破产的产业。1992 年，诺基亚剥离濒临破产的低端产业，专注于电信业，在逐步转型为一家新型科技通信公司后，成功地连续 14 年占领市场第一，渡过企业的第一次危机。

2013 年，诺基亚手机业务被微软公司以低价收购。但与此同时，亏损业务的剥离让诺基亚更专注于通信设备制造和解决方案业务，它先后完成了对诺基亚西门子通信公司中西门子股份的收购和阿尔卡特朗讯通信公司的收购。2016 年，诺基亚完成了对阿尔卡特朗讯的收购，并成为全球第二大通信设备制造商。

根据以下资料编写：投资界，你以为诺基亚已死，其实它已重回世界第二，http://tech.sina.com.cn/roll/2017-06-10/doc-ifyfzhpq6502635.shtml，2017-06-10（2018-01-28）。

（2）多元化定位方向。这是指为充分利用各种资源，企业扩大生产经营范围和市场范围，如通过增加产品品种、跨行业生产经营多种产品或提供多种服务等，最终实现企业经济效益的提高。

实施多元化定位需要具备以下条件：

① 核心能力是企业多元化成功的必要前提。一个企业只有具备核心竞争优势，才有可能围绕核心能力向其他领域延伸。

② 新业务应当具备相当的产业吸引力。企业准备进入的行业应属于朝阳产业——具有较大的发展潜力和增长空间，预期会有稳定、丰厚的利润回报。

③ 应选择合适的时机。企业是否要发展多元化经营取决于其所处的成长期和成长环境。如果一个企业在某一领域发展得非常成熟，地位非常稳固，已具备良好的核心竞争优势，并有剩余资源寻求更大的投资收益，这时它完全有可能实施多元化发展。

二、企业品牌定位策划

品牌定位是勾画品牌形象和提供价值的行为，以此使细分市场上的消费者理解和正确认识某品牌有别于其他品牌的特征。品牌定位是品牌建设的基础、品牌成功的前提，是品牌全程管理的首要任务。品牌定位的目的在于树立良好的品牌形象，对消费者产生魅力，使消费者产生购买欲望，做出购买决策，充分体验品牌定位所表达的情感诉求。

1. 产品品类定位策划

消费者对多种事务、多种商品或多个品牌背后某种共同资源的集中认同形成品类。品类与产品类别不同，品类是消费者心智中的价值定位，由消费者心智共识定义；而产品类别是由政府机关或生产专业定义的。产品类别与品类的比较实例如表 4-3 所示。

表 4-3　产品类别与品类的比较实例

产　品	产品类别	品　类
牛　奶	液态奶、还原奶、乳饮料	草原牛奶
软饮料	汽水、果汁、蔬菜汁、茶饮料、瓶装饮用水等	可乐、100%果汁

可从以下几方面来理解品类：第一，品类存在于消费者的心智中；第二，品类锁定品牌，消费者购买产品时，习惯以品类思考，用品牌表达，品类名和品牌名锁在一起；第三，品牌价值取决于品类价值，即价值不在品牌中，而在品类中。美国商标和专利局注册有250万个品牌，其中大部分品牌没有什么价值或价值很小，但有些品牌价值能达数十亿美元以上，如星巴克代表“高端咖啡店”品类，劳力士代表“高级瑞士手表”品类，汰渍代表“洗衣粉”品类，红牛代表“能量饮料”品类。因此，利用消费者的心智共识，有效地进行品类定位策划对于提升品牌价值至关重要。

专栏 4-5

高露洁品牌策划

早在1992年，高露洁就发现中国市场上的众多牙膏品牌在做的都是清新口气、洁白牙齿、消炎止痛等，对于牙膏类别中最大的心智资源“防止蛀牙”却没有一个品牌全神贯注地去抢占。高露洁根据美国牙膏市场的经验知道，随着生活水平的提高，消费者必然对防止蛀牙的关注会越来越多，于是迅速进入中国市场，开始了十多年来单一而集中的诉求：防止蛀牙。今天，我们一想到防蛀牙牙膏，就能迅速想到高露洁。

根据以下资料编写：建立品牌定位方法有哪些？http://www.zcool.com.cn/work/ZMjE3MjIyMDA=.html？switchPage=on，2016-03-04（2018-03-20）。

2. 目标市场定位策划

品牌目标市场定位即明确品牌的服务对象、品牌的消费者群。一个品牌不可能得到所有消费者的喜爱，消费者会认为“这个品牌是别人的，不属于我的”。品牌定位的消费者越宽泛，实际得到的消费者会越少。消费者受年龄、性别、职业、收入、文化程度、民族、宗教等的影响，其购买需求有很大的差异性，对商品的要求也各不相同。随着社会经济的发展，消费者的消费习惯、消费观念、消费心理不断发生变化，从而导致消费者的购买差异性大。希望一个品牌老少皆宜、雅俗共赏是不可能的，因此，企业必须对目标消费市场进行选择。

目标市场定位策划包括如下内容：

（1）总体市场分析。

（2）竞争对手分析。

（3）市场细分。

（4）目标市场选择。

（5）目标市场区域规划。

（6）经典目标市场和经典目标消费者市场特征描述。

（7）进入目标市场的时间和基本营销策略。

专栏 4-6

宏基电脑的目标市场营销

传统的笔记本电脑市场细分依据通常是消费者所能承受的价格，后来又以普通和商用作为细分市场的依据。宏基的消费类笔记本有三大系列：第一类是游戏本；第二类是轻薄本；第三类是标准配置的笔记本，即标准本。不同类型笔记本的销售渠道侧重点也不一样。线下把游戏本和轻薄本作为重点，线上则侧重于标准本和部分轻薄本。除此以外，宏基还十分重视年轻消费者群体，市场营销手段都偏向于采用年轻人喜欢的方式。

根据以下资料编写：郭国庆，钱明辉，市场营销学通论，7 版，中国人民大学出版社，2017：145－146。

3. 品牌核心价值定位策划

品牌核心价值定位是指给品牌的目标消费者一个欣赏和购买的理由。提炼和规划品牌核心价值，可以从以下几个方面进行选择：

（1）功能性价值。这是从产品实体角度进行的核心价值选择，即从产品的质量、功能、款式设计等方面区别于其他同类产品，这必须以企业产品自身“独特卖点”为依据。“独特的卖点”必须具备三个条件：第一，是该产品首先或独有的；第二，这个卖点是一个具体的承诺，它为竞争者所没有或没有提出的；第三，这个承诺可以打动成千上万的消费者，有很强的传播力。从实体角度提炼品牌的核心价值，最有效的策略就是将一个品牌与该品牌特征联系起来，给消费者一个购买产品的理由，这个理由凝聚在一个简单的词或词组里，并且形成与竞争对手差异化的区隔概念，从而形成强劲的品牌联想，塑造独特的品牌形象。例如，海飞丝品牌的表达是“头屑去无踪，秀发更出众”；飘柔品牌突出“头发更飘、更柔顺”；潘婷品牌强调“拥有健康，当然亮泽”；伊卡璐品牌诉求“草本精华”。

（2）情感性价值。这是指根据产品特点，洞悉内隐于消费者心中说不清、道不明的精神和情感需求，塑造企业品牌形象及个性。纵观世界名牌，不难发现，某些产品在内在质量和功能方面并没有什么明显的优点或独到之处，却能成为举世公认的名牌。只是在这种情况下，其核心价值的提炼转向于获得消费者精神的、心理的和情感的认同。例如，孔府家酒将“家文化”定义为品牌的核心价值，目的就是满足消费者对家的一种无法释怀的古老情结；海尔品牌的“真诚到永远”表达了对消费者的一片赤诚之心；诺基亚品牌的“科技以人为本”体现了对人性细致的关怀。这些品牌价值正是反映了大多数消费者的内心价值，因而能够得到消费者的认同。

（3）自我表现价值。当品牌成为消费者表达个人价值观、财富、身份地位的一种载体时，品牌就有了独特的自我表现型利益。例如，劳斯莱斯品牌代表的是皇家贵族的“坐骑”；奔驰品牌代表的是“权势、成功、财富”；劳力士、浪琴品牌能给消费者独特的精神体验和表达“尊贵、成就、完美、优雅”；等等。

三、企业产品定位策划

企业产品定位是指企业产品要针对当前的和潜在的消费者需求，开展适当的营销活动，以使其在消费者心目中得到一个独特的、有价值的位置。产品定位和品牌定位是相互依存、相互包含的关系，通常是由产品创品牌开始的。产品定位是品牌定位的依据，产品定位的成功是品牌定位成功的必要前提；之后则由品牌推产品。产品定位要紧紧依附于已经成功的品牌定位，两者有效结合在一起，通过心理和物质价值满足消费者需求，创造利润。反之，如果在产品创品牌阶段，品牌定位不合适，则会严重削弱良好的产品定位带来的价值；而在品牌推产品阶段，产品定位哪怕只是出现小小的错误，也会大大影响品牌在消费者心目中的地位。在策划中，可以选择的产品定位的基本策略包括实体定位策略和观念定位策略。

1. 实体定位策略

实体定位就是从产品的类别、功效、品质、价格等方面，突出该产品在广告宣传中的新价值，强调本产品与同类产品的不同之处以及能够给消费者带来的更大利益，即通过差异化来确定本产品独特的市场位置。实体定位可以分为类别定位、功效定位、品质定位和价格定位等。

（1）类别定位。企业的行业选择是相对固定的，在固定的行业条件下，企业选择产品开发的类别是多元的。市场对产品的需求决定了产品的类别，因此，应将某类产品固有的独特优点和竞争优势等连同目标市场的需求特征与消费欲望等结合在一起考虑，以分析本身及竞争者所销售的产品作为定位的起点，对产品目标市场正面及负面的差异性进行研究，把产品的特征和目标市场的需求与欲望结合在一起。例如，国际知名企业宝洁公司选择的是日化行业，在这个行业里可开发的产品类别很多，如洗衣粉、洗洁精、洗发水、牙膏、化妆品等，但宝洁公司重点选择洗发水类和牙膏类产品的开发。其洗发水类产品（如海飞丝、潘婷、飘柔）和牙膏类产品（如高露洁、佳洁士）在市场上都取得了较大的成功。

（2）功效定位。消费者购买产品主要是为了获得产品的使用价值，希望产品具有其所期望的功能。很多产品具有多重功效，但由于消费者能记住的信息是有限的，往往只对某一强烈诉求容易产生较深的印象，因此，向消费者承诺一个功效点的单一诉求更能获得成功的定位。例如，高露洁牙膏强调“双氟加钙”可以保护牙齿不受蛀虫侵害，“沙宣”能使头发如丝一样富有弹性，等等。

（3）品质定位。品质定位侧重于强调产品优于同类产品的优异的品质，突出其与众不同。比如，乐百氏纯净水的“27层净化”，“金霸王”电池“比一般电池耐用多至7倍”的承诺，麦斯威尔咖啡的“滴滴香浓，意犹未尽”，雀巢咖啡声称“味道好极了”等都属于典型的品质定位。

（4）价格定位。在产品同质化的时代，价格对消费者是一个非常敏感的因素，利用价格差异制造产品区别也是一种常见的定位方式。价格定位在现实应用中不外乎有四种方法：高质高价、高质低价、低质低价、低质高价。在消费者心目中，价格性能比是一种惯性评价方式，除此之外，消费者对产品价格中的附加值也有一定认同。因此，除低质高价属于商业欺诈外，其他价格定位方法都有其合理性。例如，雕牌用“只选对的，不买贵的”暗示雕牌的实惠价格；“‘乔依’香水是世界上最贵的香水”；“为何要花钱买‘伯爵’，因为它是世界上最贵的手表”运用的是高价位定位策略，运用这一策略的关键在于，要在消费者心中树立“这是高价品”的高贵形象。

专栏4－7

舒肤佳的品牌定位

1992年3月，“舒肤佳”进入中国市场，经过一段时间的发展，其市场占有率于2001年领先先行者“力士”14个百分点。在中国人开始使用香皂洗手时，“舒肤佳”就开始对消费者进行长达十多年的“除菌”教育工作，将除菌概念植入消费者的潜意识中。随后，在产品宣传中以“除菌”功效为核心，着重宣传“舒肤佳”的除菌功能。

根据以下资料编写：二十个品牌策划经典案例分析，http://www.xianzhi.net/ppdwcl/34420.html，2016－01－26（2018－03－06）。

2. 观念定位策略

观念定位着眼于消费者的心理和认识习惯，其特点是通过对消费者的心理诉求，为产品树立一种新的价值观，借以改变消费者的习惯心理，形成新的认识结构和消费习惯。在具体操作过程中，观念定位通常有以下几种模式：

（1）心理定位。心理定位着眼于产品带给消费者某种心理满足和精神享受，往往采用象征和暗示，赋予产品某种气质性归属，借以强化消费者的主观感受。例如，凯迪拉克、奔驰、宝马，都以其豪华气派营造名流象征。又如，法国洋酒在中国市场推广中，为了撑起其价格昂贵的神话，在诉求上采取心理暗示，试图树立高贵气派的观念，人头马、轩尼诗莫不如此，“人头马一开，好运自然来”，没有任何实质性承诺，完全是心理暗示。

（2）逆向定位。逆向定位采取反向思维方式，从消费者的否定中挖掘自己。著名的艾维斯出租车公司广告中所采用的“我们只是第二”就是一种逆向定位。逆向定位中的一个关键就是要求能抓住固有观念的转变，从相反的角度去寻找自己的优势。首先是承认同类中早已卓有成就的品牌，本品牌虽自愧弗如，但在某地区或某一方面还可与这些最受消费者欢迎和信赖的品牌并驾齐驱，平分秋色。例如，内蒙古的“宁城老窖”，宣称是“宁城老窖——塞外茅台”。

（3）是非定位。它又称为“反类别定位”，是指当本产品在自己应属的某一类别中难以打开市场时，利用广告宣传使产品概念“跳出”这一类别，借以在竞争中占据新的位置。在是非定位中，在既定某种情况或状态为“是”的情况或状态下，对某品牌进行“非”的定位时，它一定要满足这种“非”的情况或状态，即“是非清晰，定位准确”。例如，“五谷道场”打出“非油炸，更健康”的口号，那么它就必须是经过“非油炸”工艺加工制作，与“油炸”的方便面工艺具有差异性，这样才能够达到品牌宣传的真实性，名正言顺。“七喜”虽然和可乐同属于碳酸饮料，但是它毕竟不叫“可乐”，“七喜，非可乐”的广告定位是准确的。

（4）观念转换。其实，在观念定位中，大多数方法都具有观念转换的意味，观念转换在根本上就是要促成消费者从一种固有的观念模式转向另一种新的观念模式。例如，宝洁公司在推出一次性尿布时，最初在市场上受到了阻碍。广告人员发现阻碍的核心乃是观念，所以创造性的策略就是通过观念转换为一次性尿布重新定位。于是就通过广告宣传它的使用不是因为年轻的妈妈要贪图方便，而是因为娇嫩的宝宝需要更柔软、更安全、更卫生的尿布，换一种思想后，一切问题便迎刃而解。

专栏4-8

蒙牛乳业的“市场第二”战略定位

“蒙牛乳业，向伊利学习，创内蒙古乳业第二品牌”是蒙牛乳业（集团）股份有限公司简称“蒙牛乳业”在呼和浩特市打出的广告语，当时内蒙古伊利实业集团股份有限公司是中国乳业行业的市场领导者，刚成立的蒙牛乳业通过“第二”的战略定位策划，不仅表明了自己跟随者的战略定位，而且成功与业内第一绑定，借着伊利品牌的知名度宣传了自己。

根据以下资料编写：时尚最经典的100个营销案例：更新不断，精彩无限！https://tieba.baidu.com/p/4105560339?red_tag=0751249694，2015-10-18（2018-01-29）。

小 结

市场营销战略是指企业为实现企业使命，对其市场营销活动制定的一种长期性、全局性、系统性的筹划谋略与行动总方案。它是企业总体战略的一部分，具有多种类型。有效的市场营销调研包括选定调研目标、制定调研方案、收集信息、分析信息及撰写调研报告五个步骤，主要针对不可控因素和可控因素进行调研，通常采用文案调研法、实地调研法和实验调研法三种方法。市场营销定位可以从企业战略、品牌和产品三个不同层面进行研究策划。

开篇案例讨论

1. 结合案例，分析企业发展与其营销战略的关系。
2. 分析屈臣氏采用了哪些定位策略。
3. 试根据当前外部发展状况与企业内部自身发展需求，策划屈臣氏可能进行的营销策略的调整方向。

思考题

1. 战略、企业战略、市场营销战略的内涵各是什么？
2. 以竞争为目的的战略有哪几种？试分析其优缺点及适用性。
3. 市场营销调研的主要方法有哪些？
4. 企业战略定位策划包括哪些内容？
5. 企业品牌定位策划的主要内容有哪些？
6. 企业如何进行产品定位策划？

网上练习

主题：网络文案调研

步骤1：明确调研产品（全班可以统一，也可以个人自选），通过网络资源搜索该产品行业现状与发展趋势的相关资料。

步骤2：通过网络资源搜索该产品的主要竞争者及其竞争力的相关资料。

步骤3：分析所收集的资料，做出产品的市场分析报告。

步骤4：利用课堂或者网络社区（微信群），交流市场分析报告。

策划技能训练

主题：中小企业的市场营销战略策划

步骤1：教师将学生分组，5～7人一组。

步骤2：选择所在地区的一家企业，对企业进行实地调查，分析企业的内部环境。

步骤3：利用网络资源分析企业的外部环境。

步骤4：根据企业的内部环境外部环境，策划企业的市场营销战略。

步骤5：与企业管理者交流市场营销战略策划方案，进行修改和完善。

步骤6：在课堂上介绍策划方案，并向企业推介策划方案。

第五章　企业形象策划

学习目标

- 掌握企业形象及企业形象策划的含义
- 了解企业形象策划的原则
- 熟悉企业理念识别系统的策划
- 掌握企业行为识别系统的策划
- 理解企业视觉识别系统的策划
- 熟悉企业形象策划实施的效果评估

开篇案例

企业形象策划——奔驰汽车

德国奔驰汽车公司是一个有百年历史的汽车制造厂，从企业自身运营来讲，目前，奔驰汽车公司生产的车辆，从高档小轿车到大型载重汽车，以及运输车、大轿车、越野车、多用拖拉机等，共有160多个品种，3 700种型号，年产量控制在70多万辆。奔驰汽车公司实际上还是一个跨越汽车、飞机、宇航、地铁、电子、咨询等多种领域的大型集团。

每一家成功的企业都会有一个让人记忆深刻的企业标志。企业的标志是企业利用符号语言来传达的信息，因此，其设计图样须尽可能体现出企业的功能特点和内在品质及追求，并且通过点、线、面等最简单的图形构成要素加以创造性的组合、合成，从而在一种简洁明快的图形中体现出企业的一种不可言传的风格——这种风格有时比无数黄金时间的广告更具有说服力。

奔驰汽车公司的标志是一个圆，圆中有一个三叉星。圆往往是一个美的形式。心理学家在实验中发现，人们在圆形、方形及三角形的包装中，往往倾向于选择圆形，人的直觉总觉得圆形包装物中的产品似乎更优越。许多标志都不约而同地选择了圆形。

奔驰汽车公司的这种标志会给消费者一种“奔驰汽车公司的产品很简约，但又不是高雅的气质”的心理暗示，这也正符合奔驰汽车公司一贯的“少即是多”经营理念，即无须添加多余的、特殊的设计，单纯靠产品质量与品牌魅力来吸引更多的顾客。

根据以下资料编写：企业形象策划——奔驰汽车，https://wenku.baidu.com/view/3c6d56dd0b4e767f5acfcee9.html，2016－05－13（2018－02－06）。

第一节　企业形象策划概要

一、企业形象的含义与构成

1. 企业形象的含义

企业形象是企业内外对企业的整体感觉、印象和认知，是企业状况的综合反映。企业形象的形成取决于三个因素：公众印象、公众态度和公众舆论。公众印象所形成的企业形象可分为实态形象和虚态形象。实态形象是指企业实际经营的成果、水平、产品质量、利润、规模；虚态形象是指公众对企业的主观印象。公众印象与企业形象可能一致，也可能不一致。在公众印象的基础上，加入人们的判断，则形成具有内在性、倾向性和相对稳定性的公众态度；而多数人的肯定或否定的态度形成公众舆论；公众舆论通过大众传播媒介和其他途径（如人们的交谈、表情等）反复作用于人脑，最终影响企业形象的形成。

企业形象有好与不好之分，当企业在社会公众中具有良好形象时，消费者就愿意购买该企业的产品或接受其提供的服务；反之，消费者将不会购买该企业的产品，也不会接受其提供的服务。

2. 企业形象的构成

企业形象由产品形象、组织形象、员工形象、文化形象、环境形象和社区形象等构成。企业形象的组成因素虽然非常复杂，但可以归纳为三个层次，即企业理念形象、企业行为形象和企业视觉形象。

（1）企业理念形象。这是由经营哲学、经营宗旨、经营信念、经营思想和价值观等精神因素构成的企业形象子系统。

（2）企业行为形象。这是由企业组织及组织成员在内部和对外的生产经营活动与非生产经营性活动中表现出来的员工素质、企业制度、行为规范等因素构成的企业形象子系统。内部行为包括员工招聘、培训、管理、考核、奖惩，各项管理制度、责任制度的制定和执行、企业风俗习惯等；对外行为包括采购、销售、广告、金融、公益等公共关系活动。

（3）企业视觉形象。这是由企业的基本标志及应用标志、产品外观包装、厂容厂貌、机器设备等构成的企业形象子系统。其中，基本标志是指企业名称、标志、商标、标准字、标准色；应用标志是指象征图案、旗帜、服装、口号、招牌、吉祥物等；厂容厂貌是指企业自然环境、店铺、橱窗、办公室、车间及其设计和布置。

在企业形象的三个子系统中，企业理念形象是最深层次、最核心的部分，也最为重要，它决定了企业行为形象和企业视觉形象；而企业视觉形象是最外在、最容易表现的部分，它和企业行为形象都是企业理念形象的载体与外化；企业行为形象介于上述两者之间，它是企业理念形象的延伸和载体，又是企业视觉形象的条件和基础。如果将企业形象比作一个人，企业理念形象好比是他的头脑，企业行为形象就是其四肢，企业视觉形象则是其面容和体形。

二、企业形象策划的含义与原则

1. 企业形象策划的含义

企业形象策划，即企业识别系统（corporate identity system，CIS）策划是指策划者为了达到企业目标，尤其是达到树立良好企业整体形象的目的，在充分进行企业实态调查的基础上，对总体企业形象战略和具体塑造企业形象活动进行的系统的谋划与设计。

CIS 概念是不断丰富和发展的。CIS 经历了从商标品牌到产品视觉统一设计、从视觉形象识别到企业整体形象识别的发展过程，逐渐成为企业战略中不可或缺的一部分。

2. 企业形象策划的原则

（1）战略性原则。CIS 是创造企业优势、产品优势和竞争优势，以便全方位推出企业形象系统的新战略，是一项科学调控各种有效资源的系统工程。因此，CIS 绝不仅只是设计上的变更或者企业名称的更改，还应该把它提高到企业存亡、经济兴衰的高度上看待。

（2）统一性原则。这是指企业形象策划在诸方面表现的统一和形象传播上的整合。企业只有在理念识别、行为识别、视觉识别等领域，在产品形象、组织形象、员工形象、文化形象、环境形象、社区形象等方面都保持高度的一致，才能使公众的感官思维产生强大的信任感，留下美好的形象。为此，企业应将各种管理招数以及零散的公关宣传、广告创意统统纳入有序的操作轨道。通过形象传播整合，实现孤立地传播各形象要素所不可能实现的整体放大效应。

（3）系统化原则。CIS 是一项系统工程，包括 MI（mind identity，企业理念识别）、BI（behavior identity，企业行为识别）和 VI（visual identity，企业视觉识别）的整体企业识别系统。三者内聚外化，有机结合，相互作用，共同塑造富有个性的企业形象。也就是说，CIS 将企业的经营理念与企业文化透过具体可感知到的视觉符号传达到企业外部的各种社会公益活动中，塑造出个性鲜明的优秀企业形象，对内产生凝聚力和激励力，对外提高企业的知名度和认同感。因此，在 CIS 的策划设计中，一定不能将其进行割裂和肢解，要克服重形式、轻内容，重设计、轻传播的 CIS 策划形式。

（4）文化性原则。CIS 既是一种经济的产物，又是一种文化的成果，文化植根于不同民族的土壤。如果要策划设计出具有民族化的 CIS 战略，必须对中西民族文化有一个比较深入的分析和了解。中国在CIS策划设计方面起步的时间不长，但中国的CIS策划设计有五千年民族文化作为基础，一定会有具备中国民族特色的CIS优秀之作进入世界CIS之林。

（5）创新性原则。CIS设计要有新鲜、奇特、超群、别致的创意，具有新意和独特性。美国设计界有这样一条原则：不允许模仿他人的设计，要不断地创新。有生命力的CIS策划与设计往往和“新”字分不开，只有意境新、形式新、构思新的策划和设计才能打动人、吸引人，使人过目不忘，留下深刻的印象。

（6）个性化原则。CIS策划就是企业个性的定位。定位就是在消费者的心中寻找空隙和位置，目的是在此位置上建立有个性的优秀企业形象。定位是CIS策划的出发点，是塑造企业形象的第一步。

企业在理念的设计上应有自己独特的风格，能鲜明地把企业的理念与其他企业的理念区别开来。企业的标志、名称、品牌、招牌、装饰等也要有自己的特色，体现出自己鲜明的个性，这样才能在千千万万个企业中脱颖而出，增强公众记忆度和企业的知名度。

（7）传播化原则。企业不但要懂得塑造自己，而且要善于宣传自己，这样才能使更多的公众了解自己，在公众心中塑造良好的企业形象。遵循这一原则，要求准确把握各种传播方式的特点，正确选择媒体，要依靠传播层次的不同正确实施传播方法。

三、企业形象策划的程序

1. 准备阶段

CIS策划应是一个有目的、有计划的自主行为，因而任何CIS策划都要先经历一个准备阶段，进行CIS策划的准备工作。

（1）明确导入CIS的动机。确定企业内部、外部的需求背景，针对企业具体的运营状况及设定状况选择时机，同时明确导入CIS的目的与目标，及时立项。

（2）组建负责CIS设计的机构。在导入CIS时，要确立CIS委员会、CIS执行委员会和CIS设计规划小组。CIS委员会是企业进行CIS塑造工作的最高决策机构，其任务是确认CIS系统的基本指导思想、CIS导入的方针和计划，导入CIS要达到的目标，审议设计表现的内容，对公司内外发布导入结果。CIS执行委员会隶属于CIS委员会，它是CIS委员会的具体操作机构，负责整个CIS计划的日常工作。CIS设计规划小组是具体策划设计的职能机构，是导入CIS成败的关键。CIS设计规划小组的任务包括企业理念的提炼、行为识别的策划和视觉识别的设计。

2. 调查阶段

实态调查是CIS委员会成立之后开展的第一项工作，调查的目的是为策划提供依据。因此，调查必须客观、真实，不能带任何框框，或为了某一目的去找证据。此外，围绕企业形象、知名度及其影响因素开展调查活动并不局限于商品商标本身，一般可围绕以下几方面展开调查：企业的现状、问题以及今后的发展趋势；企业目前的营销情况和经营方针；企业员工的凝聚力；企业的整体实力；新产品的开发能力；产品的质量和价格；社会公益活动及现用标志在使用中的问题；等等。

完成定量调查后，根据调查资料进行统计分析，收集定性调查结果的资料并加以整理，最后完成调查报告书。

3. 策划阶段

（1）企业理念识别设计。根据企业使命确定导入 CIS 的指导思想，提炼出企业理念识别，包括企业经营宗旨、经营方针、企业精神、员工座右铭等。企业理念设定完毕后，必须经 CIS 委员会审定，经认可，方能进入下一阶段的设计。

（2）企业行为识别设计。一旦确定了理念，就必须进行行为设计。行为设计不仅要求能充分反映理念，把理念具体化，而且要求具有可操作性，即通过行为设计，实现科学化、规律化、模式化、可操作化以及能被员工所接受的目标。

行为设计是 CIS 设计的主要内容，也是难点。原因在于：第一，设计上非常困难，必须要有管理专家参与；第二，推广非常困难，行为设计完毕后，不仅要经过 CIS 委员会审核讨论，而且要征求员工的意见，必要时，甚至还要进行小范围试点。第三，行为设计必须让每一个员工践之于行，这不仅要打破旧有的行为模式，而且要增加新的行为模式。

（3）视觉识别设计。视觉识别设计必须以企业理念和行为系统为依据，对标志系统及企业的道德形象、信誉形象、管理者形象、员工形象、环境形象、产品形象等进行全方位设计，目前，一些策划公司在进行 CIS 策划时，仅仅做标志系统设计，这是十分片面的。视觉识别设定完毕后，照例要经 CIS 委员会进行审核认可。

（4）编辑 CIS 手册。在最终方案及应用于各种物品的设计确定之后，必须将这些规则汇总成 CIS 手册。CIS 手册所表达的内容必须通俗易懂，不能让人产生误解，并对每一项设计的规格、色彩、材质、工艺及特殊要求等都要做详细的规定，防止企业形象的混乱。

CIS 手册主要有三大功能：

① 记录 CIS 设计成果。通过 CIS 手册将 CIS 设计的全部成果予以记录，借助图文载体，将 CIS 设计成果加以保存，以便随时运用。

② 是企业未来操作的工作手册。CIS 手册是企业未来操作的全部依据。CIS 设计是企业的一个远景规划。CIS 设计一旦以手册的形式固定下来，就是企业的工作计划，如果没有特殊理由，没有企业领导集体的同意，不能随意更改 CIS 手册的内容。

③ 规范企业与个人行为。在企业，CIS 手册可以人手一份。这是企业的统一规章。它要求每一位员工都能遵照手册而行，不得做与 CIS 手册不符的任何事。借助 CIS 手册，全体企业员工的个人行为就可以得到规范。

（5）发布 CIS 计划。整个设计完成后，就要发布 CIS 计划。发布时间一般选择企业创业纪念日、新公司成立日或集团公司成立日。

4. 实施阶段

在实施阶段，企业要对导入的新形象进行监测与检查。在实施过程中可能会出现一些具体问题，应及时向CIS委员会汇报，并随时修正，确保企业的形象完全符合预先设定的形象概念。

5. 总结阶段

总结是改进工作的重要环节，它既可以为下一次活动提供经验和教训，也可以使人们通过对成就的认识，受到鼓舞，振奋精神。总结工作一般可以分为以下几个工作步骤：首先，重温形象塑造的目标——它是评估活动的依据；其次，收集和分析资料——了解策划活动的实效与成败；最后，向决策部门报告分析结果。

第二节　企业形象三大识别系统策划

CIS策划是一项系统工程，通常包含三个子系统的策划：企业理念识别系统（mind identity system）策划、企业行为识别系统（behavior identity system）策划、企业视觉识别系统（visual identity system）策划。

一、企业理念识别系统策划

企业理念是企业赖以生存的原动力，是企业价值的集中体现。能否设计出一个高水平的理念系统，不仅直接影响企业未来的正常运行，而且直接制约企业行为识别系统和企业视觉识别系统的设计。因此，企业理念设计对企业发展至关重要。具体而言，企业理念识别系统包括企业的经营方向、经营思想、经营道德、经营作风和经营风格等内容。

1. 经营方向

经营方向是指企业的事业领域（业务范围）和企业的经营方针。企业的事业领域即表明企业在哪一个或哪几个行业、领域为社会提供服务；企业的经营方针即企业经营战略目标及其路线。例如，迪斯尼的经营方针为“迪斯尼给人类提供最好的娱乐方式，我们想要一个有意义的公园，一个使家庭团聚的地方”。

专栏5-1

星巴克：最赚钱的咖啡

星巴克咖啡公司是世界领先的特种咖啡的零售商、烘焙者和星巴克品牌拥有者。长期以来，公司一直致力于向顾客提供最优质的咖啡和服务，营造独特的“星巴克体验”，让全球各地的星巴克店成为人们除了工作场所和生活居所之外温馨、舒适的“第三生活空间”。

从一杯杯咖啡开始，星巴克已经改变了世界各地人们喝咖啡的习惯。更了不起的是，它让一种沿街叫卖的商品变成了高档产品。它开创了一种星巴克式的生活方式，这种生活方式在美国内外都正被越来越多的人所接受。星巴克已从昔日西雅图一条小小的“美人鱼”进化到今天遍布全球40多个国家和地区、连锁店达到近一万家的“绿巨人”。

根据以下资料编写：谭建梅，对“CIS”中“I”概念的漫谈——以星巴克换标为例，设计，2016（24）：146－147。

2. 经营思想

经营思想是企业生产经营活动的指导思想和基本原则，是企业领导者的世界观和方法论在企业经营活动中的运用与体现。但经营思想的形成非一日之功，它是企业长期经营实践之后形成的精华，也是企业成功之所在，需要坚持和维护。

3. 经营道德

企业的经营道德是人们在经营活动中应该遵循的，靠社会舆论、传统习惯和内心信念来维系的行业规范的总和。企业经营道德以“自愿、公平、诚实、信用”为基本准则。

例如，海尔集团秉承“真诚到永远”的理念，将公司发展与社会进步紧密结合，通过履行社会责任，不断提升企业竞争力，使海尔品牌深入人心。

再如，IBM公司就是靠一个超越一切的特点——卓越来销售其产品。靠IBM最优的产品和服务——而不靠贬低对手或它们的产品及服务。因为贬低他人不仅意味着欺骗，而且是错误的营销方向或非常不公正的表现。这些行为包括对竞争对手的能力表示怀疑或做不公正的比较等，微妙的暗示和影射也是错误的。

4. 经营作风

经营作风是企业的行为方式和存在方式。

专栏5－2

肯德基在中国的经营理念

肯德基自从进入中国市场以来，一直坚守“立足中国，融入生活”的理念，一直都在努力探索，把贴心的服务回馈给中国的广大消费者。

肯德基推陈出新，以任何一家餐饮企业都追不上的速度不断推出适合中国人饮食习惯的食品，甚至将中国的经典小吃——油条也写入了肯德基的菜单中。同时，肯德基也立足于中国的公益事业，如“曙光基金”“捐一元献爱心”的活动已经引起了广泛的反响。其在帮助他人，回馈社会的同时，也进一步提高了肯德基的知名度和影响力。

根据以下资料编写：仇立，论肯德基的跨文化营销及启示，山东师范大学学报（人文社会科学版），2009，54（6）：146－149。

5. 经营风格

企业的经营风格是企业精神和企业价值观的体现。企业精神包括员工对企业特征、地位、风气的理解和认同；由企业优良传统、时代精神和企业个性融汇的共同信念；员工对企业未来的发展抱有的理想和希望。企业价值观是全体员工对其行为意义的认识体系和所推崇的行为目标的认同与取舍。

综上所述，企业理念识别系统是一个完整的体系，上述分层说明是为了表述的方便，其实它是一个有机的整体，很难分开。中国企业导入CIS及确立企业理念的事实表明，为企业设计最恰当、最适合的理念是非常必要的。理念是企业发展的旗帜和号角，指引和鼓舞企业前进、发展。但企业理念不能无所依傍地发挥作用，它必须向企业视觉和行为系统渗透，通过三者的有机结合来发挥各自的作用和整体作用。

二、企业行为识别系统策划

在企业理念确立之后，就要通过一定方式把信息传递出去，让社会公众通过传递的信息认识企业，了解企业，对企业产生认同感。传递企业理念的信息渠道主要有两种：一种是静态的视觉识别系统；另一种是动态的行为识别系统。如果说理念识别系统是CIS的想法，那么，行为识别系统就是CIS的“做法”，它把抽象的企业理念落实到具体的生产经营活动中。

1. 企业行为识别系统的基本内容

企业行为识别系统以企业理念为核心，表现企业内部的组织、管理、制度、教育等行为以及对社会的公益事业、公共关系等的动态识别形式。它是在企业的整个经营管理活动中，以企业理念为指导所设计的企业全体员工自觉遵守的工作和行为方式。企业导入行为识别系统就是统合行为，展现理念。

企业行为识别系统的内容相当广泛，大体上可分为对内和对外两个方面：

（1）对内方面的活动有员工教育、业务培训、作业合理化、工作环境、福利制度、公害对策、研究发展、礼仪规范等。

（2）对外方面的活动有市场调查、产品开发、促销活动、广告活动、公共关系、公益文化活动、信息沟通、竞争策略等。

2. 企业行为识别系统的导入

在导入行为识别系统时，既要注意统一性，又要有独特性。统一性表现在企业的一切经营管理行为都有同样的基本要求，各种活动都要围绕企业的总体目标进行，目的是共同塑造一个美好的企业形象；独特性是指企业策划与运作必须显示出与其他企业所不同的个性，而不是追赶潮流、模仿、照搬和雷同。这一点正是社会公众识别企业的基础。

以人为本是行为识别系统导入的一个重要特征，即依靠全体员工的共同努力，实现CIS活动的目标。一般来说，企业成员的行为举止构成并影响企业形象。如果员工的态度、举止不佳，则会有损于企业形象的塑造。即使企业有很好的理念和外观设计，有很好的广告宣传，也无法在社会公众心目中留下良好的印象，获得社会公众的认同。所以，企业形象主要是通过全体员工的观念与行为向公众展示的，在进行行为规划时，企业要特别重视员工的教育和培训，从而实现企业形象的提升。

3. 企业行为识别系统的功能

行为识别系统是 CIS 活动的核心，是企业理念的动态表现。作为灵魂的理念识别系统与作为外表的视觉识别系统都必须通过行为识别系统加以升华和体现。企业形象确立后，通过各种传播媒体就能逐渐影响社会公众对企业的态度，这种态度进而影响公众对企业的情感倾向、价值判断和行为方式，从而构成有关这个企业的信息，并影响其他人对该企业的印象，形成一个循环过程。社会公众和消费者正是在这种不断循环的过程中形成并修订他们对某一企业形象的认识的。一种良好的企业形象形成之后，就会对企业的经营管理活动产生反应，影响消费者对该企业的态度，从而引起消费者理解、支持企业的行为，乐意购买其产品，也愿意向其他人推荐该企业的产品。由此看来，行为识别系统对企业形象的塑造有支持与稳固的功能。

4. 企业行为识别的传播与推广

行为识别的传播与推广活动主要有：

（1）编制说明书。说明书包括企业导入企业形象的背景、经过，以及新制定的企业理念。

（2）完善内部媒体。内部媒体用以传递情报、提示说明等，将员工本身的反映及意见简洁地记录下来。

（3）编制员工手册。员工手册即编印说明企业新理念、新的行为准则及新标志的手册，让员工可以随身携带。

（4）张贴宣传海报。在海报中提出改革的口号，让员工有心理准备，提高员工的士气。另外，还可用视觉识别的形式灵活地展示企业的方针和政策，增进视觉效果。

（5）开展公司内部的沟通活动。这包括奖励员工爱用企业的产品或向相关者推销企业的产品，召开企业例会和设置留言板，促进内部信息沟通。

（6）促进自我启发。举办真正使企业理念能融入计划中的员工与主管演讲会，或举办企业内部非正式研讨的聚会。

（7）公关活动。除企业组织的各种大型公关活动外，鼓励企业员工与外界人士交换名片，鼓励企业员工经常出席同行的交流研讨会等。

（8）公益活动。这包括体育活动、社会福利事业、文化教育事业及灾区重建等。

三、企业视觉识别系统策划

企业视觉识别是指将企业的一切可视事物进行统一的视觉识别表现和标准化、专有化。心理学研究结果表明，一个人在接受外界信息时，视觉接受的信息占全部信息接受量的 83%，听觉的占 11%，嗅觉的占 3.5%，触觉的占 1.5%，味觉的占 1%，也就是说，视觉是人们接受外部信息最重要和最主要的通道。企业视觉识别设计的内容如图 5－1 所示。

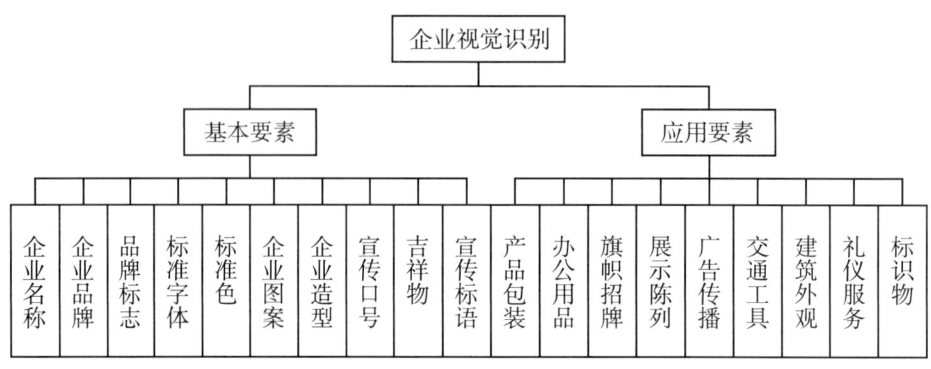

图5－1 企业视觉识别设计的内容

企业视觉识别设计的内容包括两个方面：基本要素和应用要素。这决定了视觉识别不同于一般的美术设计，它是综合反映企业整体特色的载体，是企业形象外在的、符号化的表现形式。究其本质，视觉识别是一种商业行为，不能单纯从美术的角度进行设计制作。

1. 企业视觉识别系统的基本要素

企业视觉识别系统的基本要素包括企业名称、企业品牌、品牌标志、品牌字体、标准色、企业图案、企业造型、宣传口号、吉祥物、宣传标语。其中，企业名称、品牌标志、标准字体、标准色是企业识别整体传播系统中的枢纽和核心要素。

（1）名称。这包括企业名称和品牌名称，是用文字来表现的识别要素，但又不仅仅是一个简单的文字符号。它是企业或产品整体、个性借助文字表现使之形象化，是企业理念的缩影和体现。它在宣传促销、扩大影响、树立形象、创造名牌等方面发挥着较大的作用。

专栏5－3

名称设计示例

如果你认为阿迪达斯的品牌名称是由All Day I Dream About Soccer的首字母缩略而成的，那就大错特错了。这个名称来源于它的创始人，第一次世界大战结束后，德国男子阿道夫·达斯勒开始制作运动鞋，并用自己的教名“阿迪”（Adi）和其姓氏的前三个字母（Das）组合成品牌名称阿迪达斯（Adidas）。

大家对全球最大的搜索引擎公司的起源已经相当熟知。创始人和投资商想要用一个能够代表海量数据索引的名字来给公司命名，原本想好的名称是“Googol”，代表10的100次幂，意即互联网上的海量资源。但是投资商犯了一个拼写错误，于是变成了今天人们耳熟能详的“Google”。

根据以下资料编写：陈泱，盘点国际大品牌名称由来，http://travel.163.com/16/0925/09/C1Q3BPSB00067VF3.html，2016－09－25（2018－02－04）。

（2）标志。这包括企业标志和品牌标志，是企业或商品的文字名称、图形或方案图形结合的一种设计。它用于区别不同经营者及其商品或劳务，通过形象、生动、独特的视觉符号将企业（或商品）的信息传递给公众。

企业标志是企业视觉识别系统中的核心部分，是一种系统化的形象归纳和形象的符号化提炼，经过抽象和具象结合与统一，最后创造出高度简洁的图形符号，既要能展示企业的经营理念，又要能在实际应用中方便适用，保持一致。如果用人的形象来比喻，那企业标志相当于人的五官。

如果按构成要素进行分类，标志一般可以分为三类：

① 文字标志。文字标志是以特定字形的排列或构成来传达企业经营理念和精神的标志类型。在文字标志中，大多采用中英文字母、全名、字首、不同形体的铅字、书法、美术体等来表现标志内容。

② 图形标志。图形标志是以鲜明形象表意的标志类型。其优点是用图形作为标志，简洁、明快、信息含量少，容易给人留下印象，但其缺点在于人们虽能很快地熟悉标志，却不知道它是什么企业的标志。

③ 组合标志。组合标志是以文字、图形的相互结合而构成的标志类型。它集文字标志和图形标志之长，兼有文字的说明性和图形的直观性特点，易识易记，为社会公众广泛接受。组合标志的优点十分明显，它不仅能标识企业、产品，还有说明性，一见标志就知道其属于什么企业、什么牌子。

专栏 5－4

图 5－2 为文字标志示例。

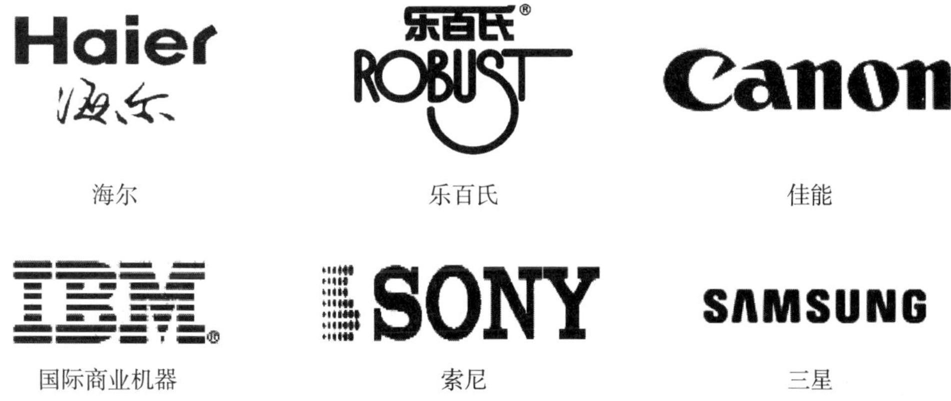

海尔　　乐百氏　　佳能

国际商业机器　　索尼　　三星

图 5－2　文字标志示例

根据以下资料编写：常用矢量图标志，http://www.ooopic.com/pic_839249.html，2018－01－28（2018－02－25）。

专栏5-5

图5-3为图形标志示例。

图5-3　图形标志示例

根据以下资料编写：常用矢量图标志，http://www.ooopic.com/pic_839249.html，2018-01-28（2018-02-25）。

专栏5-6

图5-4为组合标志示例。

图5-4　组合标志示例

根据以下资料编写：常用矢量图标志，http://www.ooopic.com/pic_839249.html，2018-01-28（2018-02-25）。

（3）标准字。标准字是指将产品或企业的全称加以熔铸提炼，组合成具有独特风格的统一字体。与图形标志相比，标准字的出现频率更高，传递作用更强。

标准字与普通文字最大的差别在于，标准字的设计是根据企业品牌名称、活动的主题而精心创作的，对于字间的宽幅、笔画的配置、线条的粗细、造型的要素等都有细密的规定和严谨的制作要求，尤其讲究经视觉调整的修正来取得均衡的空间与和谐的文字配置结构。有专家研究结果表明，对于内容完全相同的文字，若采用不同的字体表达，会使人产生不同的感受和联想。隶书显得稳重，楷书显得规矩，行书显得随和，草书显得潇洒；笔画纤细显得优美、轻盈，笔画粗厚显得稳沉、宏大；快笔显得潇洒，涩笔显出力量；字体圆滑显得温和，字体有棱有角显得刚劲。企业可通过独特风格的字体，以及文字的可读性和说明性，将企业的规模、特征与经营理念传达给社会公众。

标准字的功能主要有以下几方面：一是使企业名称形象化。把企业名称转化为视觉直观形象及其审美心理氛围，在强化企业识别标志的接受和感知的同时，又强化了企业识别标志的辨识和认定（见图5－5）。二是充满情感地传送企业形象。信息传播的认同和内化与情感的感染、交流是分不开的，通过标准字的字体美术效果，能将企业形象转化为一种情感体验，使员工和社会公众在潜移默化中接受和认同企业的识别标志。三是体现企业的整体经营风格。因为标准字的用处极为广泛，因而企业是属于稳重型、奔放性、勇于创新型还是热情型，在标准字的设计中均能体现出来。

图5－5 苹果标准字的设计

专栏5－7

马自达标志

马自达株式会社原名为松田汽车公司，商标为字母“H”和“M”的组合，日本消费者都知晓该标志代表松田汽车，在海外却经常被误解。因此，为塑造符合企业国际化发展的鲜明且统一的企业形象，马自达株式会社盛邀日本为企业导入CI的POAS公司重新设计，POAS公司采用当时国际流行的字母标志设计策略，将企业名称、品牌名称、商标图案完全统一为简洁、有力的五个字母“Mazda”，经过专门设计的标准字体传达信息凝练，造型刚劲有力，视觉冲击力强。马自达商标的变化如图5－6所示。

图5－6 马自达商标的变化

根据以下资料编写：日本VI设计范例：马自达，http://www.u-we.com/BrandTheory/vi/mazda/index.htm，2018－01－25（2018－02－26）。

（4）标准色。标准色是通过某一特定的色彩或一组彩色系统的视觉刺激和心理反应，传达企业经营理念和产品特质的重要识别要素。色彩具有很强的视觉刺激力，各种颜色对人的注意力、潜意识、思维甚至行为都会产生很大的影响，个体对不同色彩可以产生不同的联想和抽象情感，因而色彩成为成功塑造企业个性形象的有力武器。例如，IBM 被称为“蓝色巨人”，可口可乐的红色洋溢着青春、健康和欢乐的气息。

色彩会产生一定的心理效应，不同的色彩会给人不同的感觉。调查研究结果表明，色彩具有冷暖、涨缩、轻重、进退、兴奋与沉静等不同感觉，甚至还与人的味觉、嗅觉以及物体形状之间存在某些特定的联系。不同色彩会使人产生不同的情感，甚至影响精神和情绪，并导致行为的变化。

色彩具有民族性。在世界上不同的国家和地区，由于受各自不同历史文化传统的影响，色彩的象征意义有不同的理解，因而喜好、禁忌也各不相同。据调查发现，日本人喜欢白、鲜蓝、浅蓝、鲜黄色，讨厌暗红、暗紫、暗黄、深红紫色等；德国人喜欢鲜蓝、鲜黄、鲜橙、深绿色，讨厌偏紫粉红、淡粉红、深黄、偏粉红、亚麻色；美国人喜欢鲜蓝、鲜红、褐、深蓝色，讨厌紫粉红、暗紫、浅黄绿、浅紫色；丹麦人喜欢鲜蓝、鲜红、深蓝、深橙色，讨厌淡粉红、淡黄绿、亚麻、淡紫色。

2. 视觉识别系统的应用要素

当企业视觉识别最基本要素——名称、标志、标准字、标准色等确定后，就要从事这些要素的精细化作业，开发各应用项目。视觉识别系统的应用要素大致包括如下内容：

（1）办公事务用品。这主要包括信封、信纸、便笺、名片、徽章、工作证、请柬、文件夹、介绍信、账票、备忘录、资料袋、公文表格等。其设计应考虑标志图形安排、文字格式、色彩套数及尺寸，以严肃、完整、精确和统一、规范的格式给人全新的感受并表现出企业的风格，同时也展示出现代办公的高度集中化和现代企业文化向各领域渗透传播的攻势。

（2）企业外部建筑环境。这主要包括建筑造型、旗帜、门面、招牌、公共识标牌、路标指示牌、广告塔等。它是企业形象在公共场合的视觉再现，是一种公开化、有特色的群体设计和标志着企业面貌特征系统。其在设计上需借助企业周围的环境，突出和强调企业识别标志，并贯彻于周围环境中，充分体现企业形象统一的标准化、正规化和企业形象的坚定性，以便使观者在眼花缭乱的都市中给予其好感。

（3）企业内部建筑环境。这是指企业的办公室、销售厅、会议室、休息室等内部环境形象，主要包括企业内部各部门标志、企业形象牌、吊牌、售点广告、货架牌等。设计时需把企业识别标志贯彻于企业室内环境之中，从根本上塑造、渲染、传播企业识别形象，并充分体现企业形象的统一性。

（4）交通工具。这主要包括轿车、中巴、大巴、货车、工具车等，是一种流动性、公开化的企业形象传播方式，其多次的流动能给人瞬间的记忆，使人有意无意地建立企业的形象。设计时，应具体考虑它们的移动和快速流动特点，要运用标准字和标准色来统一各种交通工具外观的设计效果。企业识别标志和字体应醒目，色彩要强烈才能引起人们的注意，并最大限度地达到其流动广告的视觉效果。

（5）服装服饰。这主要有经理制服、管理人员制服、员工制服、礼仪制服、文化衬衫、领带、工作帽、胸卡等。统一设计企业的服装服饰，可以提高企业员工对企业的归属感、荣誉感和主人翁意识，改变员工的精神面貌，促进工作效率的提高。设计时，应严格区分工作的范围、性质和特点，以便着装符合不同岗位的需要。

（6）广告媒体。这主要有电视广告、报纸广告、杂志广告、路牌广告、招贴广告等。企业选择各种不同媒体的广告形式对外宣传，是一种长远、整体、宣传性极强的传播方式，可在短期内以最快的速度，在最广泛的范围中将信息传达出去，是现代企业传达信息的主要手段。

（7）产品包装。产品包装起保护、销售、传播企业文化和产品形象的作用，代表产品生产企业的形象，并象征商品质量的优劣和价格的高低。系统化的包装设计具有强大的推销作用。成功的包装是宣传、介绍企业和树立良好企业形象的最便利的途径。

专栏5－8

可口可乐的标志及其包装

可口可乐的标志及饮料瓶的设计是罗维在20世纪30年代的成功之作。他采用白色作为字体的基本色，并采用飘逸、流畅的字形来体现软饮料的特色。深褐色的饮料瓶衬托出白色的字体，十分清爽宜人，加上颇具特点的新瓶造型，使可口可乐焕然一新，畅销全球。

可口可乐选用的是红色，在鲜红的底色上印着白色的斯宾塞体草书“Coca-Cola”字样，白字在红底的衬托下，有一种悠然的跳动之态，斯宾塞体草书则给人以连贯、流线和飘逸之感。红白相间，用色传统，显得古朴、典雅而又不失活力，如图5－7所示。

图5－7 可口可乐标志

根据以下资料编写：吴卫．探析可口可乐标志设计的发展与流变，包装工程，2016（6）：29－32。

（8）赠送礼品。这是指为使企业形象或企业精神更形象化和富有人情味而用来联系感情、沟通交流、协调关系的物件。一般以企业标志为导向、以传播企业形象为目的，并附有企业形象组合。比较常见的礼品主要有文化衫、领带、领带夹、打火机、钥匙牌、雨伞、纪念章、礼品袋等。企业赠送礼品是一种行之有效的广告形式。

（9）陈列展示。这是指运用广告媒体，以突出企业形象并对企业产品或销售方式进行展示的传播活动。它主要有橱窗展示、展览展示、货架商品展示、陈列商品展示等。在设计时，要突出其整体感、顺序感和新颖感，以表现出企业的精神风貌。

（10）印刷出版物。这代表企业形象直接与企业的关系者和社会大众见面，主要包括企业简介、商品说明书、产品简介、企业简报、年历等。在设计印刷出版物时，应注意编排一致，固定印刷字体和排版格式，并将企业标志和标准字统一安置在某一特定的版式风格，造成一种统一的视觉形象来强化公众的印象。

第三节　企业形象策划的实施

一、企业形象策划实施的时机

1. 企业成立或改制重组

新建企业开业就导入企业形象系统，可以一种系列性、新颖性、独特性的统一形式，把企业文化信息传播给社会公众。新企业不受传统影响，更没有陈规陋习的束缚，因而可以设定最佳的企业经营管理观念与信息传播系统，以完美、完整的企业形象带动企业商品销售，迅速占领市场，站稳脚跟。因此，企业开业是导入企业形象系统的最佳时机。

在市场经济环境中，企业有时会改制重组。改制重组后的企业可不再使用原企业的识别标志，采用新标志，以利于企业新形象的树立。尤其是上市公司，此时导入企业形象系统，可让社会公众重新了解企业，乐于购买企业产品或股票。

2. 企业推出新产品

新产品代表企业关心消费者、关心社会的一片爱心与进取之心，易于给消费者留下富有创新精神、敢于领导新潮流的印象，也就最容易促使社会公众接受新的消费观念，接受企业新的企业形象。因此，配合新产品的营销与促销而导入企业形象系统，不仅可以收到新产品促销的广告效应，还可以收到树立、强化企业形象之功效。

3. 企业创业周年纪念

创业周年的纪念对企业而言是个意义重大的时机。周年纪念肯定了企业所走过的成长历程，也肯定了外界对企业所抱有的信任与好感，此时导入企业形象系统，可使企业迈向更高、更长远的目标。一般来说，创业周年纪念活动在周年为“5”的倍数时举行会显得更为庄重、热烈，更具有历史意义。导入企业形象系统的新闻发布会也宜在周年纪念日当天举行，可加深前来祝贺的与会嘉宾和社会公众对企业的印象，培育其信任感。

4. 企业活动领域扩大和产品结构多元化

当企业的活动领域逐渐改变、扩大，企业产品结构向多元化方向发展时，企业原有的信息传播系统便显得不相适应。这样，企业有必要重新导入企业形象系统，或者开发企业形象的新内容，以确保企业文化信息传播通畅。

5. 企业开拓国际化经营

当企业发展到一定阶段、萌发拓展海外市场的念头时，为了建立企业的国际形象，使海外消费者能了解、记住企业的形象和产品品牌，企业应借导入企业形象系统修正原有的形象识别，以便建立适合海外消费者文化的品牌形象。

6. 企业发生重要人事变动

企业发生重要人事变动后，新领导会带来新的思想、观念及行为作风，他可能改变过去的经营方针和政策，或对企业组织结构进行较大的调整，正所谓“新官上任三把火”。此时正是配合导入企业形象系统，实为改变企业形象、鼓舞士气、振奋人心的最佳时机。

7. 企业要提高知名度

有的企业开业后，由于种种主观、客观的因素，知名度一直很低，社会公众几乎不知道有这家企业存在。低知名度使企业销售受到很大影响，企业经营业绩欠佳，甚至亏损，威胁到企业的生存。为了提高知名度、提高销售额，企业就应适时导入企业形象系统。

8. 企业欲重新塑造企业形象

在企业再次创业、企业形象陈旧落后、企业经营不善以及企业遭受意外变故，致使企业形象受损时，企业需要重新塑造自身的企业形象。企业通过导入企业形象系统，调整企业理念，建立行为规范（其中尤以改善员工工作、学习、生活环境为重点），畅通信息传播渠道，有利于在企业内部公众与外部公众中树立企业新的形象。

专栏 5-9

Fruiter 新产品包装

阿波氏菌（Embotelladoras Arca）是墨西哥北部的一家大型饮料生产商和批发商，Fruiter 是其以儿童为目标生产的碳酸果汁饮料品牌。该产品的原包装设计过于成人化，黑色标贴对儿童缺乏吸引力。

制造商对产品包装进行再设计，将各种水果的明快色彩与其他不同元素相融合，设计了一系列具有流行电子游戏和现代卡通鲜明特色的猫儿家族形象，传达出产品具有活力和年轻的信息。当新包装（如图 5-8 所示）推出时，进行了大量的推广促销和传媒广告宣传，六个月里饮料的销售额翻了一番。

图 5-8 Fruiter 的新包装

根据以下资料编写：各种经典案例分析与实践，https://www.douban.com/note/579515915/，2016-09-02（2018-01-29）。

9. 企业要扩大企业产品品牌差异性

随着科技进步，同类型的企业在硬件建设上趋向于同质化，甚至在产品品质、成本、售价、服务态度、服务技巧等软件方面也趋向于同质化，导致企业之间的差异性渐趋模糊。于是，消费者就会认为这家企业与那家企业没有什么不同，这家企业的产品与那家企业的产品也似乎一样，他既可以买这家的产品，也可以买那家的产品，客观上造成了消费者认知上的疑虑与障碍。此时导入企业形象系统，营造新颖的视觉环境，塑造企业独特的形象，便可以收到强化企业市场竞争力和加深消费者对企业、对企业商品品牌的认同与喜好的效果。

二、企业形象策划实施的进程

1. CIS 的传播

在企业 CIS 计划制订后，企业需精心策划 CIS 对内和对外的传播，拟订详尽的发布传播计划，开展象征企业新生的各项活动，使 CIS 尽快被导入企业并得到公众的认可。

（1）CIS 的对内传播。CIS 的对内传播一般应早于对外传播，因为员工是传播企业形象的载体，其言行和对企业的态度直接关系到企业的形象。

在内部传播的方针拟定中，应从整体上把握内部传播工作的性质、意义、对象、方法及预期效果与目标。就性质与意义而言，内部传播是 CIS 导入和推行成败的关键，即只有使员工认识到 CIS 的重要性和必要性，才能调动员工的积极性，从而投入 CIS 实施管理中；就对象和方法而言，员工的工作职别不同，对 CIS 看法也不尽相同，CIS 教育与宣传应对不同的对象采取不同的方法；就预期效果与目标来说，应注意明确性与切实可行性。总之，CIS 推行作为一项长期的工作，需有系统、明确的计划和目标，同时对目标的管理实施效果需要进行不断的测试与评估。

内部传播的内容一般包括以下几项：

① 导入 CIS 的意义和原因。介绍 CIS 的基本理论、历史发展和企业导入的成功案例，说明 CIS 导入的重要意义，并对企业自身状况进行分析，说明导入 CIS 的原因。

② 本企业的 CIS 计划。向全体员工说明导入 CIS 的目的、基本程序、设计开发状况和实施管理计划，动员全体员工成为 CIS 运动的积极参与者，使其意识到其一言一行都在塑造企业的形象。

③ 宣传新理念。应详细介绍企业的新理念体系和建立新企业理念的重要性。

④ 企业标志说明。对企业标志、标准色和标准字的象征意义进行说明，使员工对其产生认同感。

⑤ 设计的应用说明。对企业产品的商标设计意义及相应的品牌战略做充分解释，详细介绍各个应用设计项目的意义与使用方式和推广方式。

⑥ 行为识别准则。宣传企业员工对内、对外活动和市场行为的准则，将企业理念在言行中予以贯彻。对于行为识别系统的行为准则都应介绍，使员工在行动中遵守。

⑦ 统一对外的 CIS 说法。为员工制定一套介绍企业导入 CIS 情况的说明方式，如有人询问有关情况，企业员工的说法应一致。

内部传播的媒介形式有广告说明书、企业内部公关或 CIS 刊物、视听教育用具、宣传海报和例行会议、讲座及仪式等。

（2）CIS 的对外传播。企业应首先确认对外传播的方针，以明确的方针为基础，才能确定对外传播的对象和预期目标，从而进行成功的对外传播。制定 CIS 对外传播的基本方针需考虑的主要事项有对外传播的基本意义、对外传播的基本内容、对外传播时间安排、对外传播对象、所用媒体形式和预期目标等。

对外传播的内容可分为总体方面的内容和具体方面的内容两大部分。总体方面的内容包括企业导入 CIS 的动机与目标、企业导入 CIS 的基本计划及企业导入 CIS 的阶段性成绩等；具体方面的内容包括企业新理念的阐释、企业员工新风貌、企业开发设计的基本精神、企业新名称和新标志的内容及象征意义、品牌系统设计要素的意义、企业新的市场营销战略、企业配合 CIS 导入开展的质量管理运动状况与成绩以及企业社会公益活动等。

对外传播的主要对象有消费者、社会公众、政府、金融机构、大众传播界、同行业人士、希望就职者、有业务往来的企业和股东等。

对外传播可通过广告、新闻及公关活动等各种形式来进行，具体的媒体形式有电视广告、广播广告、互联网广告、报刊广告。户外广告、直邮广告、广告宣传册；电视新闻、广播新闻、互联网新闻、报刊新闻；发布会或记者招待会、企业公关赞助活动及社会义务活动等。

2. MIS 推广实施

在 CIS 的理念导入中，只进行传播而不推行是毫无意义的，MIS 的推行与企业的内部传播是同时进行的，在 MIS 的推行中，通常可采用以下几种方法：

（1）重复加强。采用各种视听形式如企业广播、集体阅读、宣传张贴等重复强调企业理念，如在召开会议时播放或合唱厂歌。

（2）阐释体会。每一位员工都应切身体会企业的理念，将其化为内在意识，在企业理念方针的指导下，确认自己在企业中的位置与职责。员工可将自己的体会、认识与大家交流，企业可表彰 CIS 推行的先进事迹。

（3）环境物化。在环境布置中体现企业理念的精神实质，通过标语、壁画乃至厂房、办公室的布置，处处表现企业理念，使其深入人心。

（4）组织活动。企业定期举办全体员工参加的集会，由企业负责人做鼓励性的演讲，同时筹划一些文艺演出或体育运动等活动，组织形式要有创意，其主要目的是加强员工之间的感情交流与企业的内聚力。

（5）树立模范。在企业内部树立一些能体现企业理念与价值的榜样，起到模范带头作用，模范典型的推举必须合理，这样才能确实起到模范作用。

3. BIS 推广实施

行为识别系统是企业理念诉诸战略的行为方式，在企业内部的组织、管理、教育培训及公共关系、营销活动和公益事业中表现出来。BIS 的推行包括两个方面的内容：企业内部 BIS 的推行和企业外部 BIS 的推行。

企业内部 BIS 推行的内容主要有建立完善的组织、管理、培训、福利制度与行为规范。员工是将企业形象传递给外界的重要媒体，在实施 CIS 战略时需要企业员工的协助。企业应对员工进行教育，使其认同企业理念和行为识别系统的各项规定，增强企业的内聚力。

企业外部 BIS 推行的内容包括通过社会公益活动、公共关系及营销活动传达企业理念，获得公众的识别认同，提高企业的知名度、美誉度，从整体上提升企业的形象。

4. VIS 推广实施

视觉识别系统的推行主要集中于其基本要素和应用要素的设计与应用上，即在 CIS 设计手册编写完成后，要依照 CIS 设计手册的内容，在实践中进行贯彻，将基本要素贯彻在应用要素中，实现对内和对外传达的统一，突出企业视觉识别系统的规范性和个性。

5. 实施控制

在 CIS 的导入过程中，企业需设立专门的 CIS 管理机构，对 CIS 的实施进行监控和管理，编列专门预算支持 CIS 作业。同时，经营者必须按照 CIS 计划严格执行，保证 CIS 实施的一贯性。此外，需在实施中不断进行评估，并对不适应的地方做出调整。

三、企业形象策划实施的效果评估

对 CIS 导入效果进行评估，了解 CIS 导入所取得的成效，可以从中发现导入中的不足，对下一步的推行工作进行改进，以求得更好的效果，所以效果评估是 CIS 推行中极其重要的一环。CIS 导入的效果评估可从四个方面进行。

1. 企业内部

CIS 导入和实施人员应对 CIS 的推行情况进行随时的了解，对企业员工进行随时的或定期系统的询问调查，询问的内容包括总体评价和具体作业两个方面的问题。例如，企业在导入和推行 CIS 以来，各方面是否有了明显改观？新的企业理念是否能顺利贯彻？CIS 制度是否只是形式主义？对新的标志是否满意？等等。对于企业内部的调查应及时，对询问结果应进行整理分析，同时注意信息的真实性问题。

2. 外部环境

对外部环境的测试评估须选择与企业有直接关系的组织或个人进行，导入效果评估应在原调研的基础上进行，选择对象应尽量选择原有被访者或回答过问卷的人，这些人对企业形象及状况有一定了解，而且经过调研阶段，会对企业 CIS 的导入情况比较关注，提供更多的信息。

对于评估的内容而言，应集中在视觉设计项目的传播效果和企业总体形象上。视觉项目传播效果的评估可就一个基本设计项目进行专项评估，也可对几个设计要素的组合应用效果进行评估。评估时所提问的问题应全面、系统，主要针对认知度与识别功能、视觉印象和设计品位三个方面。企业总体形象的评估问题可采用调研阶段的关键语作为问题，根据肯定回答者占接受测试总人数的比例，与调研阶段的结果相比较，分析企业导入 CIS 后企业形象的优化程度和在哪一方面取得了明显的改观。

3. 营运业绩

企业导入 CIS、提高企业知名度、建立企业高度识别性、统一企业形象的最终目的在于提高企业的经济效益。CIS 导入的实际效果直接体现在企业产品的市场占有率、销售额及利润的提高和营销费用的降低上。导入 CIS 效果评估的一个重要方面即对企业营运业绩进行评估。

从企业的经营业绩考察企业导入 CIS 的效果，一般的做法是在企业营运报告中选取导入 CIS 前后几年的数据进行统计分析，从市场占有率、销售额、利润的增长率中看导入 CIS 的效果。该方法的基本原则是，如果销售额和利润的增长高于导入 CIS 导致的费用增长，则说明 CIS 导入的效果良好；反之，则导入的效果不佳。

4. 目标检讨

企业导入 CIS 与实施 CIS 过程中的所有作业项目都是根据目标确立的，因此，导入效果的评估也应根据 CIS 的目标而定。根据企业导入 CIS 的战略目标，可以确定评估内容的重点与评估标准。

企业导入 CIS 的目标在实施推进过程中逐步具体化，即不仅有长期目标，还有中、短期目标。在不同的期限到来时，应及时对 CIS 导入的效果进行评估，从而得到阶段性的效果评估结论。

基于对 CIS 的实施督导和及时地进行效果评估，CIS 导入执行机构应对实施中发现的问题进行分析，改进推行实施方案，修正作业计划，完善 CIS 的制度化惯例。若需调整改进推行方案，应写出书面报告，提交 CIS 委员会讨论，根据此报告修改和进一步完善推行方案，由企业主管审批后执行，从而使 CIS 的导入取得更佳效果。

小 结

企业形象是企业内外对企业的整体感觉、印象和认知，是企业状况的综合反映，分为企业理念形象、企业行为形象和企业视觉形象三个层次。企业理念形象是核心，它决定了企业行为形象和企业视觉形象；企业视觉形象是最外在、最容易表现的部分，它和企业行为形象都是企业理念形象的载体与外化；企业行为形象是企业理念形象的延伸和载体，是企业视觉形象的条件和基础。企业形象策划要遵循一定的原则，并按照科学的程序来进行。任何一家企业导入企业形象系统，都必须从长远的角度出发，把握导入的最佳时机；在实施过程中要把握好实施的进程，并对实施效果进行科学评估，以不断完善，取得好的效果。

开篇案例讨论

1. 结合案例，说明奔驰汽车公司形象策划的成功之处。
2. 奔驰汽车公司的视觉识别是否充分表达出企业的经营理念？为什么？
3. 结合案例，说明企业形象系统的哪部分最具有视觉冲击力？

思考题

1. CI与CIS有什么区别？
2. 企业理念的要素有哪些？
3. 行为识别系统的基本内容有哪些？
4. 视觉识别系统的基本要素有哪些？
5. 标志一般可以分哪几类？它们各有何优缺点？

网上练习

主题：世界著名品牌案例分析

步骤1：通过网络资源，搜索至少5个世界著名品牌成功的案例资料。

步骤2：基于本章理论阅读和分析案例，辨识世界知名品牌的理念、行为和视觉识别系统，探求三者之间的关系。

步骤3：分析各个世界知名品牌成功的原因，写出自己的观点。

步骤4：利用课堂或者网络社区（微信群），交流讨论。

策划技能训练

主题：中小企业形象策划（当地有名、熟悉、调查）

步骤1：教师将学生分组，5~7人一组。

步骤2：各小组选择所在地区著名或熟悉的企业，对企业进行调查。

步骤3：分析企业形象现状及企业是否建立了理念、行为和视觉识别系统？

步骤4：根据本章理论和企业的实际情况，为企业策划可行的理念、行为和视觉识别系统。

步骤5：将策划方案与企业管理者进行交流讨论，修改并完善企业形象策划方案。

步骤6：在课堂上推介策划方案，进行课堂讨论和评价。

步骤7：再次修改并完善策划方案后，向企业推介策划方案。

第六章 产品策划

学习目标

- 熟悉产品策划的目标和要素
- 掌握新产品概念策划和新产品命名策划
- 理解品牌策划的要素和方法
- 熟悉包装策划的要素和方法
- 了解服务策划的要素和方法

开篇案例

小罐茶的产品策划

车，可以由司机开；菜，可以由厨师做；电话，可以由秘书接；但是茶，一定要亲自泡。这是小罐茶视频广告中开头的几句文案。一般来说，市场上的茶大致可分为三类：文化茶、品牌茶和大宗茶。文化茶是最高端的，喝的是行内深层次的文化和故事；品牌茶是中间段位的，人们不想花时间了解博大精深的茶文化，但又想体验一下喝茶的情怀；大宗茶是最底层的，人们为了喝茶而喝茶。小罐茶想传递给顾客的其实是文化茶和品牌茶的结合体——有品牌的文化茶。

品牌之所以成立，就是因为它具有差异化价值。小罐茶则把重点放在了“大师作”和包装上，找苹果的御用设计师来设计线下门店，找日本设计师设计铝合金小罐，使客户有极致的撕膜体验，使用最好的充氮技术等。包装做得好，恰恰是小罐茶能够成功的关键。因为它已经成功迈出了第一步——通过包装，将自己与其他的茶区分开了。

小罐茶于 2016 年 7 月正式上市之后，没有大力进军互联网，而是大力建设线下专卖店，再通过中央电视台（以下简称央视）、江苏卫视等较为传统的平台进行广告投放。为什么小罐茶要选择“线下门店 + 央视广告”的模式呢？对于小罐茶来说，“线下顶级商圈 + 央视”恰恰也是一种扬长避短和相互协同的策略。小罐茶主打的是“大师作”这个概念，各种设计和工艺是它最显著的差异化优势。这种优势是人们在线上很难感受到的，在线下，人们可以沉浸在由苹果设计师设计的空间环境中，尽情抚摸小罐茶高冷的铝合金罐身，甚至还能体验一下撕膜的快感，更别说空气中到处弥漫着古道茶香。对小罐茶来说，包装就是文化，包装就是谈资。小罐茶的成功之处是降低了人们提升格调的成本——现在，你不用去了解深厚的茶文化，也能看上去很有文化品位。

小罐茶的价格很高，因此，它必须找一些能与之匹配的符号进行绑定。对于小罐茶来说，“苹果设计师在顶级商圈设计的专卖店”就是那个符号。它的广告文案也一直在运用这种高贵符号的力量——“私人飞机上是小罐茶，总统套房里是小罐茶，董事长的办公室里还是小罐茶”。包括选择在央视打广告，也主要是看重央视在高端人群中的流量价值。虽然小罐茶并不是收入最高的茶产品，它却是收入最高的茶品牌。

根据以下资料编写：小罐茶：如果产品没差异，那就玩包装吧，http://www.cmmo.cn/article-208871-1.html，2017-12-15（2018-01-20）。

第一节　产品策划概要

一、产品策划的目标和任务

1. 产品策划的目标

产品策划是指企业为使产品或产品组合适应消费者的需要所进行的动态的谋划，是产品进入市场前和在市场运作过程中不断进行开发和调整的过程。其具体内容包括新产品策划、品牌策划和包装策划等。

产品策划的目标是最大限度地实现企业的社会价值和产品的市场价值，具体内容包括：

（1）提高市场占有率。

（2）实现利润最大化，即以最少的成本获取最大的产出。

（3）超越竞争对手，即在市场中领先于竞争对手。

2. 产品策划的任务

产品策划的任务（见图6-1）是通过确定目标、确定产品市场定位、确定产品营销的全方位定位和确定实现产品营销的全方位定位来实现的。

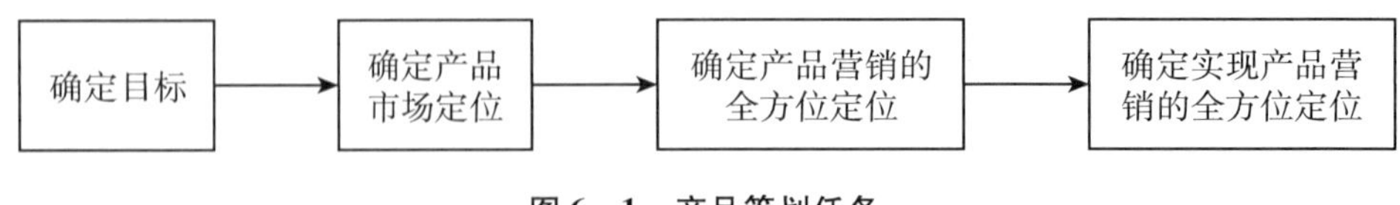

图6-1　产品策划任务

（1）确定目标。企业产品策划的首要任务是制定产品策划的目标，只有目标明确后，企业的资源才能够根据目标进行整合，各部门才能围绕目标制定可行性产品策划方案。

（2）确定产品市场定位。确定产品市场定位一般要注意四个方面：

① 市场，即目标顾客在什么地方。

② 数量，即目标顾客有多少。

③ 心理，即目标顾客的消费心理。

④ 行为，即目标顾客的外在行为表现形式。

通过以上分析，全面、系统地掌握以消费者为主体的产品市场环境。

（3）确定产品营销的全方位定位。产品营销的全方位定位主要包括如下四个方面：

① 产品定位。企业从自身所具备的技术、人才、供应、生产和投入等条件出发，依据产品的市场定位，确定产品的功效、品质和竞争性等在潜在消费者心目中相应的位置，进而明确产品的内涵和外延。产品定位可以理解成市场需求充分、企业能力允许、竞争对手薄弱三条线的交叉点。

② 价格定位。企业依据目标消费者承受能力、产品成本、竞争性产品的价格情况，为上市的产品确定当前价格、价格实现方式和价格变化的方向。

③ 分销定位。这是指拟定产品分销或分配的途径，即确定产品从生产者向消费者转移所经过的有形和无形的环节。

④ 促销定位。为开拓市场空间和层次、扩大产品市场占有率而事先确定的，旨在向目标消费者或渠道传递产品或企业市场信息、激发消费者购买与渠道进货的热情、促成消费者购买与渠道进货的系统性方案。

专栏 6－1

“六个核桃”的产品定位策划

“六个核桃”在进军饮料市场之前，经市场调研发现，无论企事业单位领导、职员、白领，还是在校的学生，都需要经常用脑。与此同时，核桃健脑益智的形象早已深入人心，用核桃为主要原料做成的健脑益智饮料具备了成功的基础条件。因此，“六个核桃”瞄准了健脑益智这个市场空白点，将产品清晰地定位为健脑益智饮料，抢占了先机，为后续的成功奠定了坚实的基础。

根据以下资料编写：六个核桃为什么成功？http://www.ceconline.com/sales_marketing/ma/8800070052/01/，2014－03－27（2018－01－19）。

（4）确定实现产品营销的全方位定位。这是指企业把各种可行性促销理念与企业实际结合起来，有效地实施已经拟订的方案，主要包括以下几个方面：

① 整合营销传播。建立以长期、互动式、即时性的企业和客户沟通机制为核心的营销模式。

② 服务营销。通过对产品提供附加服务，为客户提供超额价值，产生更好的销售效果的营销模式。

③ 关系营销。通过建立与保持企业与顾客、政府和其他企业等社会各界的良好关系来促进销售。

④ 品牌营销。利用企业品牌或产品品牌的影响力来进行产品营销。

二、产品策划的要素

产品策划的要素主要包括市场分析、产品定位、产品营销和售后服务（见图6－2）。

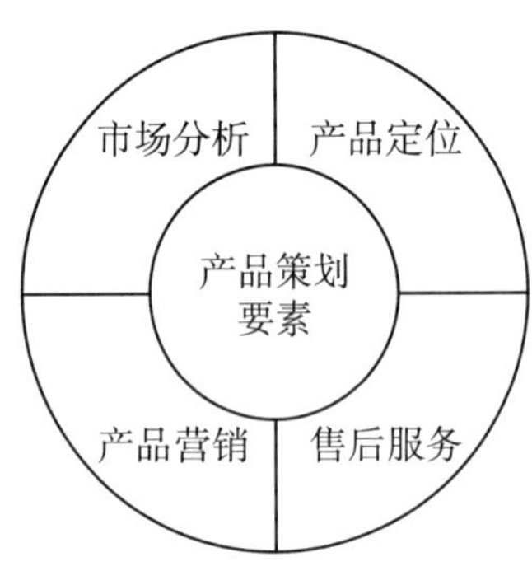

图6－2　产品策划的要素

1. 市场分析

市场分析是指用科学的方法、客观的态度去了解市场，掌握消费者的需求，为制定产品的营销战略和企业战略提供必要、及时、准确的信息。通过市场调查分析，可以了解市场总体的供求情况、潜在市场和未来消费趋势，可以对日益复杂的环境做出科学的分析。它是企业执行产品策划的基础工作。

2. 产品定位

产品定位是指为产品在市场中确定明确、恰当的位置。进行产品定位的关键是产品的差异化，使产品能够在消费者心目中形成独一无二的印象。企业要根据目标市场上的竞争者产品所处的位置和企业自身资源，努力塑造并保持产品良好的市场形象。另外，在进行产品的市场定位时，不能单凭主观判断或历史经验，必须以全面、科学的分析为依据。

3. 产品营销

产品营销是指企业要及时抓住时机，展开一系列与产品相关的后续营销策划活动，包括为保证产品上市的成功，企业需要为产品造势，以吸引媒体、社会团体和消费者的兴趣与关注；为推广产品、促进销售，企业需要组织策划一系列宣传活动，以提升知名度。此外，为建立消费者的品牌忠诚度，企业需要本着求实创新的理念不断改进产品和服务，并塑造良好的企业形象等。

4. 售后服务

售后服务是指企业在产品上市后，要有相关配套措施来及时解决产品出现的各种问题。产品在成功上市后，后续服务要有保证。一方面，可以通过全面、周到的服务来提升消费者对产品的情感支持，消除消费者的购买疑虑；另一方面，有助于企业在提供服务的同时，总结经验，激励研发与创新。

专栏6－2

VIVO的产品创新策划

手机行业是一个稍不留神就会被竞争对手所替代的行业，而VIVO正是在创新的浪潮下迎难而上，不断进行产品与技术的创新。

2012年，VIVO X1作为全球首款HiFi手机，开启了手机的HiFi时代，并以6.55 mm的机身厚度成为当年超薄手机的旗舰之作；2014年，VIVO Xshot作为全球首款同时具备f/1.8光圈＋光学防抖的智能手机，开启手机拍照新时代；2016年，VIVO Xplay5首次搭载6GB超大内存，成为全球首批搭载高通骁龙820芯片的智能手机，再次重新定义旗舰；2017年，在MWC上首发VIVO隐性指纹技术，让真正的全面屏未来可期；VIVO X20搭载18∶9全面屏，正式开启全面屏时代，成为行业全面屏手机引领者；在5G时代到来之际，VIVO在2017年国际手机产业领袖峰会上率先提出，“拥抱5G，共创未来”。

根据以下材料整理：多个全球首款！vivo这些科技创新，引领了手机行业的变迁，http://www.sohu.com/a/216457667_99894351/，2018－01－13（2018－01－28）。

第二节　新产品策划

一、新产品概念策划

1. 新产品概念的含义

新产品概念是企业从消费者角度对新产品进行的详尽描述，通过描述新产品的形态、功能、特性、给消费者提供的核心利益和价值等，体现“产品表现与消费者期望的一致性”。它是企业想要注入消费者心智中关于新产品的一种主观意念，是对市场和消费者需求深刻理解的结果。

一个完整的新产品概念由三个因素组成：

（1）场景，指生活场景中，消费者内心关注的问题。

（2）目标消费层，指希望能方便、快捷地解决生活场景问题的消费者群体。

（3）益处，指新产品能为目标顾客提供哪些好处、怎样解决消费者生活场景中存在的问题。

以花王“快速雨刷毛巾”为例，其新产品概念表现为：生活中的灰尘让人不安（场景），如何能简单、方便地解决灰尘困扰（目标消费层）；快速雨刷毛巾可以达到没有水也可以刷东西的效果（益处）。

2. 新产品概念策划的步骤

（1）信息准备。为了扩大想法创意的幅度范围，必须进行充分的信息准备，选择信息源。信息来源较广，如可以从企业内部研发部门、消费者、经销商、竞争对手产品等多处获取新的想法和创意。但一个有效的创意信息在由市场流向企业内部和在企业内部流动中都可能产生与市场最初表达意愿不一致的现象，因此，企业应建立规范的信息收集、传递和处理机制，以获取第一手信息。

（2）创意想象。创意想象的方式包括以下几种：

① 从目标视角进行想象和创意。在进行创意和想象时，应着眼于目标消费群体的实际形态和变化。

② 从益处、场景的视角来想象。着眼于既有商品的使用方法和评价进行想象。

③ 从“图”出发进行创意想象。根据消费者使用商品的具体过程，绘制生活价值图和事件图等，以“图”的方式扩大视线范围，产生新的想法。

（3）概念汇总，即考虑想象创意以何种形式进行概念汇总。具体程序如下：

① 分析想象创意的背景。整理市场研究资料，分析市场环境和消费者生活的信息。

② 对新产品概念要素进行探讨。从消费者的角度出发，分析、解读和洞察消费者需要解决的问题；并针对目标消费者群，提出“希望实现的商品特征”。

③ 考虑“新产品概念名称”。用概括的语言将场景、目标和益处的精髓表达出来。

（4）概念筛选，即对产生的想法和创意进行筛选，以留下适合本企业发展的新产品创意。方法如下：

① 企业内部筛选。需要考虑以下因素：企业技术研发能力、生产能力、原材料和能源供应状况、企业财务能力、销售渠道和物流能力以及获利能力等。

② 创意魅力度检查。通过网络调查等方式，由目标消费者群体对其进行全面评价，测量创意的吸引力，了解其成功的可能性和需要改进之处。

（5）测试概念接受度。将企业初步设定好的一个新产品概念或几个可以替代的新产品概念，展示于目标消费者群体，测试新产品概念的沟通效果和接受程度，并探讨应如何改进，以提高目标消费者群体的接受度。

专栏6-3

健达出奇蛋

“健达”抛弃传统的人群定位，看到巧克力在小孩子群体中的巨大市场容量，定位为“专为3~12岁的孩子设计”的巧克力产品，产品诉求为“含丰富牛奶”，巧妙地将巧克力“高热量、高脂肪”的“不良印象”转移，让家长放心。

2010—2011年，费列罗集团共投资约700万欧元，在世界范围内发起“健达+运动”项目活动，倡导广大中小学生积极参与阳光体育运动，让更多消费者了解并传递“健达”

的品牌理念，同时加深对“健达”巧克力“专为孩子设计”的认知。

根据以下资料编写：杭州蓝鹰营销策划有限公司：健达巧克力——专为孩子设计，http://blog.sina.com.cn/s/blog_6ac865f00101nx7d.html，2013－10－24（2018－01－26）。

二、新产品命名策划

1. 新产品命名的概念

新产品命名是新产品概念的凝缩体现，即通过新产品名称向消费者诉求“产品与消费者期望达成一致”，以名称来表达新产品概念。

2. 新产品命名的步骤

（1）提炼命名概念。这是指以商品概念为核心，将命名概念集中起来，根据企业的发展战略及市场情况，确定哪种命名更受市场欢迎。命名概念的提炼可以有以下 8 种类别：

① 与主品牌有关。以主品牌的个性和形象为基础，致力于主品牌下的次级品牌，后辍加上具体参数功能点等，从而成为完全独立的新命名。这样可以依靠主品牌影响力，更有利于新产品的起步，缩短消费者对新产品的接收时滞，使消费者产生购买倾向。

② 与商品系列有关。基于企业战略，注明产品未来准备以横向品种多样性发展还是以纵向换代型发展，由此来保持命名的一致性与可延性，并使消费者能清楚地区分新产品的特性与进步性。

③ 与营销战略有关。即使商品更易于与消费者产生互动。

④ 与消费者有关。从消费者心理出发，给消费者一个记忆点，让消费者能感觉有利可图，能从中受益。

⑤ 与竞争对手有关。判断市场中是否有同类产品、消费者评价如何等。

⑥ 与产地、销售地、渠道有关。根据销售地与渠道特征提炼命名概念，将有利于新产品未来更好地销售和供给。

⑦ 与消费群体文化有关。可使新产品以合适的方式与消费潮流、生活习惯、生活意识等关联起来。

⑧ 与表现形式有关。它使商品更易于传播。

（2）拟定命名方案。这是想象命名的基本表现形式，即从命名概念中抽出关键词，以这些关键词为基础，开发策划小组人员进行命名想象，并在企业内部对这些想法进行拟定的过程。

（3）选择命名方案。这包括两个阶段：

① 委托企业内部有经验的部门对命名方案进行基本的评价和选择。具体流程如下：第一，对照命名概念，检查其是否符合消费者期望和企业战略目标；第二，根据即将进入的目标市场状况，检查命名方案是否符合目标市场社会文化习俗等；第三，进行商标调查，确定命名方案。

② 命名方案试验作品完成后，对目标消费者群体进行集体采访。首先，通过目标顾客群体的评价，确定命名概念是否具有个性和冲击力（与竞争产品比较）、是否恰如其分地表达了新产品概念的内容等。其次，根据命名概念实现度的调查结果，进行命名方案的第二次选择。将选择出的命名方案交至专门机构申请“商标”。最后，对其再次进行商标调查，得到“没有类似物”的确认后，则成为最终命名方案。

专栏 6-4

从“名”做起

在设计作品的命名上，意大利设计师一直走在前面。意大利著名设计师马西姆就曾把他设计的一款沙发命名为“妈妈”，这款带扶手的舒适沙发意味着能给人提供强烈的保护感，听到它的名字就能让使用者感到温暖和舒适，产生回家的意象，并且产品命名人性化，更是将情感注入设计之中。

根据以下材料编写：师容，史小磊，从品牌名称到产品名称，中国创造时代“从名做起”，中国包装，2013，33（1）：27-30。

三、新产品上市策划

新产品上市策划包括以下 4 个步骤：

1. 市场调研和预测

只有通过市场调研，才能了解消费者需求，以独特的卖点和利益点满足消费者，避开竞争对手的壁垒，建立竞争优势。市场调研一般分为三个阶段：第一个阶段是产品调研。这包括已有产品的上市调研和新产品调研，主要通过定性和定量的调研方法确定产品品名、定位、定价等问题。第二个阶段是新产品上市前的市场测试调研。这主要是针对消费者展开试用、首次重购、采用和购买频率的调研。第三个阶段是对策划方案的调研。这主要是对产品商机的论证。

在市场调研的基础上，对新产品市场进行预测，主要包括：

（1）概念预测，即预测新产品概念和产品品质是否一致，产品品质是否与消费者需求一致，新产品概念是否能深入人心等。

（2）销量预测，即通过市场容量、消费者需求及行业竞争程度等综合考虑新产品上市后企业的资源配置问题。

（3）竞争对手预测，即预测竞争对手反应的程度和力度，以有效地调整营销策略。

2. 新产品营销策划

（1）新产品包装策划。根据杜邦公司的调查表明，63% 的消费者是根据产品的包装选择产品的。因此，应注重新产品的包装策划。新产品包装策划中应注意以下几点：

① 根据目标市场需求对新产品包装。

② 包装要有视觉冲击力。

③ 包装要突出个性化。

④ 包装要确保新产品使用安全。

⑤ 包装要注重新产品与环境的协调。

（2）新产品定价策划。新产品定价是新产品上市策划中的重要决策之一。在新产品上市初期，定价没有参照系，这给价格制定带来了难度。新产品定价策划主要遵循以下程序：确定定价目标→收集并分析相关信息→分析替代品价格→确定定价方法→新产品定价→调整定价。新产品定价的合理性会对新产品的未来销售产生重大影响，因此，企业在定价时一定要慎重。

（3）新产品分销策划。新产品上市的渠道策划重心在于，确定经销商的经销权力和推广能力。因此，选择真正有价值的经销商是新产品成功上市的基础。优秀的经销商要具备以下几个条件：

① 经销商要与企业的营销理念相一致，并能很好地配合企业的市场策略。

② 经销商要有较强的实力且信誉良好。

③ 经销商要有方便、快捷的物流体系和分销渠道。

④ 经销商不同时代理同类多种品牌。

⑤ 经销商要有较强的事业心和进取心。

⑥ 经销商在渠道细化上要有较强的灵活性，以适应新产品的推广。

此外，企业还需定好渠道差价体系，使其层次分明、分配合理，保证各个渠道有合理的利润空间。在逐级分配的利润空间策划中，可以以当地市场的竞争情况作为参考依据，采取“批发价倒扣法”设计渠道价差。分别规定总经销商、分销商、终端零售商价格，各个渠道节点上保持一致，顺价销售。总经销商、分销商利润依靠企业返利，终端零售商利润可以在企业给出的建议零售价加价销售。

3. 新产品市场反馈

市场反馈是市场链中不可缺少的部分。新产品市场反馈要根据新产品生命周期分阶段持续进行，反馈信息要有专门的部门进行分析和处理，这将是新产品开发和进一步改进的原始积累。

4. 新产品市场评估

根据市场中反馈的信息和数据，企业要做好新产品的各种评估。新产品市场评估包括横向评估、纵向评估和系统的全方位评估。横向评估是指从消费者到竞争对手、到企业新产品的每一个环节及其循环；纵向评估包括从新产品生产到市场营销、到产品利润的每一个环节的评估及其循环；系统的全方位评估包括新产品上市的经济性、控制性、适应性、可行性等多个方面评估。企业通过新产品评估能够总结经验，为新产品改进提供依据。

第三节　品牌策划

一、品牌策划的要素

完整的品牌不仅仅是一个名字，而是许多信息的综合。品牌策划的要素主要包括品牌名称、品牌标志、品牌个性和品牌诚信。

1. 品牌名称

品牌名称是指品牌中能用语言称呼的部分。它是进行品牌策划的关键要素，体现了企业文化和企业价值观，是产品品质的反映，也是品牌传播和品牌记忆的主体。

2. 品牌标志

品牌标志是指品牌中能识别但不能用语言读出的部分，能给消费者带来视觉上的冲击，可以通过图形符号、文字、特殊颜色、个性包装等多方面体现。其设计应便于消费者识别、记忆和传播。

3. 品牌个性

品牌个性是指品牌要有自己的闪光点和风格，要具有差异性。随着各部门生产率的提高，同类品牌之间的差距逐渐缩小。因此，品牌个性成为品牌策划的重点。品牌个性不仅能够强化产品个性，还能给消费者带来相关的情感因素，提高消费者对品牌的忠诚度。

4. 品牌诚信

品牌诚信是指品牌带给消费者的承诺。品牌诚信是品牌发展的基础，即品牌只有坚持诚信，才可能赢得消费者的尊重，才可能有长远的发展。

专栏6－5

消费者至上：法拉利不允许员工买新款法拉利跑车

世界闻名的赛车和运动跑车生产厂家法拉利不允许员工买新款法拉利跑车。虽然法拉利也执行员工福利政策，如以优惠的价格购买自家的法拉利跑车。但这种政策并不适用于新推出的车型，尤其是限量款车型，因为法拉利首先考虑消费者的需求。以外，对于生产周期很长的非限量款车型，法拉利也遵从消费者至上的原则，将员工的订单排到其他顾客后面，以免延长消费者的等待时间。法拉利认为，让消费者高兴才是最重要的事。

根据以下资料编写：易车号，消费者至上：法拉利员工不允许买新款法拉利跑车，http://news.bitauto.com/hao/wenzhang/252290，2017－07－25（2018－01－29）。

二、品牌策划的方法

1. 品牌建立

品牌建立是品牌策划的第一步，它决定了企业是否需要品牌。在此阶段，企业需要根据企业实力、产品特色、营销费用等来决定。品牌的建立可以有以下几种方式：

（1）将企业名称与产品名称加以组合来建立品牌。

（2）将产品范畴和产品系列加以组合来建立品牌。

（3）利用产品的名称本身来建立品牌。

（4）利用企业理念提炼品牌。

（5）直接将企业名称作为品牌名称。

2. 品牌维护

企业一旦建立了品牌，就必须围绕品牌积极地进行品牌维护，以保证品牌持久的生命力。在此阶段，一方面，企业要与经销商多多沟通，听取反馈意见；另一方面，企业可以根据产品的特色，通过电视广告、报纸广告、网络广告等多种方式宣传和促销来配合产品的销售，进而实现产品在量和质上的转变。另外，企业还可以通过营销活动来培养消费者与品牌之间的情感，锁定核心客户群。对于企业来说，品牌维护是一项长期、复杂的工程，时刻要针对市场的变化相时而动，确保品牌适应市场。

3. 品牌延伸

品牌延伸的概念有狭义和广义之分，狭义的品牌延伸是指新产品品牌延伸，广义的品牌延伸则包括了产品线品牌延伸和新产品品牌延伸。

品牌延伸的方式包括两种：

（1）品牌水平延伸。这是指原有核心品牌跨越不同的行业，覆盖不同品类的延展，在不同的领域里和其他品牌一争高下。

（2）品牌的垂直延伸。这是指企业为了充分利用原有核心品牌的知名度和美誉度等优势，使企业的产品突破原有经营档次的范围，将产品线加长，从而在本行业间进行的上下延伸。按其延伸的方向又可分为三类：向上延伸、向下延伸和双向延伸。向上延伸是指企业以低档或中档产品进入市场，之后逐渐增加中档或高档产品；向下延伸是指企业以高档产品进入市场后逐渐增加一些较低档的产品；双向延伸是指生产中档产品的企业向高档和低档两个方向延伸。

专栏6－6

无印良品酒店

人们所熟悉的无印良品通常主推服装、生活杂货、食品等各类优质商品。近日，它首次将品牌延伸至酒店行业，作为无印良品在全球首个将旗舰店、餐厅、酒店三者合为一体的项目——MUJI HOTEL（无印良品酒店）已正式上线，其目标客户依旧聚焦中高端人群，酒店风格依然无处不体现出无印良品的简约而不简单的理念。

根据以下资料编写：全球第一家 MUJI 酒店开业，线下场景简约而不简单，http://www.madisonboom.com/2018/01/18/muji-hotel-in-shenzhen/，2018-01-18（2018-01-19）。

三、品牌策划的策略

1. 统一品牌策略

统一品牌策略是指企业生产的产品统一使用一个品牌。这种品牌策略的优点是：能够使企业节省品牌开发成本，便于品牌传播；能够使企业的产品在统一品牌下销售，有利于营造市场影响力和新产品的顺利推出。缺点是：如果品牌下的一个产品出现问题，会影响整个品牌的声誉；统一品牌策略也容易使人们对同一品牌下的产品产生混淆，给消费者造成不便。因此，统一品牌策略适合于品牌声誉较高的企业。

2. 多重品牌策略

多重品牌策略是指同一产品使用两种或两种以上的品牌策略。这种品牌策略的优点是：能够更大范围地占领市场，挤占竞争对手；能够增加销售商对产品的依赖性；能够满足消费者选择多样性的心理；能够为企业规避部分品牌风险；有利于企业内部激励创新，提高工作效率和管理效率，保持企业的生命力。缺点是：多重品牌的开发要面临巨大的开发成本，因此，企业要具备相当的实力；品牌分散，不利于品牌形象的树立；多重品牌容易造成与自身品牌的过度竞争。

3. 主副品牌策略

主副品牌策略是指企业产品不仅有一个统一的主品牌，同时还有各自副品牌的品牌策略。这种品牌策略的优点是：既有统一品牌的优势共享，又有单个品牌的差异性特征；能够形象、具体地表现产品特性，便于与消费者沟通；能够减少宣传费用，分散品牌风险。这种品牌策略在实施过程中，要以主品牌宣传为主，以主带副，使主副品牌相互配合。

4. 联合品牌策略

联合品牌策略是指不知名的品牌通过与知名品牌的联合，借助知名品牌的影响力进入市场，托起不知名品牌的策略。这种品牌策略要求联合的品牌中至少有一个品牌是知名品牌。这种品牌策略的优点是：能够使联合的品牌相互照应、互为补充。缺点是：知名品牌会担心品牌名誉受损，从而导致品牌联合很难实施，这也需要各企业均有巨大的发展潜力。

第四节　包装策划

一、包装策划的要素

包装策划是指选用合适的包装材料，巧妙运用工艺手段，为产品设计并生产容器或包扎物，使产品能保持其品质并具有优美外形的一系列活动。包装策划包括以下三大要素：

1. 外形要素

外形要素是指商品包装展示面的外形，包括展示面的大小、尺寸和形状。包装的形态主要有圆柱体类、长方体类、圆锥体类及其他形体组合的形态。包装外形的新颖性对吸引消费者的视觉具有十分重要的作用。

2. 构图要素

构图要素是指产品包装展示面的商标、图形、色彩、文字等诸要素。构图就是对其进行合理、巧妙的组合，力求获得符合理想的表现形式。具体包括：

（1）商标设计。商标是一种符号，是企业或商品象征形象。

（2）图形设计。图形就其表现形式，可分为实物图形和装饰图形，它通过视觉形象的形式给消费者传递商品信息。

（3）色彩设计。色彩是美化和突出商品的重要因素，以唤起消费者的购买欲望为目标。

（4）文字设计。文字是传达思想、交流感情和信息，表达某一主题内容的符号。

（5）符号设计。符号设计即使用一些其他符号，如关于运输的防潮、防震、防倒置、防水的储运标志；关于使用安全的标志；关于商品识别流通的条形码；关于商品类别的绿色环境标志、可回收标志；等等。

3. 材料要素

材料要素是指产品包装所用材料表面的纹理和质感。比较常见的包装材料有纸类、塑料、玻璃、金属、陶瓷、竹木及其他复合材料等。材料要素的选择是包装策划的重要环节，不同材料质地会影响产品包装的视觉效果，它还直接关系到包装的整体功能和经济成本、生产加工方式及包装废弃物的回收处理等多方面的问题。

二、包装策划的方法

包装策划方法较多，但它因人而异、因产品而异、因材料而异、因时代而异、因条件而异，没有固定的模式。比较常见的包装策划方法有以下几类：

1. 系列法

系列法是指在形态、品名、色彩、材料、组合方式上对同一产品做出不同的包装处理，形成系列状态，满足不同消费者的需求。它包括商品系列、品名系列、色彩系列、形态系列等。

2. 仿生法

仿生法依照生物（动物、植物、人体）的形象、结构、功能、色彩、材料、质地、效果来设计包装，使包装具有类似生物的形态与结构、特征，从而给消费者生命、活力、生机等感受，诱发消费者的购买欲望，激发其购买行为。

3. 仿古法

仿古法是指将一些古老的、有一定代表意义的、有一定社会功利价值的事物在包装上再现出来，以满足人们对先祖的思念及对往昔生活的眷恋心理。特别是一些众所周知的、历史悠久的、社会影响深远的事物，经强化处理再现出来，会获得突出的社会效益和经济效果。

4. 放射法

放射法是指以某一色彩或包装形态、材料、功能、趣味为轴心，围绕它向外扩展变化，构成一个环形系列。这种包装策划方法往往会对同一商品产生无数的包装形态，能更广泛地适应各阶层消费者的各种需求。

5. 渴望法

渴望法即通过调查了解顾客对包装的期望，将其作为包装策划目标，推动策划人努力开发构思，设计出比原包装更好的作品。

6. 改良法

包装设计作品经过一段时间的市场流通检验后，可能会发现一些问题。改良法是指为适应商品流通的需要，策划人对原有包装进行适当改良，使之具有一定的新意，但又不失去其传统形象。

专栏6－7

彪马的包装转型

为开发新一代包装方案，彪马的设计人员花费21个月的时间测试了40种鞋盒，考察它们在生产和运输、使用和再利用过程中对环境的潜在影响。

这款被彪马成为“聪明的小袋子”的鞋盒在用户中产生了巨大的反响。这款新包装——一个由硬纸板制成的轻巧小抽屉，可以妥帖地滑入色彩鲜艳、可重复使用的红色袋子——在制造过程中，每年使用的纸减少了65%，水、能源和能量的耗费降低了60%。因其占用更少的空间而显得轻巧可爱，新鞋盒运输途中的碳排放一年可降低1万吨，而且整个鞋盒都是可以回收再利用的。总之，彪马“聪明的小袋子”不仅环保，而且深受消费者喜爱，最终有利于公司销售利润的提高。

根据以下资料编写：菲利普，市场营销：原理与实践，楼尊，译，北京：中国人民大学出版社，2015：235－236。

三、包装策划的策略

1. 组合包装策略

组合包装策略是指在产品的包装内放入某些赠品或采取产品多买多送的方式，使消费者在购买产品的同时，能够获得更多的价值，从而激发消费者的购买动机，并以此方式来提高产品的销售。这种包装策略的优点是：有利于产品的销售；有利于与其他相关产品企业建立联盟；有助于降低新产品的市场风险。

2. 类似包装策略

类似包装策略是指企业几乎所有的产品在包装款式、颜色、图案等方面都采用统一的包装风格，给消费者视觉的冲击，激发消费者购买。这种包装策略的优点是：企业产品形式上的统一能体现企业的规模与文化；有助于产品给消费者留下深刻的印象；有助于树立企业形象；能够更好地降低产品的包装成本。

3. 等级包装策略

等级包装策略是指企业根据产品的质量将产品分级，不同等级的产品采用不同的包装材料和设计。这种策略的优点是：有助于消费者对产品的识别；有助于产品高品质形象的树立；能够使产品充分适应各种消费心理，扩大产品销量。

4. 再使用包装策略

再使用包装策略是指产品使用完后，产品的包装还可以用作其他用途。从另一个角度来讲，产品的包装也可成为企业的一种产品。这种包装策略的优点是：可以让消费者感到实惠，引起消费者的重复购买；有助于企业获得更高的附加利润，扩大销售量。

专栏 6-8

星巴克的包装美学

星巴克公司一直致力于向消费者提供最优质的咖啡和服务，营造独特的“星巴克体验”，星巴克的包装美学为其树立了良好的企业形象，它的美学不仅是借鉴，而且融合了自己的风格。不同的标记在基本统一的风格下显示出其多样性和变化性。

美人鱼商标的创造者根据各咖啡产地的珍禽异兽、文化特性和各种咖啡独有的情境，设计出十几种精美贴纸，彰显各产地咖啡豆的独特性，让消费者看到包装就联想到各种咖啡的“脸谱”。

根据以下资料编写：杜海玲，李玉萍，企业形象策划，大连：大连理工大学出版社，2014：252-253。

第五节　服务策划

一、服务策划的要素

20 世纪 90 年代，芬兰服务营销学家格罗鲁斯将服务定义如下：服务一般是以无形的方式在顾客与服务职员、有形资源商品和服务系统之间发生的，可以解决顾客问题的一种或一系列行为。

服务策划是指策划人通过评估服务对象的需要，制定合适的服务目标，选择有效的服务策略，最终提高服务质量的一系列设计活动。服务策划包括如下要素：服务环境、服务对象、服务内容和服务质量。

1. 服务环境

服务环境是指企业提供服务的场所，它不仅包括建筑物、土地和装备等有形因素，还包括影响服务的政治、经济、文化、气氛等无形要素。只有充分了解服务环境的具体情况，才能根据环境来提供相应的各种服务，并根据环境的变化而改变服务方式。

2. 服务对象

服务对象可以分为以下几类：

（1）以人为主的服务，即服务的对象为人，通过提供服务来满足顾客的各种需求，为顾客努力创造和谐、方便的服务。

（2）以物为主的服务，即服务的对象为物体，通过对设备、厂房、家用电器等进行维护的方式，以方便顾客。

（3）以事为主的服务，即为完成某件事情而服务，主要是通过协助顾客来完成某些业务，方便顾客，提高顾客利用时间的效率。

3. 服务内容

服务内容是指在充分认识顾客需求的情况下，确定如何进行服务来满足顾客需求。服务内容具有动态性，即不同的行业，在不同的环境背景下，服务内容也会有所不同。

4. 服务质量

服务质量是指服务的效用及其对顾客需要满足程度的综合表现。服务质量一般包括两部分：

（1）技术质量。技术质量也称为结果质量，是顾客在服务过程结束后的“所得”，在服务生产过程中形成，主要涉及技术方面的有形内容。顾客对结果质量的衡量比较客观。

（2）功能质量。功能质量也称为过程质量，是指顾客接受服务的方式及其在服务生产与服务消费过程中产生的体验和感知。评价带有主观性。一般从以下五个维度对服务质量进行判断：可靠性、响应性、保证性、移情性和有形性。

二、服务策划的方法

1. 工业化方法

工业化方法是指通过总体规划来提高效率，从系统化、标准化出发，使用标准化服务、物料和服务流程，实现精确地控制，使服务过程具有一致性。这种方法提高了服务质量的稳定性和服务效率。工业化方法的主要内容包括服务产品标准化、服务系统标准化、应用系统化的方法设计和控制服务运营过程。

运用工业化方法时需要注意以下几点：建立明确的劳动分工；应用各种软、硬技术代替个人劳动；服务标准化；服务人员行为的规范化。

工业化方法可以提高服务效率、服务管理水平和顾客服务水平，但它也存在如下一些局限性：

（1）新技术和自动化设备一旦出现故障，在短时间内很难修复，会给顾客带来很大的麻烦。

（2）在自动化设备中，人—机界面因无法沟通，在初期可能影响部分顾客使用，影响顾客满意度。

（3）无法满足顾客个性化需求。

（4）标准化操作流程和明确分工可能出现对员工激励不足的现象，这可能影响服务水平和服务质量。因此，工业化方法一般适用于技术密集型、标准化和较大规模的服务策划。

专栏 6 -9

UPS 的标准化服务

UPS（United Parcel Service，美国联合包裹服务）快递的管理当局运用了泰勒的科学管理原理的工时研究，对送货司机的送货路线和动作都进行了时间研究，设计出精确的工作程序。其中包括开车门、向收件人递送包裹、记录等一系列细节动作。虽然看起来有些刻板，但产生了良好的效果，使 UPS 平均每人每天递送包裹达 130 件，而联邦捷运公司平均每人每天只取送 80 件，UPS 的工作效率得到了大幅度的提高。

根据以下资料编写：服务标准化，https://baike. baidu. com/item/% E6% 9C% 8D% E5% 8A% A1% E6% A0% 87% E5% 87% 86% E5% 8C% 96/3570289，2018 -01 -05（2018 -01 -26）。

2. 顾客化方法

顾客化方法是指将顾客作为一种生产资源来对待，尽可能满足顾客偏好的策划方法。它比较适用于有个性化需求的服务。顾客化方法的主要内容如下：

（1）充分理解和把握顾客的个性化需求。

（2）在服务策划中突出灵活性，即合理确定顾客参与环节和参与程度，在为顾客自主参与和控制留下更大空间的同时，考虑服务提供系统对顾客学习的支持作用，避免因顾客参与而使服务效率降低。

（3）在服务提供过程中赋予员工更大的自主权。

（4）动态监控和评价服务绩效。

在顾客化方法中，必须注意将顾客、硬服务设施（新技术和自动化设备）和软服务设施（管理体系、信息系统）三者有效地融合在一起，才能使顾客参与与服务提供系统发挥协同作用，以实现满足顾客个性化需求和提高服务效率的综合目的。因此，在应用顾客化方法时，应注意顾客的学习问题和员工的重要作用。

顾客参与可以有效地提高顾客满意，但它也存在如下不足：服务效率相对较低；服务管理难度加大；新技术在服务系统中的应用难度增加。

3. 技术核分离法

技术核分离法是指将服务系统分为与顾客高接触部分和低接触部分，即前台和后台。在后台，采用工业化方法，充分利用现代技术优势；在前台，采用顾客参与的方法，以实现服务水平和服务效率的综合提高。它是一种将工业化法和顾客参与法有机结合的新服务策划方法。

该方法的主要内容如下：

① 划分服务提供系统中顾客的高接触部分和低接触部分。

② 策划高接触部分，即了解顾客的真正需求，尽量减少影响服务效率的不必要接触，如将部分人工服务改为自动化服务。

③ 策划低接触部分，即采用新技术和自动化设备进行工作设计，控制企业资源、服务流程和产出，以降低费用和提高效率。

④ 以集成的观点对各部分进行全面考查和评价，找出衔接不善或影响服务质量的环节。

在应用该方法时，应注意两个问题：一是确定与顾客接触的程度，兼顾个性化需求和服务效率；二是前台与后台的衔接，如餐饮业中前台接待和后台工作中的结账、开票、收拾餐桌等，应注意两部分的衔接。

三、服务策划的策略

1. 服务承诺化策略

服务承诺化策略是指服务机构通过对服务各个环节的质量或效果予以保证，以促进服务效果的策略。对服务做出承诺，可以最大限度地消除顾客对于不确定性情况的疑虑，满足顾客心理上的稳定感需求，增强顾客对服务的信任。这种策略的优点是：便于顾客充分了解服务内容与服务质量，在接受服务前就可以对未来服务有清晰的定义；便于服务机构合理安排服务，节省成本。

2. 服务技巧化策略

服务技巧化策略是指服务机构通过提供高超、娴熟、细致、标准化的服务来吸引和满足顾客的一种策略，即通过培养和增强服务人员的技能，提供高水平特色和多样化的服务，使顾客在接受服务的同时获得更多的附加价值，增强顾客的满意度。这种策略的优点是：能使顾客感觉到企业的领先优势，提高顾客忠诚度；能激励企业不断创新，提高企业的服务效率与管理效率。

3. 服务差异化策略

服务差异化策略包括服务的多样化和特色化。

（1）服务的多样化。服务的多样化是指服务机构或服务人员针对不同的顾客和需求提供不同的服务。这种策略的优点是：可以在顾客的消费能力内提供合适的服务，便于企业赢得更大的服务市场；有助于降低服务机构的经营风险。

（2）服务的特色化。服务的特色化是指在服务营销中，服务机构或服务人员提供独特的个性服务。这种服务策略的优点是：能够给顾客新奇的感觉，引起顾客的重复消费；有利于服务机构特色形象的树立和激励创新。

4. 服务效率化策略

服务效率化策略是指服务机构或服务人员为提高顾客利用时间的效率而进行的服务，即服务机构利用以往的经验和自有的优势资源，为顾客提供熟练的业务服务，以节省顾客时间。这种策略的优点是服务的针对性较强、专业化程度较高。

5. 以顾客为中心策略

以顾客为中心策略是指服务机构或服务人员时刻建立“以顾客为中心”的服务理念，利用企业内部的所有力量为顾客服务。这种策略要求企业分析目标顾客的行为、能力、水平、心理等多方面因素，在此基础之上提供满意的服务。同时，听取顾客反馈意见，不断提高未来服务质量。这种策略的优点是：能够近距离接近顾客，把握顾客需求动态，第一时间对顾客需求做出反应。

专栏 6－10

亚马逊：贴近消费者的个性需求

亚马逊有深受消费者信任的品牌，有突出的产品可信度、功能和消费者体验。Amazon. com 一键下单和快速送货选择可节省消费者的宝贵时间。亚马逊通过与合伙人销售渠道的合作，使消费者可在亚马逊上找到任何想要的东西。亚马逊通过消费者过去的购买记录推荐商品，有良好的用户评论和打分系统，还有搭配购买推荐。消费者还可以通过很多渠道建立与品牌的私人感情联系，包括建立用户页面、为商品评论和打分、列心愿单和书目单来推荐自己喜欢的商品。

根据以下资料编写：亚马逊：贴近消费者的个性需求，http://blog. sina. com. cn/s/blog_e486c0380101juyr. html，2014－01－13（2018－01－26）。

小　结

产品策划是指企业对产品或产品组合适应消费者的需要所进行的动态的谋划，包括新产品策划、品牌策划和包装策划等内容。新产品策划包括新产品概念策划、命名策划和上市策划。品牌策划是指通过品牌上对竞争对手的否定、差异、距离来引导目标群体的选择。包装策划是指选用合适的包装材料、工艺手段，设计并生产容器或包扎物使产品能保持其品质、具有优美外形的活动。服务策划是指策划人通过评估服务对象的需要，制定合适的服务目标，选择有效的服务策略，最终提高服务质量的活动。合理运用品牌策划、包装策划和服务策划的要素、方法和策略对产品策划具有重要意义。

开篇案例讨论

1. 从产品策划要素分析，你认为小罐茶的成功之处是什么？
2. 小罐茶是如何进行品牌定位和品牌实施的？

思考题

1. 产品策划的要素都有哪些？
2. 新产品命名策划有哪些思路？
3. 举例说明品牌策划的策略。
4. 结合实例，说明服务策划的方法。
5. 包装策划的策略都有哪些？举例说明。

网上练习

主题：汽车环保新标准

步骤1：通过网络资源，搜索《轻型汽车污染物排放限值及测量方法（中国第六阶段）》(GB 18352.6—2016)，以及德国、日本、美国等国家的相关标准。

步骤2：分析一下各国的标准，哪一个国家的标准最严格？

步骤3：分析一下这一新规定对于身边哪些企业会产生影响？

步骤4：选择某一受到新规定影响的企业，分析一下该企业应如何转型？该企业应开发什么样的新产品？

步骤5：与企业相关人员、同学进行交流。

策划技能训练

主题：针对当地市场需求开发一个新产品或服务

步骤1：教师将学生分组，5～7人一组。

步骤2：调查当地市场或企业，发现市场需求或企业产品存在的问题。

步骤3：根据新产品上市策划，进行新产品的策划，撰写策划书。

步骤4：与当地企业进行交流，评估新产品策划书的可行性和价值。

步骤5：小组讨论，对策划书进行修改和完善。

步骤6：在课堂上介绍策划方案，并向当地企业推介。

第七章　定价策划

学习目标

- 掌握定价策划的目标和任务
- 理解新产品定价的方法
- 熟悉新产品定价策略选择
- 了解新产品定价结构策划
- 熟悉产品定价调整策划

开篇案例

肯德基的定价策略

肯德基是一家美国跨国连锁餐厅，1987 年进入中国，几十年来，其一直采取全国统一定价的模式，在国内各地区的相同产品价格相同。2011 年年初，肯德基开始实施差别定价，在不同城市、不同商圈的定价会有所不同。

2011 年，由于鸡肉原料成本上涨 15% 左右，肯德基进一步调整了产品价格。2011 年 9 月，汉堡类产品提价；10 月，鸡肉配餐类产品和饮料提价。在提价的同时，肯德基继续推出各种优惠活动。先前派发的优惠券仍可使用；在早餐、午餐、下午茶时段推出超值套餐；新产品上市通常伴随礼品赠送；等等。2017 年 4 月，肯德基推出了皮卡丘套餐，共有三种不同价位的套餐，均赠送皮卡丘玩具。该活动为限时限量推出，活动仅延续至五一劳动节，全国合计限量 114 万个皮卡丘。此外，一直以来，肯德基的全家桶套餐、儿童套餐、小食套餐早已成为深入人心的产品组合定价。

根据以下资料编写：

[1] 中国肯德基改变 20 多年来传统的全国统一定价模式，http://js. xhby. net/system/2011/10/29/011966723. shtml，2011 - 10 - 29（2018 - 01 - 28）。

[2] 肯德基又出新品，肯德基皮卡丘套餐玩具有几个，http://www. sohu. com/a/136768964_502356，2017 - 04 - 27（2018 - 01 - 28）。

第一节 定价策划概要

一、定价策划的目标

价格是营销组合里直接影响销售收入的因素，在消费者可以接受的价格范围内，制定对企业最有利、最适合企业目标与政策的价格，是一门需要仔细策划的艺术。营销活动中的定价策划并非定价方法与技巧的简单组合，而是要将企业整体的价格工作作为一个系统来加以统一把握。定价策划是指在一定的环境条件下，为了实现特定的营销目标，协调配合营销组合的其他各有关方面，在构思、选择及实施过程中不断修正价格战略和策略的全过程。

由于企业规模和管理方法的不同，企业可以从不同的角度选择适合自己的定价策划的目标。不同行业的企业有不同的定价策划的目标，同一行业的不同企业可能有不同的定价策划的目标，同一企业在不同的时期、不同的市场条件下也可能有不同的定价策划的目标，即使采用同一种定价目标，其价格策略、定价方法和技巧也可能不同。企业应根据自身的性质和特点，具体情况具体分析，权衡各种定价目标的利弊，灵活确定自己的定价策划的目标。定价策划的目标有以下几个：

1. 利润最大化目标

利润最大化是指企业在一定时期内综合考虑各种因素后，以总收入减去总成本的最大差额为基点，确定单位商品的价格，以取得最大利润的一种定价目标。

当企业的产品在市场上处于绝对有利地位时，其往往采取这种定价目标，因为它能够使企业在短期内获得高额利润。给单位商品制定最高价格是企业获取最大利润的一种方式。但在竞争激烈的市场上，想长期维持不合理的高价几乎是不可能的。因为不合理的高价势必会遇到各方面的对抗行动，如需求的减少、替代品的盛行、政府的干预等。因此，最大利润一般应以长期的总利润为目标。

2. 提高市场占有率目标

以市场占有率为定价策划的目标是一种长远的选择方式。市场占有率是指一定时期内某企业的产品销售量占该类产品整个市场销售总量的比例。市场占有率越高，表示企业的经营能力和竞争力越强，企业的销售越好、越稳定。一个企业的利润高低并不必然反映这个企业的市场地位，更不能反映它与其他竞争企业的关系，而市场占有率能准确反映企业在同行业的地位和竞争实力。因此，许多企业以市场占有率作为自己的定价策划的目标。要实现这一目标，一般要在价格上采用薄利多销的战略。

扩大市场占有率需具备以下条件：

（1）有足够的生产潜力扩大产量的供应量。如果做不到这一点，降低价格实际上减少了自身应得收入。

（2）产品需求富有弹性。

（3）市场容量有空余，或者可以排挤相对弱的竞争对手，挤占市场。

（4）产品成本不断降低，产品质量不断提高。

3. 提高企业及产品形象目标

维持稳定的价格，可以树立良好的企业形象，有利于企业在行业中树立长期优势。对于那些市场需求价格弹性不大，但由于外部条件影响，需求量波动很大的产品，适宜采取此定价目标策划。实现这种目标的途径有以下两种：

（1）高价。名牌有较高的身价，除了它本身所具有的要素价值外，还具有无形资产的转移价值。它能满足某类消费者的心理需要，因此，高价是理解价值的体现，能为该类消费者接受。

（2）平价或大众化价格。通过这种价格定位树立企业价格形象，从而吸引消费者。这种价格不包括无形资产的转移价值，而是通过扩大销售来获得比同行更多的额外利润。

专栏7－1

宜家的价格解剖

如何让产品不降价却又看起来不那么贵？如何不降价就让你心甘情愿地去买？宜家的一个绝妙点子让这些问题都不再是问题。宜家对参加促销的商品做了一次“价格解剖”，用低价格物品的数量叠加来表现促销商品的价格。比如，少吃两个比萨就可以买一个柜子，少喝15罐汽水就可以买个台灯，花5支牙膏的钱就可以买个床头柜，等等。这是很巧妙的概念偷换，因为购买比萨、汽水、牙膏时完全不会纠结，让人们觉得购买设计美观的家具似乎也是十分轻松的。有数据显示，该活动是宜家这些年在沙特阿拉伯最成功的一次传播战役，销售额同比飙升21.4%，线上品牌网店流量更是增加了93.2%。

根据以下材料编写：宜家把价格解剖给你看，让你剁手买买买，http://www.topys.cn/article/detail?id=22083，2016－10－12（2018－01－23）。

4. 应对竞争目标

企业对竞争者的行为，尤其是价格的变动状况十分敏感。在市场竞争日趋激烈的形势下，企业在实际定价前，都要广泛地收集资料，仔细研究竞争对手的产品价格情况，以通过自己的定价策划去应对竞争对手。实现这一目标的定价策划方式有两种：

（1）被动跟随型定价。它一般适用于中小企业，可避免与大企业针锋相对地竞争。

（2）主动攻击型定价。它一般适用于具有较强经济实力或产品优势的企业，以领头价格出现，所制定的竞争型价格往往具有较强的攻击性。

5. 维持价格稳定目标

价格稳定通常是大多数企业获得一定目标收益的必要条件，市场价格越稳定，风险就越小。按这种目标定价，可以使市场价格在一个较长的时期内得到相对的稳定，减少企业之间因价格竞争而遭受的损失。

二、定价策划的任务

由于营销环节的不同，价格策划既要考虑成本补偿问题，也要考虑消费者的接受能力和竞争状况。根据外部环境和内部条件的不同，定价策划一般包含以下几个任务：

1. 终端价格策划

终端价格是指决定产品是否能够实现销售的价格，它是最主要的价格，是产品定价策划的基础。终端价格策划要优先考虑终端消费者对产品价格的接受程度，优先考虑产品价格在终端市场上的竞争力和形象。

2. 价格结构策划

企业的定价策划要将价格策略作为一个整体来把握，而不能是单一产品定价方法与技巧的简单组合。企业必须综合考虑和处理好企业内部不同产品之间的价格关系、同一产品不同寿命周期阶段的价格关系，以及本企业产品价格与竞争者产品之间的价格关系。

3. 价格体系策划

定价策划还要有系统观念，即精心考虑营销价值链上参与营销价值创造的各个营销环节的营销机构的利益均衡，要让参与产品的零售商和批发商、参与设计制造的企业，都能通过适当的价格体系获得利益空间，否则营销价值链的运转就会出现问题。

4. 价格调整策划

由于外部环境和内部条件的不断变化，市场价格通常处于不断变化和调整之中，企业的产品价格需要随着市场价格的波动进行调整。

三、定价策划的要素

要为产品或服务制定适当的价格并不是一件容易的事，要考虑众多的变量。定价策划要素有企业内部要素，也有外部要素；有主观要素，也有客观要素。通常重点考虑成本要素、需求要素和竞争要素。

1. 成本要素

成本是产品定价的最低经济界限，价格高于成本的差额即盈利，因此，成本是定价的基础。从长远来看，任何产品的价格都必须高于成本费用，以弥补生产、分销和促销该产品的费用支出，并取得合理的报酬。但这并不排斥在一段时期内个别产品的价格低于成本。

在实际工作中，产品的价格是按成本、利润和税金三部分来制定的。根据成本与产量的关系，企业的定价策划将总成本分为固定成本和变动成本。

（1）固定成本。固定成本是指不随产量而变化的成本，包括产品的设备投入、部分管理费用、产品研制费用等。它的数额是一个常数，在一定时期内是不变的固定数字，即不管生产发生与否、生产数量多少、支付数额是否相同。如果产量增加，每单位产品所耗费的固定成本将呈减少的趋势。

（2）变动成本。变动成本是指每增加单位产品必须同时增加的产品成本支出，包括原材料、工人费用、部分管理费用及营销费用。这部分费用随着产量的增加而上升，随着产量的减少而下降。

需要注意的是，企业在定价时，不应将成本孤立地对待，而应将其与产量、销量、资金周转等因素综合起来考虑。

2. 需求要素

市场需求是企业定价策划时要考虑的一个要素，不同的需求水平会导致企业制定不同的价格。当产品的市场需求大于供给时，价格应高一些；当产品的市场需求小于供给时，价格应该低一些。同样，价格变动也会影响市场需求总量，从而影响销售量，进而影响企业目标的实现。因此，企业的定价策划就必须了解价格变动对市场需求的影响程度。一般来说，不同产品具有不同的需求价格弹性，企业可以根据产品需求价格弹性的强弱进行定价决策。

专栏7－2

zo·li婴儿电动指甲修剪器的定价

美国zo·li品牌推出了一款专为婴儿设计的电动指甲修剪器。该产品具有安全、可靠的特点，主要通过缓冲垫的温和震动修剪指甲，不会伤及周围皮肤。缓冲垫存在四种不同纹理，适用于不同年龄段的婴儿；同时具有两种电源设置用于控制速度。该产品的成本只有3美元多，而官网售价为33美元。

根据以下资料编写：成本3美元的产品，售价却为33美元，却不曾降价？http://www.sohu.com/a/136029565_393403，2017－04－24（2018－01－14）。

3. 竞争要素

市场竞争环境会影响产品的定价策划。在经济学中，按照竞争程度和竞争特点不同，市场竞争环境分为完全竞争、垄断竞争、寡头垄断和完全垄断四种。

（1）完全竞争。在完全竞争市场上，不需进行营销调查、产品开发、定价决策、广告和促销活动，产品价格就是市场所公认的价格。

（2）垄断竞争。在垄断竞争市场上，企业不再只是消极地接受价格，而能对价格的最终决定施加影响，企业在定价时应根据产品差异来确定价格水平。

（3）寡头垄断。在寡头垄断的市场上，产品仅由几个对彼此的价格和市场营销战略极敏感的企业提供，外来竞争者很难进入该市场。该市场上的企业既不敢轻易降价，也不敢轻易提价。

（4）完全垄断。在完全垄断市场上，只有一家企业，并无竞争对手，该企业可能是政府部门，或政府部门授权垄断者，或私人垄断者。在政府垄断的情况下，制定价格主要是为公众服务，不为盈利；政府部门授权的垄断者可通过定价获得合理收益率；私人垄断可以根据自身目标自由设定价格。

四、定价策划的原则

企业的定价策划应把握以下原则：

1. 目的性原则

任何策划方案都是在目的的驱动下进行的，定价策划当然也必须遵循目的性原则，针对不同的目的，应使用不同的定价策略。企业在为了扩大市场占有率、保护原有市场占有率，或原产品已经失去市场优势、需要清理库存货物的情况下，往往采取低价策略。相反，企业推出新产品，为了达到尽快收回投资的目的，就应该采取高价策略。总之，定价策划必须与企业的目的相匹配才能真正起到作用。

2. 创新性原则

定价策划应该具有创新性，这样才能在实施时先发制人，出奇制胜。把握这一原则的要点是早做准备，事前保密，届时突然出手，重创对手，有力地拉动购买。

3. 合理性原则

合理性原则要求企业在进行价格策划时把握好产品的档次阈限和时间阈限。档次阈限是指产品价格的价格区间，时间阈限是指产品价格变动的时间区间。若企业长期将某一品牌定位在普通价位上，则该产品在消费者心中的品位降低会反过来影响该产品在市场中的销售。若企业将某一普通产品定位过高，则会影响消费者的购买。价格策划不仅要遵循价格本身的变化区间，而且要兼顾价格变化的时间区间，选择一个适宜的时间区间进行价格调整，往往会收到意想不到的好效果。

4. 适时性原则

适时性原则即定价策划要有效地把握适当的时机。价格是营销策略组合中最灵活的因素，它的变化是最迅速的，但是，企业一般总是希望产品价格是稳定的，而不是经常变动调整的。因为若价格变化频率过高，企业不仅难以建立长远优势，甚至会失去消费者的信任。因此，一定要选择合适的时机，企业才能利用价格因素达到获利或排斥竞争者的目的。反之，错失良机将会使企业后期付出大量的人力、物力和财力。

5. 整体性原则

整体性原则是指企业在定价策划过程中，需要充分了解与企业定价行为有关的政策、法规，充分了解市场环境和企业资源条件，避免触犯有关政策、法规和损害企业形象。

6. 有效沟通原则

有效沟通原则是指企业要通过适当的手段把价格策划方案贯彻到基层，让执行价格方案的员工充分理解价格方案的实施要求，充分认识到价格行为在营销工作中的重要性，使价格策划方案得到圆满的执行。

第二节　新产品定价策划

一、新产品定价的方法

新产品定价的方法是指企业为了在目标市场上实现定价目标，而给产品制定一个基本价格或浮动范围的方法。根据定价时所采用的基本依据，新产品定价的方法一般可分为三大类：

1. 成本导向定价方法

成本导向定价方法是指企业在特定的定价目标指导下，根据对成本、需求及竞争等状况的调查，运用价格决策理论，对产品价格进行计算的具体方法。由于产品成本的形态不同以及在成本基础上核算利润的方法不同，可分为以下几种形式：

（1）成本加成定价法。成本加成定价法是最基本的定价方法，它是在产品的成本上加一个标准的加成来确定价格的方法。成本加成定价法是以产品的单位总成本加上固定百分比的利润来确定产品价格的方法。

成本加成定价法的优点如下：

① 简便易行，大大减少定价工作量。

② 对买方和卖方都公平合理，卖方利润比较固定，买方也不致因需求迫切而付高价。

③ 若同行业都采取此方法，可以缓和价格竞争。

但是，成本加成定价法是从卖方的利益出发来进行定价的，它并没有考虑市场需求和竞争因素的影响，缺乏灵活性。此外，加成率是一个估计数，缺乏科学依据。

专栏7－3

烤面包机制造商的成本加成定价法

假设一家烤面包机制造商的成本和预期销售如下：

单位变动成本	10 美元
固定成本	300 000 美元
预期销售单位	50 000 台

于是，该制造商烤面包机的单位成本通过以下计算可得

$$\text{单位成本} = \text{单位变动成本} + \text{固定成本}/\text{销售单位数}$$
$$= 10 + 300\,000/50\,000 = 16\ (\text{美元})$$

现在，假设该制造商希望获得20%的利润加成，其成本加成价格为

$$\text{成本加成价格} = \text{单位成本}/(1 - \text{预期销售回报})$$
$$= 16/(1 - 20\%) = 20\ (\text{美元})$$

该制造商以20美元的价格销售烤面包机，每台可以获得4美元利润。经销商依次在烤面包机上加成。如果经销商希望赚取销售价格的50%，就会为烤面包机制定40美元的价格（20+40美元的50%）。这一数字等于在成本之上加成100%。

根据以下材料整理：菲利普，市场营销：原理与实践，楼尊，译，北京：中国人民大学出版社，2015：298-299。

（2）目标收益定价法。目标收益定价法是企业根据总成本和预期销售量确定一个目标收益率，以此作为产品定价的标准。

目标收益定价法的优点是可以保证既定目标利润的实现。这种方法的缺点是：

① 这种方法仅仅考虑了企业的利益，而忽略了市场需求及竞争情况。

② 这种方法先确定产品的销售量，再确定产品价格的做法违背了理论逻辑。因为任何产品的市场需求量（决定了企业销售量）都是其价格的函数，换言之，价格决定和影响销售量。因此，由这种方法确定出来的产品价格无法保证产品销售量一定会实现。

专栏7-4

目标收益定价法的应用

某驱动器生产商投资了600万美元用于获取闪存驱动器的生产技术，其单位产品成本为5美元，年销售量预计为30万件，生产商希望获得20%的投资收益率，则

$$\begin{aligned}\text{单位价格} &= (\text{总成本}+\text{投资总额}\times\text{投资收益率})/\text{销售量}\\ &= (5\times 600\,000+6\,000\,000\times 20\%)/300\,000\\ &= 14\ (\text{美元})\end{aligned}$$

根据以下资料编写：加里，菲利普，王永贵，市场营销学，王永贵，第12版：全球版，郑孝莹，译，北京：中国人民大学出版社，2017：272。

（3）收支平衡定价法。收支平衡定价法是运用损益平衡的一种保本定价方法，以单位产品的全部成本作为产品的单价，又称为损益平衡定价法。它以盈亏分界点的总成本为依据来确定产品的价格。盈亏分界点是指企业在收支平衡，利润为零时的销售水平。在收支平衡定价法中，产品价格等于平均成本与单位产品税金之和。

这种定价方法主要适合于市场销售状况欠佳，谋求市场份额和保证一定销售量的目标占主要地位的场合，或在市场竞争激烈，为避免更大损失而将保本经营作为定价目标时才使用的方法，这是企业把盈利的重点转向其他适销的产品，在整体上实现产品组合的优化。

（4）边际成本定价法。边际成本定价法，又称为边际贡献定价法，是指企业在定价时只计算变动成本，而不计算固定成本，在变动成本的基础上加上预期的边际贡献。需要注意的是，这一方法的出发点在于，所确定的单价表明企业产品价格的最低极限。

2. 需求导向定价方法

需求导向定价方法，又称为顾客导向定价法、市场导向定价法，是以消费需求为基础，确定或调整企业营销价格的定价方法。判断价格合理与否最终并不取决于生产者和经销商，而是取决于消费者。理解价值定价法是典型的需求导向定价方法。

理解价值定价法，也称为感受价值定价法、认知价值定价法，是指企业根据消费者所理解的某种商品的价值，或者说，是消费者对产品价值的认识程度来确定产品价格的一种定价方法。

理解价值定价法的关键是要正确判断消费者对产品价值的理解和接受程度。如果估计过高，则会导致定价过高，影响产品的销售；如果估计过低，则会导致定价过低，产品虽然卖出去了，却不能达到定价的目标。

理解价值定价法的步骤如下：企业在以计划好的质量和价格为某一特定的目标市场提供一种新产品概念时，首先估计消费者对该产品的接受程度，预测这一价格水平下产品的销售量，并据此估算必需的生产能力、投资额和单位产品的成本。然后，企业综合所有情况和数据，测算这种产品的盈利水平，如果能够达到预期利润，企业就投资开发此产品；否则，就放弃开发。

专栏7-5

杜邦公司应用理解价值定价法

杜邦公司使用理解价值定价法为它的新合成纤维制定价格，它向地毯商论证：在获取当期利润的前提下，后者能够负担得起杜邦公司每磅1.40美元的新纤维的价格。杜邦公司首先判断是否会有足够的利润支持生产，而没有用它的单位生产成本去制定价格。杜邦还为它的每一种化学品附加一个更大的选择，使它看起来不是出售商品，而是帮助顾客解决问题。具体分析如表7-1所示。

表7-1 分析表

特　点	标准水平	溢价水平	增加价值（美元）
质量	不纯、杂质，每百万分之十	不纯杂质每百万分之一	1.40
交货	两周内	一周内	0.15
系统	仅供应化学品	供应全部系统	0.80
创新	没有研究与开发支持	高度研究与支持开发	2.00
再培训	一次性培训	有要求可以再培训	0.40
服务	通过国内办事处购买	当地适用	0.25
价格	100美元/磅	105美元/磅	5.00

因此，顾客希望购买溢价产品时，每磅为105美元，而非100美元。杜邦对它的溢价供应物拆开来处理，顾客对选择的增加价值付费。

根据以下资料编写：菲利普，营销管理，梅清豪，译，上海：上海人民出版社，2003：540－541。

3. 竞争导向定价方法

竞争导向定价方法是指以竞争各方的实力对比和竞争者的价格作为定价的主要依据，并以在竞争环境中的生存和发展为目标的定价方法。其主要特点是：

① 简便易行，价格不依赖于需求状况或者产品的单位成本。

② 商品成本或市场需求发生变化，但竞争者的价格未变，就应维持原价；反之，虽然成本或需求都没有变动，但竞争者的价格变动了，则需相应地调整其商品价格。

③ 按市场定价不会破坏竞争，因此，不会导致报复。但是，它也可能会导致故步自封。

竞争导向定价方法主要包括以下几种：

（1）随行就市定价法。随行就市定价法，又称为流行价格定价法，是指企业以本行业的一般价格水平作为定价标准来确定企业产品的价格。在竞争激烈的市场上，当供求基本平衡时，企业根据当时市场同类产品通行的一般价格来制定和调整价格，它的风险小，手段简便，易与同行相处，也易于消费者接受，可以保证产品销路稳定。

（2）拍卖式定价法。拍卖式定价法是商品所有者或委托代理人（如拍卖行）事先规定商品底价、加价幅度，在拍卖地点进行公开加卖，根据不同买主的报价，选择最高价格作为成交价格的一种方法。其具体主要有以下几种方法：

① 英国式拍卖（加价法）。有一个卖方和多个买方，卖方出示一样商品，买方不断加价竞标，直至达到最高价格。英国式拍卖多被用于出售古董、家畜、不动产、旧设备和车辆。

② 荷兰式拍卖（减价法）。有一个卖方和多个买方，或者一个买方和多个卖方，在一买多卖情况下，拍卖人宣布一个最高价格，然后逐渐降低，直至出价人接受。

③ 密封投标。在投标期间，企业与其竞争对手都不知道中标价格，投标价格是企业根据估计竞争者的报价确定的，而不是完全按企业的成本制定的。报价时，既要考虑实现企业目标利润，也要结合竞争状况考虑中标概率。

（3）限制进入定价法。限制进入定价法是指企业的定价低于利润最大化时的价格，以达到限制其他企业进入的目的，这是垄断企业经常采用的一种定价策划方法。

专栏7－6

亚马逊Echo的定价策划

2014年11月6日，亚马逊在官网上线了一款搭载智能助手Alexa的智能音箱，命名为Echo，共有三个版本；2016年5月，谷歌推出了智能家居设备Google Home，售价为129美元；2017年6月，苹果公司在全球开发者大会正式推出了Siri智能音箱Home Pod，于12月正式开卖，定价为349美元。三者竞争格局正式形成。

在苹果智能音响正式开售前，亚马逊先发制人，Echo系列产品全线降价，Echodot仅售39.99美元，Echotap降到了99.99美元，Echo标准版降到了139.99美元，封锁住整个低端产品的区间。

根据以下资料编写：Amazon echo全系降价，国外三巨头打架殃及了哪些池鱼？http://news.91.com/all/s5945dae68f1f.html，2017-06-18（2018-01-15）。

二、新产品定价策略选择

企业对新产品投放市场时的定价策略进行选择称为新产品定价策略策划。新产品与其他产品相比，可能具有竞争程度低、技术领先的优点，但同时也会有不被消费者认同和产品成本高的缺点。因此，在为新产品定价时，既要考虑能尽快收回投资，获得利润，又要有利于消费者接受新产品。常见的新产品定价策略有撇脂定价策略、渗透定价策略和温和定价策略三种。

1. 撇脂定价策略

撇脂定价策略是指企业以大大高于成本的价格将新产品投入市场，以便在产品生命周期的最初阶段获取高额利润，尽快收回成本，然后逐渐降低价格的策略。

对新产品采用这种高定价策略策划的优势是：

（1）可以产生丰厚利润，使企业能够在短期内就迅速收回投资，减少了投资风险。

（2）高价格可树立高品质的产品形象。在全新产品或换代新产品上市初期，消费者对其还没有理性的认识，此时的购买动机多属于求新求奇。利用这一心理，企业通过制定较高的价格，创造高价、优质、名牌的形象。

（3）高价格有利于协调市场供求。在新产品开发初期，由于资金、技术、资源、人力等条件的限制，企业很难以现有的规模满足所有的需求，利用高价可以限制需求的过快增长，缓解产品供不应求的情况，并且可以利用高价获取的高额利润进行再投资，逐步扩大生产规模，使之与需求情况相适应。

（4）高价格有利于维持企业竞争优势。先制定较高的价格，在新产品进入成熟期后，可以拥有较大的价格调整余地，不仅可以通过逐步降价保持企业的竞争力，而且可以从现有的目标市场上吸引潜在需求者，甚至可以争取到低收入阶层和对价格比较敏感的顾客。

撇脂定价策略带来的风险也很大，一旦产品不能提供新颖、优异的品质，消费者就很难接受，产品无法在市场上推广；因价格高、利润率高，往往刺激大量竞争者加入，加剧了竞争程度，也相对缩短了产品的生命周期，迫使价格很快下跌。

采用撇脂定价策略，一般需要具备以下条件：有充足的市场需求量，该产品的顾客高需求并愿意出高价购买；市场价格敏感度低，需求弹性小；小规模的生产成本下仍有充足的利润；高价短期内不会吸引更多竞争者。

专栏 7-7

西部数据公司的撇脂定价策略

西部数据公司是一家全球知名的硬盘厂商，在 2018 年国际消费类电子产品展览会上，发布了新品 MY PASSPORT WIRELESS SSD。这是一款功能全面的便携式硬盘，能够更好地服务于摄影、视频工作者，可满足专业人士随时随地备份、编辑数据的需求。相比于其他无线存储设备，该产品的存储容量可达 2 TB，读卡器的读取速度高达 65 MB/s，传输速率相当于之前产品的 3~4 倍。西部数据公司给该产品定价很高，根据 250 GB~2 TB 的不同容量，产品定价在 250~800 美元。

根据以下资料编写：

[1] 无线高速度 2018CES 西部数据携新品亮相，http://digi.163.com/18/0111/10/D7S5UBP5001680N8.html，2018-01-11（2018-01-16）。

[2] CES2018 西部数据发布无线 SSD 硬盘等新品，https://baijia.baidu.com/s?id=1589186257472466023&wfr=pc&fr=_lst，2018-01-10（2018-01-16）。

2. 渗透定价策略

渗透定价策略是指企业将新产品投放市场时，将价格定得较低，使新产品以物美价廉的形象吸引消费者，占领市场，以谋取远期稳定利润的一种定价策略。

渗透定价策略与撇脂定价策略正好相反，它是新产品上市时以微利、无利甚至亏损的低价向市场推出，来吸引大批买方并赢得较大的市场份额，而后逐步将价格提高到一定水平的策略。其直接目的是获得最高的销售额和最大的市场占有率。渗透定价策略是通过牺牲短期利润来取得市场占有率，要求在得到利润之前先取得巨额销售量。

渗透定价策略的优点在于低价薄利，不易诱发竞争，便于企业长期占领市场，有利于企业控制市场，提高市场竞争力，树立良好的企业形象。渗透定价策略的缺点是本利回收期较长，价格变动余地小，难以应付在短期内骤然出现的竞争或需求的较大变化。

企业采用渗透定价策略，一般需要具备以下条件：该种产品市场容量大，并能替代市场上已存在的同类产品；产品需求价格弹性大，消费者对价格敏感，低价能得到较高的市场占有率；企业具备大批量生产的能力，并且新产品存在规模经济。一般而言，渗透定价策略适用于一些低档商品、易耗商品、专用性不太强的商品和生活必需品。

3. 温和定价策略

温和定价策略是指新产品上市后，按照企业的正常成本、税收和一般利润，定出中等价格，使企业既能获得一般利润，又能吸引购买、赢得消费者好感的一种定价策略。这种定价策略介于撇脂定价策略和渗透定价策略之间，避免了“高”和“低”定价策略的弊端，所以又称为“君子定价策略”。它一般比较适合于竞争实力较弱的中小企业采用，对日用小商品的定价也可采用这种策略。

三、新产品定价结构策划

新产品定价不仅要考虑某一新产品，还需要统筹考虑企业整体的产品结构。换言之，新产品价格策划不能只停留在单一产品的价格上，还要按照产品结构、产品组合精心考虑价格结构，达到企业整体的价格优化。

1. 产品线组合定价策划

产品线组合定价策划，即对同一产品线内不同产品之间的价格进行统筹策划。公司不仅要考虑产品成本，更多地要考虑消费者对产品的偏好、竞争者的价格等，可以使消费者锁定自己的偏好，营销管理也更为方便。产品线组合定价的方法有以下几种：

（1）产品功能配置组合定价。同一产品线上的不同型号和不同产品项目，功能配置往往不同，进而给用户带来使用功能和效用上的差异。产品线的组合定价可以按照产品的功能差异和配置差异来进行，功能多的产品型号定价高于功能少的产品型号，配置高的产品型号定价高于配置低的产品型号。

（2）产品市场地位定价。一般来说，按照产品市场的地位，可以将产品分为形象产品、利润产品、上量产品和进攻产品四种类型，进而给予适当定价，形成合理的产品价格结构。

① 形象产品。形象产品是指在企业产品价格结构中以最高价位来支撑企业品牌形象的代表性产品，一般技术含量最高、功能最全。

② 利润产品。利润产品是确保企业盈利的主要产品，其技术、功能和质量有相当的吸引力，一般为中高价位，其价格和销量的互动会使企业达到利润最大化。

③ 上量产品。上量产品是指为了满足普通大众的广泛消费需求，企业达到销量规模和市场份额最大化的产品，一般为中低价位，但产品技术和功能达到基本要求。

④ 进攻产品。进攻产品是用于攻击竞争者或应付竞争者攻击的产品，通常功能、技术与竞争产品相似，但价格比竞争产品价格更具优势。为了保持进攻产品的价格竞争力，若企业品牌形象高于竞争对手，则价格可以与竞争产品相当；若企业品牌形象与竞争对手相当，则价格可以低于竞争产品。

2. 关联产品组合定价策划

不同产品线之间的产品往往存在消费、使用或购买上的关联关系，因此，需要系统地考虑定价问题，以形成合理的价格结构。

（1）互补品定价。互补品是指需要配套使用的产品。在互补产品系列中，有一个在连带消费关系中起主导作用的产品或服务项目。互补品定价策略就是降低起主导作用的产品或服务项目的价格，从而鼓励消费者购买其连带产品，而连带产品定价较高。此时，以低价或平价销售主要产品启动消费创造获利机会，而以高价的连带产品获取高额利润并补偿主要产品因低价造成的损失。在服务业，这也可以称为两部分定价法，即固定费用和可变费用相结合的定价方法。

专栏 7-8

任天堂公司的产品组合定价

任天堂公司的主营业务为游戏机的软硬件开发。2017 年 3 月，该公司推出了新产品 Nintendo Switch，主机售价为 299 美元，媒体估算其成本在 250 美元左右。该主机的推出伴随着大量游戏软件，Nintendo Switch 成为任天堂公司史上游戏最多的主机。然而，为了给消费者更自由的选择，主机并未绑定任何游戏，在线游戏均需收费，大部分都在 60 美元左右。此外，该产品的使用需要配备 29.99 美元的充电版 Joy-Con 手柄，若消费者需要安装更多数量的游戏软件，额外的 SD 卡也会成为必需品。

根据以下资料编写：

[1] 唐舒畅，为了好好玩 Nintendo Switch，你要多花多少钱？http://www.qdaily.com/articles/36952.html，2017-01-18（2018-01-17）。

[2] 任天堂的商业模式是什么？https://www.zhihu.com/question/58664107？rf=60045117，2017-04-29（2018-01-17）。

[3] 嘉文四世，任天堂 Switch 部分游戏售价曝光 60 美刀才是"平均价"？http://www.yxdown.com/news/201701/334185.html，2017-01-14（2018-01-17）。

（2）任选产品定价。任选产品是相对于主要产品而言的，是指与企业的主要产品有一定关联的可任意选择的产品。对于此类产品，消费者可以选择买或不买，或买哪一种。许多企业在经营主要产品时，还经营与主要产品密切相关的配件或任选产品。使用任选产品定价策略时，如果主要产品是一般产品，则将主要产品的价格定得较低，以吸引消费者，将任选产品的价格定得较高，以获取较大利润；如果主要产品是企业传统特色产品，则将主要产品的价格定得较高，以获取较大利润，将其任选产品的价格定得较低，以吸引消费者。

（3）副产品定价。副产品定价方法是制造业常用的定价方法。这种定价方法强调，当副产品的价值比较低、销售成本较高时，最好不要让副产品影响主产品的定价；相反，如果副产品的价值相当高，则可以让主产品实施一个很有竞争性的低价位，占领更多的市场份额，然后通过副产品的销售赚取利润。在石油化工、建材等行业的生产过程中，经常会产生大量的副产品，如果这些产品没有价值或处理掉的成本较高，就会影响产品定价。采用副产品定价，为副产品选择一个市场，制定一个合理的价格，能够补偿生产、储存和运输副产品所耗费用。

第三节　产品定价调整策划

产品定价调整策划是指企业根据客观环境和市场形势的变化而对原有价格进行调整的定价策划。产品定价调整策划可以分为主动调价策划和被动调价策划，相应地，形成两类具体的产品定价调整策划。此外，企业还应按整个定价体系进行调整策划。

一、主动调价策划

采取主动调价策划的企业在市场竞争中对某些商品的供求状况已有准确的预测，为了先发制人，取得竞争的主动权，企业主动削价或提价。

1. 发动提价策划

发动提价策划是指企业为了适应市场环境和自身内部条件的变化，而把原有的价格调高。

（1）企业发动提价的原因。这主要包括：

① 产品品牌声誉提高，建立了质量信誉，对相当数量的消费者具有吸引力。

② 新产品采取渗透定价，经过一段时间，对市场已经有一定程度的控制能力。

③ 产品供不应求，企业通过提价抑制超前需求。

④ 产品成本上升，企业通过提价转嫁负担，这是企业提高价格的最主要原因。

（2）企业采用提价的方式。这主要有直接提价和间接提价两种方式。

① 直接提价，即直接提高产品价格。采用这一方式时，要注意以下几点：第一，掌握好提价幅度。如果产品差别大，对消费者的吸引力强，需求弹性小，提价幅度可以大一些；反之，提价幅度应小一些。当成本上升，该行业竞争激烈时，产品的涨价幅度一般不宜超过成本上升幅度。第二，要选择好提价的时机，提高市场的接受能力。第三，采用相应的提价技巧。企业应通过适当的方式与消费者进行沟通，向消费者说明原因，在消费者心中树立良好的产品形象，以求得消费者的理解与接受。

② 间接提价，即企业采取一些方法使产品价格保持不变，但实际上价格隐性上升。这主要有以下几种方法：第一，压缩产品分量而价格不变；第二，使用便宜的材料或配件做代用品；第三，减少或改变产品的功能来降低成本；第四，使用价格较为低廉的包装材料，以降低包装的相对成本；第五，缩小产品尺寸、规格；第六，开发新的、更为经济的品牌或无品牌产品等。

专栏7-9

苹果公司的定价调整

2017年9月，苹果公司推出了新产品iPhone X。然而，该款产品的销量没有获得预期的效果，市场满意度不佳，售价降低了800~1 000元。相反，与iPhone X同时发布的iPhone 8在经历了降价之后出现涨价现象，2017年11月，价格跌破5 000元，12月末到2018年1月初，各大经销商平台的价格几乎每天都会有不同程度的上涨。目前，电商平台的售价依旧在5 400元左右，而经销商价格也回升到5 200元左右。

根据以下资料编写：杨强，iPhone X售价顺应民意持续走低，另一款产品却“悄然”涨价了，http://www.chinaz.com/mobile/2018/0108/845673.shtml，2018-01-08（2018-01-17）。

2. 发动降价策划

发动降价策划是指企业为了适应外部环境和内部条件的变化，将产品的价格降低而实施的策略。

（1）企业发动降价策划的原因。这主要表现在以下几方面：

① 企业生产能力过剩，且无法通过产品改良和促销等手段扩大销售。此时，企业库存积压严重，必须考虑通过降价来提高销量。

② 在强大的竞争压力下，企业的市场占有率下降，迫使企业降低价格开拓新市场，维持和扩大市场份额。

③ 企业通过降价扩大销售，开拓新市场，由此扩大生产规模。

④ 根据产品寿命周期的变化进行调整。相对于导入期时较高的价格，在进入成长期后期和成熟期后，市场竞争不断加剧，可以通过下调价格来吸引更多的消费者。

⑤ 企业急需回笼大量资金。

⑥ 企业从中间商的要求来考虑。

⑦ 政治、法律环境及经济形势的变化，迫使企业降价。

（2）企业发动降价的方式与技巧。因企业产品所处的地位、环境及引起降价原因的不同，企业降价策划的方式也会各不相同，具体来说，有以下两种：

① 直接降价，即以最直截了当的方式使企业产品的标价或目录价格绝对下降。

② 间接降价，即企业保持价格目录表上的价格不变，通过送货上门、免费安装、调试、维修、赠送礼品或者增大各种折扣、回扣，以及为消费者提供保险等手段，在保持名义价格不变的前提下，降低产品的实际价格。

（3）企业发动降价策划的风险。企业发动降价策划可能存在如下风险：

① 低质量误区。消费者会认为产品质量低于售价高的竞争者产品质量。

② 脆弱的市场占有率误区。低价能提高市场占有率，但是会降低市场的忠诚度，消费者会转向另一个价格更低的产品。

③“浅钱袋”误区。因为售价高的竞争者具有深厚的现金储备，他们也能降价并能持续更长时间。

（4）企业发动降价策划应满足的基本条件。企业发动降价策划应满足以下条件：市场对价格有一定的敏感性，即当低价格为刺激顾客购买的先决条件时，低价格会推动市场的成长；随着生产的积累，产品成本和销售成本不断地下降；低价格可以阻止现实和潜在的竞争对手的进入，从而提高行业的准入门槛。

二、被动调价策划

采取主动调价策划的企业在竞争对手率先调价之后，在价格方面也做出相应反应。此时，企业应认真研究竞争者价格变动的意图和可能持续时间，分析这种变动对自己的市场可能产生的影响，对自己是否应调整价格做出决策。

1. 竞争者价格变动的分析

当竞争者的价格变动时，要冷静思考、仔细评估、考虑各种相关因素，谋定而后动，依据不同情况，采取不同措施。分析内容包括以下几方面：

（1）竞争者的意图。企业要分析竞争者是为了取得更大的市场份额，还是为了利用过剩的生产力，不得已降价；是因为产品自身成本变动还是为了导致全行业的调价；是暂时的，还是长期的。

（2）竞争者的调价幅度。调价幅度的大小会显示出竞争者意图的强烈程度，也会对企业的销售情况造成大小不一的影响。因此，小幅度的调价犹可观望，大幅度调价，特别是大幅度降价则必须快速做出反应。

（3）消费者对价格的敏感程度。如果消费者对价格变动很敏感，则必须立即做出反应；反之，则可暂时驻足观望。

（4）市场地位。企业在衡量降价竞争者和本企业的市场地位后，由此做出反应。如果市场领导者降价，一般来说，本企业应当跟进；如果是第二品牌对第一品牌发动进攻，则必须小心防守。

（5）产品替代性。如果降价者的产品与本企业的产品有较强的替代性，则应及时做出反应；反之，则可以静观其变。

2. 应对竞争者价格变动的策略

竞争对手的调价策略也分为提价策略和降价策略。一般来说，对提价策略的反应比较容易，即跟随提价或价格不变。对降价策略的反应就比较复杂，需要慎重对待，一般可以分为以下五种类型：

（1）维持价格不变。这一策略主要用于差别产品市场。在差别产品市场，消费者要考虑的产品品质、服务水平、商标信誉等因素抵消了消费者对价格的敏感程度。在这种情况下，竞争者降价就不可能夺去本企业较多的市场占有份额，或者只是夺去较差的市场。使用这种策略的另一种情况是竞争者的降价是短期的，并不会对本企业的销售造成损害。

（2）相应降价。这一策略主要用于同质产品市场。在同质产品市场，由于这种产品没有差别，消费者只是按技术规格指标购买，如果竞争者降价，大部分消费者会选择最低价的同类产品，在这种情况下，本企业若不做出反应，则会失去很多市场份额，要重新获得是很困难的，所以只能跟着竞争者降价。在采取降价时，可根据实际情况，参考竞争者的降价幅度而调整。

（3）维持原价和增加价值。企业通过改进产品、服务和加强信息沟通，提高或加强消费者的感知价值。

（4）提高价格，同时改进质量。较高的质量可以用较高的价格来证明，企业可以改良产品技术、功能等，或导入价位较高的新品牌产品。

（5）退出低价格的战斗型产品线。在企业所经营的产品中增加低价位品种，或者另外创立一个低价位品牌，以争取正在失去的对价格较为关注的细分市场。

三、产品定价体系调整策划

产品定价体系是维护生产商利益、调动经销商的积极性、吸引消费者、战胜竞争对手以及开发和巩固市场的关键，是影响生产商、经销商、用户三方利益和产品市场用途的重要因素。在进行产品定价体系调整策划时，不仅要根据销售环节调整价格体系，而且要按照销售区域对价格体系进行调整，按制定的销售政策对价格折扣进行调整。

1. 按销售环节调整价格体系

销售各环节的价格体系设计决定了出厂价、一级批发价、二级批发价、三级批发价和零售价之间的关系，影响生产商和经销商的利益，决定了产品的市场前途。由于一级批发商靠加价和返利来赚钱，零售商靠批零差价来赚钱，两者的利益都能得到保证，而二级、三级批发商处于中间环节，其上下环节决定了它不可能获得更多的利润。因此，二级、三级批发商的利益维护成为价格体系设计的一个重要方面。

销售渠道的长度、宽度和广度对价格体系的制定有很大的影响。渠道越长，渠道中的层级数量就越多，预留的利润空间就应越大，价格体系就越复杂。由于此时对渠道末端的控制已很弱，所以必须采取一定的措施加强对渠道的控制与管理。渠道越宽，渠道中每一环节的分销商越多，渠道中的价格竞争与冲突就越激烈。此时，企业必须制定一定的政策，以防止价格竞争、价格冲突的产生。渠道越广，各种形式的经销模式也越多。渠道多元化要求企业必须针对不同的渠道类型和渠道形式，确保市场与销售的稳定和繁荣。

2. 按销售区域调整价格体系

确定基本价格体系后，由于各地居民收入与消费差异较大，企业品牌和产品在各地区的影响力和销售状况不平衡，因此，必须按照销售区域的差异调整价格体系，以保证整体市场的均衡发展。

对于收入水平较低、购买力不强的地区，定价应适当低些，同时对折扣、运输仓储费用等放宽限制，并努力扶持分销商的发展和市场的发育；此外，在市场容量较大、具有发展潜力，而由于当地消费者对品牌和产品认知不足、销量低的地区，要配以广告宣传，适当调整价格策略和价格水平，以迅速打开市场，扩大销量。

在实际运作中，可选择的区域价格模式有以下几种：

（1）统一送货价格。由卖方将货物送到买方所在地，无论物流费用多还是少，对所有客户都按一个价格收取货款，即最终价格是固定的，不考虑买方与卖方的距离，运费完全由卖方承担。

（2）可变送货价格，即产品的基本价格是相同的，运输费用在基本价格之上另外再加。因此，对于不同区域的消费者来说，产品的最终价格要依他们距离卖方的远近而定。

如果价格确定，运输费用是后来加上的，这是离岸价格（自提价）。如果价格确定，而运输费用包括在内，这叫到岸价格（到货价）。在离岸价格和到岸价格之间，还有以下几种价格形式：

（1）基点定价。基点价格是指企业设定一个或若干定价基点，即单一基点或复数基点，以基点与购买地点之间的运费加上基点价格，作为交货价格。不管企业从其所属的哪一个生产地点发货，买方承担的运费都从其距离最近的基点起算。基点价格使价格结构缺乏弹性，竞争者不易加入，避免了价格竞争。买方可任意向任何基点购买，卖方也可推销其产品到较远的市场，这将有利于扩大市场。

（2）地区定价。卖方将市场划分为几个大的区域，按照每个区域与卖主距离的远近分别定价，各区域内的价格保持一致。这种方法简单易行。

（3）全国统一零售价。这既保证全国价格形象的统一，又考虑到不同区域经销商的利益差别，执行不同的渠道价格政策，如日用消费品常采用这种方式。

3. 按销售政策调整价格折扣

确定基本价格体系并按照销售区域适当调整后，还需要根据销售政策的有关内容对各级渠道的价格折扣进行调整。一般而言，价格折扣分为以下几种：

（1）现金折扣。现金折扣也称为付款期限折扣，即对现款交易或近期付款的买方给予的一种价格折扣，其目的是鼓励买方尽早付款，加速资金周转，降低销售费用，减少财务风险。采用现金折扣的前提是商品的销售方式为赊销或分期付款。采用现金折扣时一般要考虑三个因素：一是折扣比例；二是给予折扣的时间限制；三是付清全部货款的期限。同时，为了扩大销售，在分期付款条件下，买方支付的货款总额不宜高于现款交易价太多，否则就起不到“折扣”促销的效果。另外，提供现金折扣等于降低价格，因此，企业在运用这种手段时要考虑商品是否有足够的需求弹性，保证通过需求量的增加使企业获得足够利润。

（2）数量折扣。数量折扣是指卖方为了鼓励买方大量购买或集中购买其一家的产品，根据买方所购买的数量给予一定的折扣。这种策略又分为以下两种：

① 累计数量折扣，即规定在一定时间内，当购买总数超过一定数额时，按总量给予一定的折扣。

② 非累计数量折扣，即规定每次购买达到一定数量或购买多种产品达到一定金额时所给予的价格折扣。

（3）职能折扣。职能折扣也称为功能折扣，是指中间商在产品分销过程中所处的环节不同，其所承担的功能、责任和风险也不同，企业据此给予不同的折扣。对生产性用户的价格折扣也属于一种职能折扣。职能折扣的比例主要考虑中间商在分销渠道中的地位、对生产企业产品销售的重要性、购买批量、完成的促销功能、承担的风险、服务水平、履行的商业责任以及产品在分销中所经历的层次和在市场上的最终售价等。职能折扣的结果是形成购销差价和批零差价。

（4）季节折扣。季节折扣是卖方向非时令商品的买方提供的一种优惠价格。这些商品的生产是连续的，其消费却具有明显的季节性。为了调节供需矛盾，这些商品的生产企业便采用季节折扣的方式，对在淡季购买商品的消费者给予一定的优惠，使企业的生产和销售在一年四季都能保持稳定。

（5）价格折让。价格折让俗称回扣，是间接折扣的一种形式，是指买方在按价格目录将货款全部付给卖方以后，销售者再按一定比例将货款的一部分返还给卖方。价格折让一般有两种形式：

① 推广折让。这是指对于中间商为商品销售所做的各种促销工作。

② 运费让价。对距离远的买方，减价以弥补其全部或部分运费，目的是吸引远方的买方，以扩大市场范围。

专栏 7－10

美佳西服店的价格折扣

日本东京银座美佳西服店为了销售商品，采用了一种折扣销售方法，颇为成功。具体方法如下：先发一个公告，介绍某商品的性能等一般情况，再宣布打折扣的销售天数及具体日期，最后说明打折方法：第一天打九折，第二天打八折，第三、第四天打七折，第五、第六天打六折……依此类推，到第十五、第十六天打一折，这个销售方法的实践结果是，第一、第二天顾客不多，来者多半是来探听虚实和看热闹的，第三、第四天人渐渐多起来，第五、第六天打六折时，顾客像洪水般地涌向柜台争购。以后连日爆满，没到一折售货日期，商品就早已卖光了。

这是一个成功地运用折扣定价策略的案例，妙在准确地抓住了顾客的购买心理，有效地运用折扣售货方法销售。人们当然希望买到质量好又便宜的货，最好能买到以二折、一折价格出售的货，但是有谁能保证到你想买时还有货呢？于是出现了前几天顾客犹豫，中间几天抢购，最后几天买不到的情景。

根据以下材料整理：折扣定价策略，http://langliping6506.blog.163.com/blog/static/124302371201032541413 32/，2010－04－25（2018－01－26）。

小 结

产品定价策划是一个以消费者需求为基础，综合考虑各种因素，确定定价目标、方法和策略，进而制定和调整产品价格的过程，主要包括新产品定价策划和产品定价调整策划。新产品定价策划需要考虑灵活利用多种定价方法和策略，合理安排产品定价结构，以适应市场变化，实现营销目标。产品定价调整策划是指企业根据客观环境和市场形势的变化而对原有价格进行调整的定价策划，可以分为主动调整和被动调整。此外，企业还应按整个定价体系进行调整策划。

开篇案例讨论

1. 肯德基运用了哪些定价策略？
2. 为什么肯德基进行产品调价？
3. 你如何评价肯德基的优惠活动？

思考题

1. 定价策划的目标、任务、要素和原则是什么？
2. 新产品定价策划的方法有哪些？
3. 新产品定价策略有哪些？
4. 产品定价结构策划包括哪几个方面？内容分别是什么？
5. 产品主动调价策划有哪些内容？
6. 产品被动调价策划的原因是什么？
7. 产品价格体系策划包括哪些内容？

网上练习

主题：高价好还是低价好？

步骤1：通过网络资源，搜索5个定价成功的案例。

步骤2：阅读案例，根据本章内容，分析案例定价成功的原因。

步骤3：通过案例分析，你认为对于企业而言，高价好还是低价好？产品价格受到哪些因素影响？

步骤4：利用课堂或者网络社区（微信群），交流讨论。

策划技能训练

主题：产品定价调整策划

步骤1：教师将学生分组，5～7人一组。

步骤2：选择所在地区生产的一种产品，到生产企业进行调查其定价依据。

步骤3：利用网络资源调查，分析企业产品定价是否合理？

步骤4：根据本章内容，讨论如何调整价格及其主要依据。

步骤5：撰写调整产品价格策划书。

步骤6：在课堂上介绍策划方案，向当地企业推介策划方案。

第八章　分销策划

学习目标

- 掌握分销渠道的目标与任务
- 理解分销渠道策划的内容与原则
- 掌握分销模式策划
- 熟悉零售业态策划
- 了解特许连锁策划和直复营销策划

开篇案例

优衣库：所见即所得，“门店自提”模式

2016年“双十一”，优衣库天猫旗舰店不到3分钟销售额破亿元，在当天上午即挂出全店售罄公告。令人津津乐道的是其“线上线下联动”的购物方式——就近取货，所见即所得，即消费者在网店下单付款后，会在24小时之内收到完成备货的通知，随后可前往全国100多个城市的超过400家门店便捷取货。在价格方面，网店、门店同步优惠。门店的部分商品也会提供与线上相同的“双十一”优惠价格。

优衣库的做法实现了“商品通”。所谓“商品通”，是指线上线下库存打通，线上下单即可线下取货，线下可购线上产品等。它缩短了线上购物所需等待的物流时间，满足了消费者“我要的现在就要”的期待。而这背后需要有一套完备的库存管理系统，以及不同门店的协调能力支撑。

根据以下资料编写：熊舒苗，新零售到底怎么玩？终于说清了！http://www.sohu.com/a/126074196_465163，2017-02-13（2018-02-22）。

第一节 分销策划概要

一、分销渠道的含义、目标与任务

1. 分销渠道的含义

分销渠道是指在产品或服务的生产者与最终消费者之间起流通作用的一整套相互依存的组织，又称为销售渠道或营销渠道。这一整套相互依存的组织是由各种营销中间机构组成的，营销中间机构主要包括经销商、代理商和辅助机构。

2. 分销渠道的目标

分销渠道的目标包括基本目标、二级目标和高级目标（见图8-1）。其中，基本目标是保证货畅其流，即确保货物在消费者需要的时间和地点出现；二级目标是保证价格稳定，即维护和确保合理的价格体系，确保每个渠道层面的价格稳定，杜绝和限制任何有可能引起价格混乱的行为；高级目标是促使市场最大化，即最大限度地提升产品销售量和扩大市场占有率。

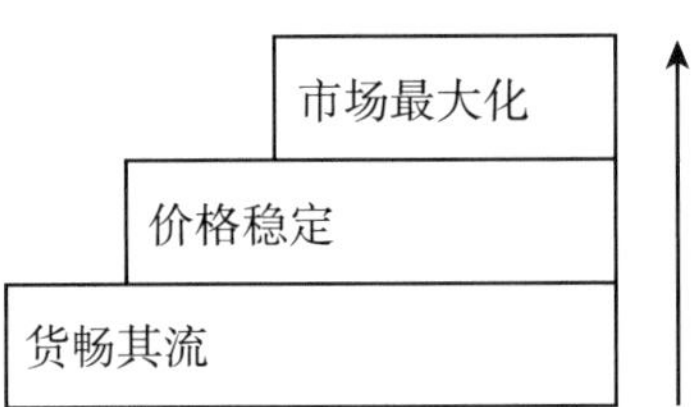

图8-1 分销渠道的目标

3. 分销渠道的任务

分销渠道有三大基本任务：第一，完成产品的交易任务，即渠道应有一定数量的分销机构和网点，具有达成交易、交付产品和提供服务的能力；第二，满足顾客的需求与欲望，即分销渠道应接近或渗入消费者所在区域，方便消费者选择，及时满足消费者所需的多种服务，并加强消费者与企业的沟通联系；第三，塑造产品形象和企业形象，提高消费者对产品的满意度。

二、分销渠道策划的内容与原则

1. 分销渠道策划的内容

（1）分销布局策划——到哪里去销售，这属于战略层面的策划。分销布局受到营销策划目标、市场定位、企业资源、市场竞争、交通物流等因素的影响。一般有全面布局、重点布局和区域布局三种形式。

（2）分销模式策划——通过什么样的分销模式去销售，即根据流通环境和分销目标，选择流通渠道业态、分销运作模式和渠道结构模式。常见的零售业态主要有百货商店、超级市场、专业商店、专卖店和便利店等；分销运作模式有自销、经销和代理三种模式；渠道结构模式是指确定渠道的长度和宽度，有扁平式和纵深式两种类型。

（3）渠道招商策划——通过什么途径能够找到分销商，即确定商业伙伴的选择标准，进行考察和评估，并采取一定的招商方式选择合适的分销商。

（4）渠道制度策划——如何激励和规范分销商的销售行为，即企业与商业用户建立销售业务关系后，需要明确如何合作，规范双方的责任与义务，规范市场建设与业务运作。它关系到销售的快速增长与市场的规范发展。一般而言，应按年度制定销售政策，并随着市场竞争和销售走势进行适当的调整。

2. 分销渠道策划的原则

（1）经济性原则。经济性原则是指从成本与收益的角度对不同的分销渠道进行评价。评价时要推算出分销渠道的成本水平。例如，针对是采用本公司销售人员还是采用销售代理商的问题，企业的选择是：当销售量低于 S 点（见图 8－2）代表的销售水平时，宜采用销售代理商，因为销售代理商已建立了健全的网络，容易与客户接触，单位产品分摊的分销费用低；当销售量高于 S 点代表的销售水平时，适合采用本公司的销售人员组成的自组销售队伍，这是因为大规模的销售足以为企业带来丰厚的利润。

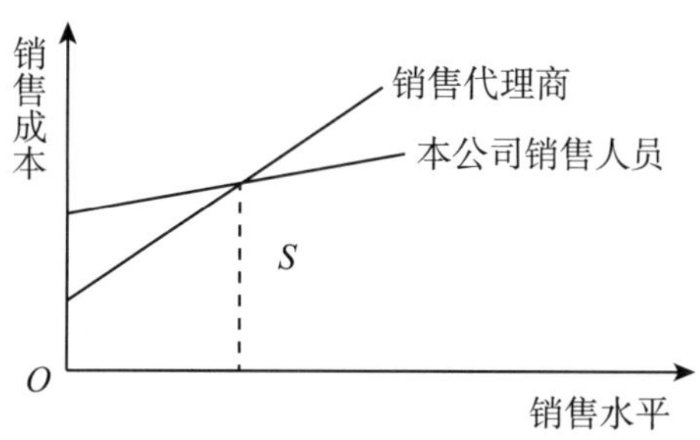

图 8－2　依据经济性原则选择分销渠道

（2）目标相融原则。制造商使用销售经销商必然会遇到中间商的目标与制造商的目标不一致的问题，而中间商往往不能有效地配合制造商的整体营销战略。因此，制造商要评价这种差异的程度究竟有多大、这种背离是否会影响企业的长远利益：如果中间商是在积极合作的前提下追求自身利益的最大化，这是可以接受的；如果中间商的目标与制造商的目标相去甚远，甚至相抵触，则应及时调整渠道成员。

（3）适应性原则。分销渠道策划要本着适应环境和企业总体发展规划要求的方针，灵活应变。分销渠道策划方案要能够体现出适应性的特征，特别是与分销机构签订分销合同时，合同的有效执行年限不宜过长，要为企业灵活变动分销渠道留有余地。

（4）维护信誉原则。企业的信誉会影响企业对分销渠道的选择。要达到通过正确选择分销渠道实现提高企业信誉的目的，企业要精心选择中间商，拒绝与信誉差的中间商建立合作关系，同时，还要适当激励在渠道建立方面对企业贡献大的中间商。

专栏8－1

LG 智能手机在中国市场的渠道之殇

2018 年 2 月初，有媒体报道称，LG 智能手机业务将退出中国。究其原因，其在中国的分销渠道模式难辞其咎。在 2012 年之前，LG 集团依赖运营商渠道，没有像三星集团那样去铺货，当运营商时代逐渐退出舞台之后，LG 手机也就随之失去了市场。到 2013 年，LG 集团凭借 G2 才宣布重回中国市场。此时，LG 手机的渠道等于零，只能走线上渠道，而当时又碰到了小米的崛起，中国众多品牌手机制造商主打线上营销，一个比一个强悍，直接把 LG 手机的声音淹没。

根据以下资料编写：张洁欣，LG 手机欲退出中国市场？销售渠道已难觅旗下产品踪影，http://tech.china.com.cn/digi/20180208/335653.shtml，2018－02－08（2018－02－22）。

第二节　渠道构建策划

一、分销模式策划

1. 自销模式策划

自销模式是指产品销售全部或基本上由企业自己的销售队伍及销售网络来承担的销售模式。根据自销环节的多少，其又分为三种方式：

（1）直销。直销是指生产企业不通过中间环节直接将产品卖给最终消费者的方式。

（2）自销。自销是指生产企业自己构建从批发到零售的分销体系，并承担产品从出厂到零售终端所有责任的所有方式。这种方式很少被采用。

专栏8－2

隆力奇的跨境直销

2016 年，在第十二届世界华人直销大会上，“跨境直销”概念被首次提出。隆力奇是中国典型的跨境直销企业之一。据直销界调查，多年深耕韩国市场的隆力奇在 5 000 万人口的韩国市场只布局了包括经理、财务在内的四五个人。韩国是隆力奇经营最好的海外市场，也仅有约 4 000 人的经销商团队。

根据以下资料编写：安玦，跨境直销：海外市场梦想很丰满，现实却很骨感，http://www.chndsnews.com/pinglun/2016/1206/71348.html，2016－12－06（2018－02－22）。

（3）直供零售。直供零售是指生产企业直接将产品卖给零售商，自行发挥批发商功能，但没有取代而是利用了零售商的零售功能的方式。这是最普遍的自销模式。

直供零售模式又有两种类型：第一，销售分支机构在当地注册，拥有法人资格和经营权利，与销售总部既是上下级关系，又是买卖关系。这时，直供零售是零售商直接从厂家的销售分支机构进货。第二，销售分支机构未在当地注册，没有法人资格和经营权利，与销售总部仅是上下级关系，不存在买卖关系，销售分支机构只承担产品实体分销功能。这时，直供零售是零售商直接从厂家的销售分支机构拿货，但必须从销售总部开票。

直供零售模式使厂家真正拥有了自己的零售网络资源，有利于企业对零售终端网络的控制与管理，且信息反馈及时，市场灵敏度高，能较好地控制零售价格。但生产企业独自承担网络开发、销售、促销、仓储、融资、运输等分销功能，它对厂家的资金、技术、人员管理等提出了更高的要求。

专栏 8－3

雀巢的直供零售

2012 年 1 月，雀巢公司与沃尔玛百货有限公司（以下简称沃尔玛）进行了直供合作项目谈判。2012 年 8 月，直供合作项目正式开始实施。在直供之前，雀巢通过在全国范围内的 83 个经销商服务于沃尔玛，沃尔玛也设置了 29 个采购办公室采购雀巢产品；直供项目开展之后，沃尔玛的采购办公室缩减至 8 个。2013 年，雀巢的直供拓展至沃尔玛在全国的 7 个大仓，在沃尔玛销售终端的销售增长率达到 9%。

根据以下资料编写：叶小凤，黄燕，沃尔玛与雀巢直供项目，中国自动识别技术，2014 (6)：65－66。

2. 经销模式策划

经销模式是指企业的产品销售基本上由经销商来承担的销售模式。由于企业在同一区域市场层级选取的经销商数量不同，所以经销模式又分为区域总经销制和区域多家经销制两种形式。

（1）区域总经销制。这是指生产企业在同一市场层级的目标市场只选择一家经销商的经销体制。其优点是生产企业在发货、价格控制、终端市场、广告促销等方面管理更为便利；但它也存在弊端，即生产企业在销售上过于依赖经销商，容易受经销商的要挟；同时，相对于多家经销，总经销商没有竞争压力，会把营销目标从重销量转向重利益，致力于获取最大的自身利益，从而导致生产企业销售下滑或增长迟缓，下级分销商利益受损，不利于提高铺货率和终端市场渗透力，更不利于产品销量和市场份额的提高。

（2）区域多家经销制。这是指生产企业在同一市场层级的目标市场同时选择多家经销商的经销体制，并对各个经销商各自的销售区域和销售范围进行规范。其优点是经销商在价格上不可能进行垄断，只能靠拓展自己的销售网络，在产品配送、终端促销等方面加倍努力来竞争扩大销量，这对于生产企业来说有利于铺货率的提高、网络的拓展和销量的提升。但它也存在缺点，即多家经销商之间的竞争往往容易出现为了冲量而各自压价倾销，从而导致价格混乱、串货等现象，最终使经销商无利可图、积极性受挫，降低经销商与生产企业的亲和力和对品牌的忠诚度。因此，采用这种模式时，须从根本上规范经销商的行为，培育通路网络系统，稳定市场，最终提升销量，生产企业与经销商可以探索新的合作模式，如由区域内多个经销商共同入股、设立销售分公司等。

3. 代理模式策划

代理模式策划是指生产企业与具有较强销售网络和分销能力的中间商以契约的方式建立稳定的代理销售关系。代理模式可以使生产企业迅速进入市场，有效地规避经营风险，且运营成本较低。与其他方式相比，代理模式更适于迅速运作大市场。代理模式又可分类如下：

（1）独家代理与多家代理。

① 独家代理。独家代理是指生产企业一个市场区域只委托一家代理商销售其产品。独家代理商不得再代理竞争品牌的同类产品；生产企业不得在同一市场区域内同时委托给其他代理商销售其产品。其优点是，双方都容易获得对方的支持，代理商有较高的积极性开发市场；其缺点是，由于是独家代理，生产企业过于依赖代理商，难以控制渠道和市场，久而久之，生产企业开拓市场的能力会逐渐萎缩。

② 多家代理。多家代理是指生产企业的某种产品在一个市场区域同时委托两家以上同一层级的代理商销售。代理商没有市场销售独占权。其优点是，生产企业处于比较有利的地位，不受代理商牵制，还可以利用多个代理商的营销网络，销售见效快；其缺点是，代理商之间可能会产生恶性竞争从而破坏整个市场。因此，对生产企业的市场管理能力要求较高。

一般来说，新上市的产品可采用独家代理制，待市场成熟后，品牌力增强，再考虑增加代理商数量；市场潜力小的产品不宜采用多家代理制，因为容易导致恶性竞争；生产企业同一种产品线内产品项目型号较多，可以错开型号，交给多家代理商销售。

（2）总代理与分代理。

① 总代理。总代理与独家代理享有相同的权利。不同之处在于，总代理必须是独家代理，但独家代理不一定是总代理。总代理享有按区域指定分代理的权利，而独家代理没有。

② 分代理。分代理是隶属于总代理之下的代理商。

专栏8－4

全渠道营销：一种新战略

“全渠道”是近几年出现的一个词汇，人们对它的理解是多种多样的。在一般情况下，它被理解为全部的分销或销售的通路，是从单渠道、多渠道、跨渠道演化而来的。这种理解已经不适合今天的营销实践了，需要扩展“全渠道”含义的范围：不仅包括全部商品所有权转移的渠道，也应该包括全部的信息渠道、全部的生产渠道、全部的资金（支付）渠道、全部的物流渠道，甚至还包括全部的顾客移动的渠道等。全渠道可定义为：个人或组织为了实现目标，在全部渠道（商品所有权转移、信息、产品设计生产、支付、物流、客流等）范围内实施渠道选择的决策，然后根据不同目标顾客对渠道类型的不同偏好，实行针对性的营销定位，并匹配产品、价格等营销要素组合策略。全渠道营销管理（见图 8-3）就是对全渠道营销进行分析、规划和实施的过程。

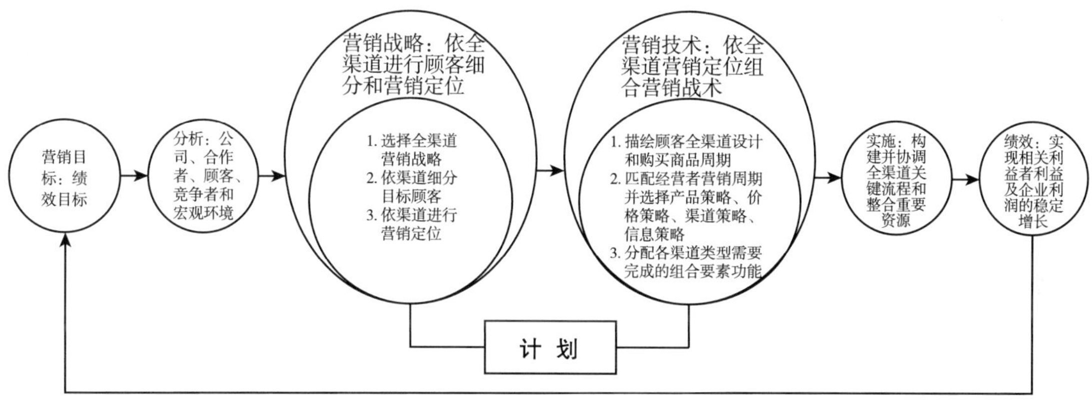

图 8-3 全渠道营销战略管理

根据以下材料整理：李文，全渠道营销：一种新战略，清华管理评论，2015，1（2）：32-39。

二、渠道招商策划

1. 商业伙伴的选择标准

明确商业伙伴的选择标准是选择商业伙伴的起点和前提条件。一般来说，选择商业伙伴的标准有如下几个：

（1）实力优先，即商业伙伴必须在目标市场拥有完善的分销网络，拥有较高的市场地位与通路竞争优势。

（2）业态对路，即商业伙伴应在经营业态方面符合分销要求，这样才能承担产品从企业顺利、快速、大量传送到消费者的分销功能。

（3）形象吻合，即商业伙伴与企业的实力和形象应当比较接近，这样才有可能平等合作。

（4）文化认同，即商业伙伴只有认同生产企业的文化价值观念、经营理念和经营策略，才可能与生产企业共同开拓市场，谋求共同成长。

2. 商业伙伴的考察评估

（1）对商业客户的数据库进行考察评估。要考察商业客户是否有数据库，若有数据库，则需对以下要素进行考察：联系人、客户名称、所属行业、地址、邮编、电话、产品型号、购买价格、购买数量、购买日期、记录建立时间、记录建立人、是否回访、回访时间、回访人等。如果可能，记录下回访时了解到的信息。

（2）对商业客户的市场地位进行考察评估。要从时间和空间两个维度对商业客户进行考察与评估。在时间维度上，可以用历史比较法，即将商业客户的当期销售量与上期销售量进行比较，得到其上升或下降的比值，然后将此比值与整体市场的比值进行比较，来考察商业客户的市场地位的变化趋势。在空间维度上，可以用区域比较法，即将包括商业伙伴及其同行在内的某一时段的实际销售量与通过分析得出的该区域销售潜量进行比较并排序，以考察商业客户当前的市场地位如何。

（3）对商业客户的价值观和经营作风进行考察评估。具体内容包括：

① 与正在合作的生产者之间的关系是否融洽，采取什么样的合作方式，对产品的销售和促销力度如何，与同类产品的市场竞争的竞争方式和竞争力如何。

② 是否有明确的销售目标和正确的销售原则。

③ 对与新生产企业的合作是否积极，打算与新厂家签订什么样的商业合同，得到什么样的销售政策。

（4）对商业客户的信誉进行考察评估。这包括商业客户其他合作伙伴对其信誉的评价和商业客户在公众心目中的形象两方面的考察评估。具体内容包括：

① 走访商业客户的其他合作伙伴，了解其与代理厂家和渠道终端的关系，尽可能获得其信誉和终端开发与控制等方面的信息。

② 通过查询数据库或访谈最终消费者的形式，获得其商业客户的经营作风及其在社会大众心中形象的信息。

③ 通过税务部门、银行、债权人和司法机构了解商业客户的信用和经营方式等信息。

（5）对商业客户的财务指标进行考察评估。财务指标主要有以下几个：

① 渠道成本。渠道成本直接影响生产企业的利润和产品的最终销售价格。渠道成本主要来源于四个方面：直接推销费、市场促销费、给予下级渠道代理成员的佣金、发展下级渠道体系的成本。

② 销售利润率。销售利润率是指当期利润与当期销售收入的比值。它会影响商业客户的积极性，进而影响生产企业的销售收入。

③ 资金周转率。资金周转率是指用产品销售收入净额与资产平均占用额的比值。资金周转率高，说明商业客户的投资效率高，资金风险就低，可与之建立长期、稳定的合作关系。

④ 存货周转率。存货周转率是指用产品销售成本与存货平均余额的比值。存货周转率越高，库存周转越快，资金回流越快，财务风险就越低，生产企业与其合作就越放心。

（6）对商业客户的合作意向进行考察评估。这种考察主要通过生产企业与商业客户的沟通实现，沟通的主要内容是：商业客户对生产企业产品的竞争力是否有信心；合作双方对对方的经营目标、经营理念和价值观是否认同；商业客户对生产企业的产品价格、结算周期、促销方式和支持力度等是否能够接受。

3. 渠道招商方式

（1）网上招商。这是生产企业通过企业网站或专业的招商网站发布招商信息。其优点在于传递的信息量大、覆盖面广、成本低、信息发布速度快。但网络在很大程度上只是一个信息发布和初步交流的平台，因此，网上招商一般作为招商方式的辅助手段。

（2）中介招商。其分为两种形式：一种是通过专业的投资中介咨询机构，将招商项目委托给专业机构为生产企业选择合适的合作伙伴；另一种是采取有偿或无偿的方式来委托可利用的关系资源，包括政府机构，老客户、亲戚朋友、华侨外商、特殊机构等，寻找商业合作伙伴。

（3）访问招商。这是生产企业把有经验的销售业务人员派往市场进行实地考察，与商业客户当面沟通，从而选择商业合作伙伴的一种招商方式。销售业务人员最好能选择对当地商业流通环境、风土人情和商帮作风比较熟悉的人员，如果可能，其最好在当地有很广的人脉资源。访问招商一般在开发三级、四级等低级市场时采用较多。

（4）展览招商。这是生产企业在某些特定的场合通过展示产品来吸引商业客户的一种招商方式。采用此种招商方式时，生产企业将会得到众多的招商机会，但与同行竞争也会异常激烈。

（5）广告招商。这是生产企业在招商区域的主流报纸、杂志、商业客户比较关注的媒介上发布招商广告寻求商业合作伙伴的一种招商方式。有些比较善于造势的生产企业会选择通过某种媒介在某个阶段密集投放招商广告，以显示自己的实力、树立良好的企业形象，提高本企业对商业客户的吸引力，预热终端市场。广告招商一般在市场开发初期和重点开发的目标市场采用。

（6）会议招商。生产企业邀请有合作意向的商业客户参加企业举办的招商大会，通过面对面沟通、产品展示、市场需求分析、娱乐互动等方式，来调动商业客户的合作意愿，并通过现场签约优惠政策的刺激，以期在会议期间完成招商的主体工作。

（7）信函招商。这是生产企业给目标市场内的有关商业客户发出招商信函，传递企业信息，寻求合作意向的招商方式。其优点是成本低，缺点是信息单向传递，商业客户反馈率低、反馈速度慢、针对性差。

（8）拍卖招商。这是通过集体会议拍卖的方式招选有竞争实力的商业客户的一种招商方式。由于有现场气氛的强烈渲染和限定时间的紧迫感，因此，这种方式的竞争性强、收获性大，是一种比较新颖的招商方式，但是策划和执行的难度较大，需要具备良好的营销造势实力和技能才能成功操作。拍卖招商主要有巡回拍卖和集中拍卖两种。拍卖招商策划运作时，要注意以下几点：

① 拍卖招商的品牌必须是具有相当知名度的强势品牌，这是招商成功的基本前提。

② 产品必须具有明显的消费利益、良好的市场潜力和权威的支持证明，这是招商成功的重要条件。

③ 具有号召力和诱惑力的招商广告及准备细致、内容丰富、具有说服力的产品推介会是策划的重要内容。

④ 选择优秀的拍卖公司进行合作是招商成功的重要保证。

（9）电话招商。这是生产企业通过电话沟通方式向商业客户传递招商信息，游说商业客户加入企业的销售网络，从事企业产品销售工作的一种招商方式。这种方式比信函和网络招商方式主动，信息也有反馈，因此，效率较高。但是，还需要与实地访问、实地考察等沟通方式相结合，才能有效提高招商沟通的质量和成果。

三、渠道制度策划

渠道制度是影响到厂商利益、厂商关系和产品销售的重要因素，也是企业高层和经销商关注的焦点所在，因而渠道制度的策划和制定至关重要。

1. 销售权限政策

制定销售权限政策的目的是明确经销商的销售产品和销售区域，规范分销品种和分销范围，防止串货，同时确保经销商的基本销售权利。销售权限政策包括以下内容：

（1）分销产品权限。明确经销商能销售哪些产品品种型号、不能销售哪些产品品种型号，以规范经销商产品销售范围，避免产品销售失控。实行多家经销、多家代理的企业尤其要明晰销售产品权限。

（2）分销区域权限。这是规范市场操作，防止产品跨区域销售、串货冲量、冲击市场秩序的需要，否则容易造成市场的失控。

（3）分销时间权限。明确经销商产品销售的时间期限、起止年月。销售时间的计算一般有自期年度和财政年度等方式，在有些行业还有一些特殊的约定，如空调业的冷冻年度。

（4）分销任务规模。其主要规定经销商的销售任务、市场占有份额等销售指标。这是企业分解落实销售目标任务指标的重要手段，是企业和经销商签订销售合同的重要依据，是企业配置营销资源支持经销商销售工作的重要依据。

（5）违约处置措施。为确保经销商和厂家双方的利益，应规定好各方违约时的处理意见，根据违约性质、程度和后果不同，分别采取罚款、取消经销权、中止合作或诉诸法律等方式。

2. 价格政策

价格是影响生产企业、中间商、最终消费者和产品市场前途的重要因素。制定正确的价格政策有利于维护生产企业和分销商利益、调动分销商积极性、吸引消费者购买、取得竞争优势等。价格政策的具体内容包括：

（1）价格体系政策。生产企业必须设计好销售通路各环节的价格体系，实现对市场价格的有效监控，包括出厂价格，一级分销商价格，二级、三级分销商价格和零售终端价格。

（2）价格折扣政策，即规定好批量、季节、回款等价格折扣政策。

（3）价格稳定政策，即规范价格条款，规范价格竞争；实行价格监督，处理乱定价行为。企业在和经销商签订合同时，要明确规定稳定价格条款，对不履行价格义务、进行不正当价格竞争的，要取消其经销资格；实行价格监督，及时掌握价格状况，发现经销商违反价格时应立即处理。

3. 结算政策

结算政策直接影响生产企业的资金周转和经济效益，包括预付货款、现款提货、授信额度和赊销四种方式。

（1）预付货款政策。经销商在提货之前须预付部分甚至全部货款，这是对生产企业最为有利的一种结算形式，其资金和金额货物不存在任何风险。但这种结算政策必须建立在产品畅销、品牌强势和企业信誉被认可的基础之上。

（2）现款提货政策。生产企业不必承担资金风险，经销商要承担资金风险。因此，实施这种方式前提是品牌价值高、产品畅销。在现行买方市场中，对于一般企业，这种政策较难实行。

（3）授信额度政策。对于某些处于强势地位、资金实力强且有信誉保证的经销商，若其不能做到现款现货，可为其规定一个授信额度或一定数量的铺底货，其在授信额度内可以不付款提货，但超过授信额度必须清款才能提货，或日常现款现货，若经销合约中止，则将铺底货款收回。这种政策既保证了与强势经销商的合作关系及产品销售，又将资金风险控制在一定范围内。

（4）赊销政策。有些弱势企业为急于进入市场或追求销量，故屈从经销商压力，采取赊销政策。但这种结算形式的资金风险较大，生产企业在后期的结算工作将有一定的风险和难度。

专栏 8-5

格力集团和双汇集团的结算政策

签约经销商与格力集团要签订销售任务，并保证每年都有一定幅度的销售增长，增长幅度因人因时而异。格力集团要求先打款后提货，签完约后，签约经销商一般首期出款要达到全年任务的 30%。此外，经销商在淡季时向格力集团预付货款，格力集团会给予经销商价格上的优惠。

双汇集团对经销商采取预付货款政策，先付款后提货，仅对直营渠道给予三个月的账期；在面对供应商时，双汇集团采取了先货后款的结算方式，这使得双汇集团保持充沛的现金流动。

根据以下资料编写：

[1] 双汇集团财务公司获批筹建 携 500 亿现金流可向经销商放贷 实业金融航母起步，http://china.huanqiu.com/hot/2016-02/8574178.html，2016-02-20（2018-01-30）。

[2] 康晓博，1 400 亿销售额背后：看格力怎样“黏住”经销商，http://www.xinhuanet.com/fortune/2015-02/12/c_127484545.htm，2015-02-12（2018-02-22）。

4. 返利政策

返利政策是为了鼓励经销商从时间上持续经营、从规模上扩大经营而设的一项销售政策。其具体内容包括：

（1）返利标准。返利标准一般是按照经销商的层级、销售任务规模等级和所达到的实际销售业绩分别制定的，这样便于同级、同等经销商之间相互比较、相互激励，必要时还需区分产品类别制定销售业绩和返利数量标准，以鼓励特定产品品种和规格的销售。在制定返利标准时，需要考虑以下因素：第一，销售任务对经销商要有一定的激励作用；第二，竞争对手的返利标准；第三，企业的经济承受能力和经济效益；第四，实际效果。应防止经销商为冲击销售规模获得高额返利而抛售、串货，真正使返利政策达到激励经销商通过正常销售途径扩大销售的目的。

（2）返利期限。返利期限包括按年返利、按季返利和按月返利三种形式。返利期限的长短应根据产品特性、销售速度和市场竞争的需要而定。如果希望迅速提升销量，则可以实行月返；如果希望长期持续经营，则可以考虑年返。但生产企业应引导经销商在日常销售中获利，而不是等到年底拿年终返利或年终奖励。

（3）返利形式。返利形式包括现金返利、货物返利、经营设施设备返利、广告返利等，或者是两者或两者以上形式的结合。现金返利对经销商的激励最强、最直接；货物返利有利于激励经销商扩大销售和生产企业出货；经营设施设备返利可以防止经销商压价出货，同时鼓励经销商扩大经营规模，改善经营条件，并增强经销商的荣誉感和对生产企业的凝聚力与忠诚度；广告返利有利于生产企业与经销商共同开发市场和拓展市场。

（4）返利条件。为使返利真正促进产品销售，在返利政策条款中明确规定约束条件，如严禁同区域或跨区域串货销售、严禁擅自降价销售、严禁拖欠货款、严禁将厂家的市场建设费用、品牌建设费用挪作他用或变相转化成经销商的利润等。一旦违反相关条件，则取消返利资格，甚至处以罚款。

5. 促销政策

促销政策需要考虑以下几个因素：

（1）促销目标。促销目标应量化，以便于检查和考核。

（2）促销力度。需要考虑能否激发经销商和终端消费者的兴趣，促销力度的市场竞争力如何，成本费用与企业承受能力是否匹配等问题。

（3）促销内容和形式。根据市场需要策划促销的内容和形式，如赠品抽奖、派送返利等。

（4）促销期限。根据销售季节规律和竞争需要设计促销活动的时间期限，并适时通知客户按时开展促销活动。

（5）促销申报流程。

（6）促销管理制度。

6. 销售服务政策

制定销售服务政策的主要目的在于尽最大努力做到使客户满意。其主要内容有销售辅导培训制度、订货程序与配送制度、客户投诉处理程序、售后服务政策、配送制度、订发货程序、客户接待礼仪、客户接待制度等。须将这些内容制作成规范的制度范本，并通报客户，请客户监督执行，从而达到使客户满意。

第三节　零售方式策划

一、零售业态策划

1. 百货商店

百货商店是最为常见的零售业态之一。菲利普·科特勒认为，一家百货商店要经营几条产品线，通常有服装、家庭用具和家常用品，每一条产品线都作为一个独立的部门，由一名进货专家或者商品专家管理。根据《零售业态分类》标准，中国将百货店定义为“在一个建筑物内，经营若干大类商品，实行统一管理，分区销售，满足顾客对时尚商品多样化选择需求的零售业态”。

百货商店可选择的定位有以下几种：

（1）奢华型定位，即以高端人群为目标的定位。虽然高端人群人数有限，但购买力可观，且有众多向往高端生活的人群，愿意购买超过其经济能力的商品，以提升自己的地位。定位奢华型百货商店需具备以下条件：第一，有组合高端品牌的能力；第二，有提供高端服务的能力；第三，有高标准的硬件设施；第四，所处地域有一定规模的高收入阶层；第五，竞争条件宽松。

（2）时尚型定位，即以引领潮流和时尚为诉求点的定位。现代人，尤其是青年，追求自我释放，关注流行时尚，渴望走在潮流的前端。定位时尚型百货商店时应注意以下几点：第一，引进时尚品牌；第二，营造卖场氛围，时尚购物往往感性重于理性，因此，应当通过灯光、动线的设计，背景音乐的烘托，营造繁华时尚的氛围，使消费者获得体验时尚生活方式的乐趣；第三，促销组合创新。

（3）生活型定位，即以满足主流生活需求为定位，这种定位是面向最广大的主流消费群体，这类消费群体一般收入水平中等，消费精打细算，理性较强，对所信任的零售商忠诚度较高。定位生活型百货商店时应注意做到目标家庭化、商品实用化、品牌主流化和价格平实化。

2. 超级市场

超级市场也是常见的一种零售业态。菲利普·科特勒认为，超级市场是规模相当大的、成本低、毛利低、销售量大的自我服务的经营机构，其目的是满足顾客对食品和家庭日用品的全部需要。

专栏8-6

沃尔玛在中国

在2013年，沃尔玛在中国关闭门店数达14家。在关店的同时，沃尔玛也还在开店。2016年1月15日，沃尔玛在内蒙古鄂尔多斯、湖北咸宁和云南宜良三地同时开张三家新店。自2015年12月到2016年1月已经开了13家新店。在许多城市，沃尔玛均是首次进入，在沃尔玛开业前，当地鲜有全国性的连锁超市，更没有国际性的连锁大卖场。

根据以下资料编写：胡蓉，沃尔玛宣布关店同时不断在中国开店到底为哪般？http://news.winshang.com/html/056/0328.html，2016-01-19（2018-02-22）。

3. 专业商店

专业商店是经营某一大类商品为主，并且拥有丰富专业知识的销售人员和提供适当售后服务的零售业态。常见的专业店有办公用品专业店、玩具专业店、家电专业店、药品专业店、服饰店等形式。专业店成功的要诀是商品组合窄而深、服务保持专业水平、体现价格竞争优势。

适合专业店经营的商品种类及品种主要有：

（1）花色品种繁多、需求变化快，挑选性及时间性较强的服装、纺织品、鞋帽等商品。

（2）商品构造复杂或经营技术要求高或需提供售前或售后服务的钟表、照相器材、通信器材、家用电器、药品等商品。

（3）鲜活商品以及由于采购加工、保管条件需要专营的蔬菜、水果、鱼肉、糕点、茶叶、肉制品、风味食品等商品。

（4）需要具有某些专业知识及经营技术的金银制品、文物、工艺美术品等。

专栏8-7

运动品连锁商店迪卡侬

迪卡侬（Decathlon）于1976年成立于法国，是全系列运动品的连锁商店，提供的产品包括常见的运动服饰、球类健身器械等，以及专业的马术、潜水、冲浪等运动装备。同时注重体验服务，产品货架旁总伴有活动区，如轮滑场、羽毛球场等。卡迪侬拥有20多个自有品牌，1986年首家海外连锁店在德国开业，1992年进入西班牙，2003年打入中国市场．截至2016年年底，在全球28个国家拥有1 176家连锁店。截至2017年10月，迪卡侬在中国的连锁店数量为244家。2018年，迪卡侬成为法国人最喜爱的品牌连锁店。

根据以下资料编写：

[1] 赵怡蓁，迪卡侬超越亚马逊 成为法国人最喜爱连锁店，http://finance.huanqiu.com/gjcx/2018-01/11571609.html，2018-01-31（2018-02-01）。

[2] 现如今迪卡侬的发展空间怎么样? https://www.zhihu.com/question/36153875, 2017-08-08 (2018-02-01)。

4. 专卖店策划

专卖店是指专门经营或授权经营制造商品牌，适应消费者对品牌选择需求和中间商品牌的零售业态。专卖店一般选址在繁华商业区、商店街或百货店、购物中心内；营业面积根据经营商品的特点而定；商品结构以著名品牌、大众品牌为主；销售体现量小、质优、高毛利的特点；商店的陈列、照明、包装、广告讲究；采取定价销售和开架面售；注重品牌名声、从业人员必须具备丰富的专业知识，并提供专业知识性服务。

5. 便利店策划

便利店是以满足顾客便利性需求为主要目的的零售业态。便利店一般选址在居民住宅区、交通要道、娱乐场所，机关、团体、企事业办公区等消费者较集中的地方；商店营业面积在100平方米左右；步行购物5~7分钟可到达；商品结构以速成食品、饮料、小百货为主；营业时间长，一般在16小时以上，甚至达24小时，终年无休息日；以开架自选货为主，结算在收银机处统一进行。便利店策划需要注意的要点是科学选址、商品精而鲜、消费便捷、全天候营业、服务多元化。

6. 仓储式商场策划

仓储式商场又称为仓库商店、货仓式商场等，是一种集商品销售与商品储存于一个空间的零售业态。它一般选址于城乡结合部、交通要道；目标顾客以中小零售商、餐饮店、集团购买和有交通工具的消费者为主；商店营业面积大，一般为1万平方米左右；主要以食品(有一部分生鲜商品)、家庭用品、体育用品、服装面料、文具、家用电器、汽车用品、室内用品等为主；采取仓库式陈列；设有较大规模的停车场。

仓储式商场经营的要点是采取薄利多销的策略，与顾客建立稳定的营销关系，实行科学、规范的连锁经营管理，精选大众化的畅销日用商品，并严格把好商品质量关。

专栏8-8

美国会员制仓储超市Costco的成功

Costco成立于1976年，是美国最大的连锁会员制仓储超市，是全球排名第二的零售商。在电商平台兴起、传统零售备受冲击的今天，Costco的市值在2006—2016年仍上涨了5倍多。2017年年初，美国会员制仓储超市Costco更加火爆，从年初官方发布的业绩报表看，Costco在电商冲击实体严重的当下，仍以5%的营收速度增长，一改零售巨头业绩下滑的颓势。

具体原因包括：

(1) 会员制的商业模式。只赚顾客的会员费，不赚商品差价、不抽成，商品价格极低，毛利率仅为沃尔玛的二分之一，收益直接与会员人数相关。

（2）超低SKU（stock keeping unit，库存量单位）提高购物效率。Costco的商品都是通过严选出来的2~3种“爆款”，提供经过严格筛选的商品品牌。

（3）拥有超高口碑的自家品牌。Coscto在2002年独家推出健康品牌Kirkland Signature。

（4）高客单价、高坪效。

（5）优质的服务保障，顾客享受90天内可退货制度。

根据以下资料编写：

[1] 周蕾，为何中国没有出现像Costco这么牛的会员式仓储超市？http://news.winshang.com/html/060/6602.html，2017-02-13（2018-02-22）。

[2] 好市多（Costco）靠什么快速成为全球第二大零售商？https://www.huxiu.com/article/134746.html? rec=similar，2015-12-21（2018-01-30）。

[3] 传统零售坍塌，好市多（Costco）凭什么还能10年增长5倍？https://www.huxiu.com/article/177475.html，2017-01-07（2018-01-30）。

二、特许连锁策划

特许连锁也称为特许连锁经营，是指特许者将自己所拥有的商标、商号、产品、专利和专有技术、经营模式等以特许经营合同的形式授予被特许者（又称“受许人”）使用，被特许者按合同规定，在特许者统一的业务模式下从事经营活动，并向特许者支付相应的费用。

1. 特许连锁的类型

（1）按特许人与受许人的身份分类，可将特许连锁经营分为4种类型：①制造商与批发商；②制造商与零售商；③批发商与零售商；④零售商之间。

（2）按特许权授予方式，可分为4种类型：

① 一般特许。一般特许即特许人赋予受许人在一个地点开设一家加盟店的权利，并向受许人授予产品、商标、店名、经营模式等特许权，由该受许人使用这些特许权进行经营，并支付一定费用作代价。

② 委托特许。委托特许又称为代理特许，是指特许人把自己的产品、商标、店名等特许权出售给一个代理人，授予该代理人特许权，允许该代理人负责某个地区的特许权授予，代理人可以代表特许人向他所负责地区内的加盟申请者授予特许权。

③ 发展特许经营。发展特许经营又称为区域开发特许经营，是指受许人在向特许人购买了特许经营权的同时，也购买了在一个地区内再建若干家分店的特许权。

④ 复合特许经营。复合特许经营又称为二级特许，是指总部将在一定区域内的独占特许权授予受许人，受许人在该地区内可以独自经营，也可以再次授权给下一个受许人经营特许业务。

（3）按特许内容可分为两种类型：商品商标特许经营和经营模式特许经营。

专栏 8－9

7－11 便利店遭特许经营商起诉

据美国《赫芬顿邮报》2013 年 8 月 1 日报道，正值日本零售巨头 7－11 便利店着手大规模和快速扩张之际，该公司收到了一份将会影响该计划的集体诉讼。在集体诉讼中，五位特许经营商称，7－11 便利店控制着他们的商店，甚至包括室内温度、产品价格和员工工资。此外，尽管特许经营商在这些商店投资几十万美元的资金，未经公司许可，他们不能从商店的账户中回收资金。于是，特许经营商们承担着小企业主的金融风险，却实际扮演着员工的角色。

根据以下资料编写：肖雪，7－11 便利店遭特许经营商起诉 被控管理过于严苛，http://finance.sina.com.cn/chanjing/gsnews/20130802/133216328718.shtml，2013－08－02（2018－02－22）。

2. 特许连锁的条件

（1）特许方必须具备以下基本条件：

① 拥有独具特色的商品或服务，拥有一定的市场。

② 拥有独特的销售技术和方法，并能提供给加盟店，并且不易被其他竞争者模仿，具有持久的获利能力。

③ 具有对加盟店进行经营指导和维持特许连锁组织的能力，在加盟店正常运行时，能定期进行经营指导和合理的管理。

④ 总部统一经营商品的品牌，具有较高知名度和较好形象的商品。

⑤ 总部具有一定的财力和融资能力。

⑥ 具有开展连锁事业的人才和组织，可保证加盟店的定期指导和管理。

⑦ 拥有先进的信息系统，能够及时了解加盟店的信息和传达总部的指示。

⑧ 拥有先进的物流系统，保证各个加盟店商品品质的统一。

（2）受许方应具备如下条件：

① 优越的店址条件，是选择加盟店必不可少的参考条件。

② 具有一定的资金，拥有融资担保能力，避免破坏产品的形象。

③ 店长具有一定的经验，可以对员工进行及时的指导。例如，在英国，麦当劳的店长必须拥有两年在麦当劳工作的经验。

④ 店长身体健康，具有一定的学历，能够保证加盟店的管理。

三、直复营销策划

美国直复营销协会（American Direct Marketing Association，ADMA）认为：“直复市场营销是一个与市场营销相互作用的系统，它利用一种或多种广告媒体，对各个地区的交易及可衡量的反映施加影响。”直复营销要素包括交易条件、媒体选择、时机、创意、提供的服务。

常见的直复营销方式有以下几种：

1. 电话营销

电话营销是指使用电话直接向消费者传递信息、销售产品。它可分为两种类型：第一，专门提供“接听”服务。通过电话专线接受顾客的订货、咨询或抱怨。电话费用由公司负担。第二，以“外拨电话”的方式与消费者接触，即以关心与诚恳的口气，循序渐进地促销商品。

使用电话营销减少了与消费者直接接触的人员数，减少差旅费。电话营销具有立即性与直接性，可以直接针对产品特性与消费者反应进行沟通。但其成本较高，而且必须花一定时间才能找到目标消费者。

2. 直邮营销

营销者将邮件广告直接邮寄给事先挑选出的潜在消费者，邮件广告中包括一些附有定购单、回执卡、免费电话或传真等回复工具的广告、传单、产品说明书、产品样本、企业宣传材料以及购物券等。目标消费者接到邮件广告后，可利用邮件广告中提供的免费电话等回复工具向营销者反馈信息。它是直复营销中应用最广、广告花费最多的一种形式。

适用于邮购的商品一般有以下特征：

（1）稀缺。邮寄的商品大多是一般商店所没有的商品。

（2）价格低。邮售节省了营业场地和销售人员，因而可以将售价降低。

（3）新潮。邮寄的面很广，可以使消费者迅速获得全国乃至世界新潮消费商品信息，因此，邮寄商品如果是时尚商品，则会很受欢迎。

（4）购买隐蔽。邮售的优势之一是具有隐蔽性，企业经常销售那些消费者不好意思在大庭广众之下通过店铺购买的商品。

3. 目录营销

目录营销是直邮营销的一种特殊方式。营销者按选好的消费者名单邮寄产品目录，或备有产品目录随时供消费者索取，以便潜在的消费者了解商品信息。在寄给目标消费者的邮购目录中，除了提供订货方式、支付方式外，通常附有免费联系电话号码。这种方式所涉及的商品极为广泛。以美国为例，采用目录营销的公司每年寄出的目录高达 124 亿份，目录中涉及的商品种类多达 8 500 多种，平均每户家庭每年收到的目录至少有 50 种。

4. 电视营销

以电视作为向消费者进行商品推介展示的渠道。一般采取两种方法：第一，直接反应广告。营销人员通常购买 60～120 秒的电视节目广告时间来展示和介绍产品，消费者通过免费电话订购产品。第二，家庭购物频道。通过闭路电视或地方电视台播放一套完整的节目，专门用来宣传介绍产品，电视观众只需将电视频道转至家庭购物频道，即可全天 24 小时收视。

专栏 8 - 10

电视广告受到互联网冲击，美国最大电视购物公司 QVC 尝试 AR 技术

随着互联网新媒体的兴起，电视营销面临着冲击。据统计，2017 年全球数字广告支出占总支出的 41%，首次超出电视广告；近期，美国实体零售商西尔斯决定取消电视广告的投放，未来将更多地转向数字销售。而 Trivago 等企业在 2017 年仍将几百万美元投入电视广告，认为电视广告对于旅游品牌仍有很大的价值；同样，制药公司 2017 年共将 32 亿美元用于电视广告，远超 2016 年的支出。

增强现实技术（augmented reality，AR）是一种实时地计算摄影机影像的位置及角度并加上相应图像、视频、3D 模型的技术。美国最大的电视购物公司 QVC [quality（质量）、value（价值）、convenience（便利）] 已经在尝试增强现实，以提高电视面前的消费者参与度。2017 年 8 月，该零售商开始提醒电视观众下载一个叫 YouCam Makeup 的 AR 应用，以便在购买之前先"测试"美容产品。据说该应用使用面部识别、3D 渲染和肤色分析，购物者可以感受一下产品用在脸上的效果。

根据以下资料编写：

[1] 今年全球数字广告支出将首次超过电视广告，http://www.sohu.com/a/209744643_465210，2017 - 12 - 11（2018 - 02 - 01）。

[2] 取消电视广告？今年家电品牌营销也要换换脑袋，http://tech.ifeng.com/a/20180116/44848292_0.shtml，2018 - 01 - 16（2018 - 02 - 01）。

[3] 电视广告在当今的旅游营销中如何发挥作用？http://m.sohu.com/a/196093087_118838，2017 - 10 - 03（2018 - 02 - 01）。

[4] 2017 年最肯在广告上花钱的制药企业，https://www.sohu.com/a/215425120_170591，2018 - 01 - 08（2018 - 02 - 01）。

[5] 晨曦，从化妆品到壁纸：品牌开始用苹果 AR 来扩大销售额，http://wemedia.ifeng.com/31885151/wemedia.shtml，2017 - 10 - 03（2018 - 02 - 22）。

5. 短信营销

随着手机用户的迅速增加，营销者可以基于公司的主顾资料数值库，有针对性地针对某种特别指定主顾群，如不同岁数段主顾群、性别主顾群、购买特殊爱好主顾群、消费钱数主顾群做出不同的应对，并通过手机短信发送给主顾。短信营销一般可以用来进行市场调查、新产品宣传和公司形象宣传等。

小结

分销渠道是指在产品或服务的生产者与最终消费者之间起流通作用的一整套相互依存的组织。渠道构建策划包括分销模式策划、渠道招商策划和渠道制度策划。分销布局策划是指到哪里去销售。分销模式策划是指根据流通环境和分销目标，选择流通渠道业态、分销运作模式和渠道结构模式。渠道招商策划即确定商业伙伴的选择标准，进行考察和评估，并采取一定的招商方式选择合适的分销商。渠道制度策划是指如何激励和规范分销商的销售行为。零售方式主要关注各种零售业态、特许连锁和直复营销。

开篇案例讨论

1. 分析优衣库分销渠道模式的优势与局限性。
2. 要实现“商品通”最关键的环节是什么？

思考题

1. 分销渠道策划的目标和任务是什么？
2. 结合具体的商业环境，谈谈如何与当地经销商建立合作关系。
3. 如何对经销商做考察评估和监督控制？
4. 你怎么理解渠道构建策划的艺术性？
5. 如何激励商业合作伙伴的销售积极性？

网上练习

主题：企业如何建立线上分销渠道？

步骤 1：通过网络资源，搜索线上分销渠道的方式及其相关资料。

步骤 2：调查当地某一企业建立线上分销渠道的情况及其问题，尤其关注其建立线上分销渠道的可行性。

步骤 3：结合企业经营战略及其优劣势，设计适合该企业的线上分销渠道的方案，并进行充分论证，鼓励与企业相关人员进行讨论。

步骤 4：为该企业撰写具有可行性的线上分销渠道建立的策划方案。

步骤 5：与企业相关人员、同学交流，改进策划方案。

策划技能训练

主题：中国网络商场的未来如何？

步骤1：教师将班级分组，5～7人一组。

步骤2：选择所在地区商场或零售点进行调查。

步骤3：对网络商场进行调查和体验，从消费者的角度分析比较线上商场与线下商场的优劣。

步骤4：分析比较线上商场与线下商场的渠道成本和效益。

步骤5：小组讨论，中国网络商场未来的发展方向和模式。

步骤6：在课堂上介绍、讨论策划方案。

第九章　促销策划

学习目标

- 熟悉广告促销策划的程序
- 了解广告创意策划
- 掌握人员促销策划
- 了解营业推广策划
- 理解公关促销策划

开篇案例

广州宜家家居仲夏节的促销活动

每年6月19日至25日的星期五是瑞典人最重要的节日——仲夏节。在这一天，许多人开始休自己为期5周的年假。宜家也将这个来自遥远国度的欢乐节日带到中国。

2017年6月11日，宜家广州商场启动为期2周的瑞典仲夏节活动。在活动期间，宜家广州商场特别准备了限量20 000杯北欧风味果味饮料，顾客通过扫描二维码即可免费享用夏日清凉。除了品尝美食与体验缤纷活动，顾客在宜家广州商场还能感受到全新的夏日灵感——让家居清爽降温的纺织品搭配、在家开启夏日派对的灵活用餐方案、让阳台焕然一新的绿植布置，以及全新上市的阿西利（AVSIKTLIG）和斯达奇（STUNSIG）等系列。与此同时，宜家广州商场所有手推车会员专享8.5折，锅具系列、饭盒和食品收纳盒系列会员专享八折。

根据以下资料编写：可乐，2017年6月广州宜家家居仲夏节促销活动一览，http://gz.bendibao.com/tour/2017616/232186.shtm，2017-06-16（2018-02-22）。

第一节 广告促销策划

一、广告促销策划的程序

1. 广告市场调查

广告市场调查的目的是能够正确地评价广告主、广告公司、广告受众、产品及广告环境等的状态。在这个阶段，企业需要全面地收集信息，列出广告的关键问题和机会点，明确广告宣传的方向。广告市场调查的内容主要包括市场环境调查、广告主基本情况调查、消费者情况调查和广告产品调查四个方面。

2. 确定广告目标和广告定位

（1）确定广告目标。广告目标是整个广告活动所要到达的最终目的。广告目标可以从多个角度划分，因此，在确定广告目标上需要遵循具体、明确、严谨的原则。广告目标的设定必须符合企业发展战略规划，符合产品定位，符合企业的当前需要，符合广告受众的基本状况。

（2）确定广告定位。应根据商品特性和目标公众的特征，寻找商品在竞争中的方位，确定正确、有效的广告定位。

3. 确定广告媒体策略

确定广告媒体，即解决一种商品选择什么样的媒体才能获得更好的广告效果的问题。在通常情况下，选择广告媒体要考虑到产品定位、消费者习惯、广告目标、市场竞争状况、广告预算费用等。选择广告媒体需要确定以下问题：媒体地理分配、媒体时间分配、媒体内容分配、媒体组合等。

4. 确定广告主题及创意

（1）广告主题的确定。广告主题是广告所要表达的中心思想，是一则广告要向消费者传达的主要信息。广告主题多种多样，但重点都在于突出商品或企业所给予消费者的利益。常见的广告主题有以产品的利益属性为主题、以消费者心理为主题、以企业形象为主题和以产品商标为主题。

（2）广告创意的确定。广告创意的亮点在于创新，只有新的创意、新的表现手法、新的内容才能吸引消费者的注意，才有强大的说服力，才能达到广告的宣传和鼓动效果。

5. 广告文案创作

广告文案是指广告作品中的语言文字部分，包括标题、正文、标语和附文四个部分。企业所需的理想广告文案要能够表现出广告的主题和意境，达到吸引消费者、赢得消费者偏好的作用。

专栏9－1

iPhone X的广告语

2018年2月25日，苹果公司为iPhone X发布了一个新广告“First Dance”，广告语是“用相机记录身边的美好瞬间”。这条广告的特点在于整个视频都是用iPhone X拍摄的，视频中用特写的角度记录了婚礼场合中的动人瞬间。iPhone X与iPhone 8 Plus配置了强大的后置相机，还支持了人像光效模式，可以在没有专业灯光的情况下，通过机器学习为照片添加摄影棚级别的灯光特效。苹果公司希望通过这则广告让更多的人珍惜并记录生活中的美好瞬间。

根据以下资料编写：飞龙，苹果为iPhone X发布新广告“First Dance”：用相机记录身边的美好瞬间，https://www.ithome.com/html/iphone/348762.htm，2017－02－26（2018－02－28）。

6. 确定广告表现策略

确定广告表现策略即确定广告的表现形式，将广告的各个组成要素组合成完整的宣传作品。它是广告意境方案的物化、广告宣传理念的形象化，主要通过广告作品设计来体现。此外，必须协调好广告作品中的各个要素，使广告作品保持完整性和一贯性。

7. 确定广告预算方案

广告预算的项目内容主要包括市场调研费、广告设计费、广告媒介使用租金、广告制作费、广告机构办公费与人员工资等。常见的广告预算制定的方法有七种：目标达成法、销售额百分比法、销售单位法、竞争对抗法、支出可能额法、利润百分比法和任意增减法。

8. 撰写广告策划书

一份完整的广告策划书包括如下内容：前言；市场分析；广告受众；广告地区；广告预算分配；广告策略；配套宣传略策；广告效果评估。

二、广告创意与方案策划

1. 广告创意策划

广告创意是广告策划人按照一定的原则和方法所进行的构思与想象，是表现广告主题并最终形成美好意境的一种创造性思维活动。广告创意策划分为以下四个阶段：

（1）资料准备阶段。在这个阶段，广告策划人需要进行大量的资料收集和分析工作，为广告创意的产生做充分准备。

（2）灵感酝酿阶段。在这个阶段，广告策划人要对收集资料加以分析归纳和整理，从中找出广告的诉求点，然后进一步找出最能吸引消费者的地方，形成比较清晰的基本概念。广告策划人要用各种思维方法点燃智慧的火花，从中寻找创意的线索。

（3）创意产生阶段。在这一阶段，广告策划人经过综合分析、思考和酝酿，把所获得的灵感、启发、意念变成构思，并使这些构思成为反映目标的较为具体的形象。

（4）完善验证阶段。在这一阶段，经过广告策划人对所获得的构想进行检验和求证，即利用科学的分析和对比方法，来检验其合理性和严密性，并对检验结果进行认真分析，对不足之处加以补充，对过激之处加以修改，以达到完善广告创意的目的。

专栏 9－2

“想想还是小的好”

自波尔舍先生独创甲壳虫车型以来，这款汽车以其小巧别致、个性鲜明的特征沿用至今。但大众汽车公司的甲壳虫汽车并不是从诞生起就广受欢迎的，20 世纪 60 年代的美国是大型汽车的天下，甲壳虫能够打入美国市场，归功于伯恩巴克提出了新创意——“想想还是小的好”。正是这一句简单的广告语改变了美国人的汽车消费观念，使人们在购买汽车时开始在意汽车成本和维修费用。于是，甲壳虫汽车开始执掌美国小型汽车市场，也由此开创了大众汽车的又一个百年经典品牌。

根据以下资料编写：姜皓瀚，想想还是小的好——那些跟甲壳虫有关的记忆，汽车纵横，2012（12）：132－135。

2. 广告方案策划

（1）广告媒体的选择。从广告信息传播角度看，广告媒体是传递广告信息、实现广告主与广告目标对象之间联系沟通的一种物质技术手段。按感觉，广告媒体可分为视觉媒体、听觉媒体、视听两用媒体和嗅觉媒体四大类。视觉媒体是指印刷媒体，包括报纸、杂志和外媒体（如销售现场、霓虹灯、车箱、包装、路牌、灯箱、气球等）；听觉媒体包括广播、录音带和电话等；视听两用媒体包括电视媒体、电影院媒体、表演性媒体和网络媒体等；嗅觉媒体是指各种香味广告媒体，多用于香水、食品等。

广告媒体策划包括四个步骤：

① 明确广告诉求对象和市场定位策略。

② 进行广告媒体评估。

③ 确定广告发布媒体策略。

④ 确定媒体组合和媒体排期策略。

（2）广告发布的时机。广告发布时机是指关于广告发布时间方面的计划安排。广告发布时序是指广告发布与相关营销活动在时间顺序上的配合，主要有提前发布、同步发布和延迟发布三种策略。广告发布时点是指广告发布的具体日期和时段。它不仅要按照媒体组合的原则来确定，同时还要考虑不同时段消费者的媒体接触习惯，否则很难取得理想效果。广告发布时限是指广告发布的持续时间。广告发布总的持续时间由广告活动总体的持续时间、广告产生效果的时间和广告预算决定。在总的时限内，广告发布是否分成不同长度的时间段以及各时间段的时间期限长短，应根据广告目标与广告策略的要求来决定。

（3）广告促销的频率。广告频率是指一定时期内广告发布的次数，是一段特定时间内被选定的观众接触到某个广告的次数。广告频率是广告是否能够达到效果，是否存在浪费的重要影响因素。其主要模式有以下几种：

① 固定频率模式。固定频率模式是指在一定的广告发布时期内均衡地安排广告发布频率。

② 变化频率模式。变化频率模式是指一定的广告发布时期内有变化地安排广告发布频率。因变化程度不同，其又可分为四种方式：水平式、递增式、递减式和交替式。

（4）广告促销的排期。广告促销排期主要包括以下四种方式：

① 集中式排期。集中式排期是指将广告安排在一个特定的时间内集中发布。它能在较短时间内集中多种媒体进行广告宣传，最大限度地引起消费者的注意和兴趣。

② 连续式排期。连续式排期是指在一段时间内有计划地匀速投放广告的形式，目的是保持记忆。这种方法常用于消费者频繁购买的日常用品或运用广告进行市场扩展的情况。

③ 起伏式排期。起伏式排期是指在一段时间内大量投放广告，然后间隔一段时间，又在下一个时间段内大量投放广告。这种排期方式常用于季节性产品或反击竞争对手活动。

④ 脉冲式排期。脉冲式排期是指广告主连续地以一般水平投放广告，但在其中某些阶段加大投放量以强化广告效果，它是将连续式排期和起伏式排期结合在一起的一种排期策略。它比较适用于全年销量比较稳定，但又有季节性特征的产品。

第二节　人员促销策划

一、促销人员的招聘与培训策划

1. 促销人员的招聘

招聘促销人员的主要程序如下：

（1）公布招聘信息。

（2）简历筛选。

（3）电话面试。

（4）测试。企业自己或委托服务公司对候选人智力、个性、能力和兴趣进行测试，并根据企业所关注重点项目中候选人的得分选择录用。

（5）填写个人履历表。

（6）面试。

（7）资料核对。再次核对鉴定候选人的应聘资格和提供信息的真实度。

（8）提供工作机会，根据多项得分和权重，谨慎选择最合适的促销人员，向其提出工作邀请，完成促销人员的招聘工作。

促销人员的甄选标准是指企业所看重的促销人员的素质和能力。确定合适的甄选标准是企业促销人员招聘中的一项重要工作。美国销售专家麦克莫里列出了优秀销售人员的5项特质：精力充沛、自信、金钱驱动、勤奋和把各种异议、阻力或障碍看作挑战的心理状态。美国营销管理专家迈耶和格林伯格通过对美国超过1 000家公司的调查，提出有两项素质对于促销人员至关重要——移情和自我驱动。移情是指促销人员能设身处地为顾客着想，了解顾客的所想，感受顾客的所感，了解顾客的需求和问题所在。但移情并不等同于同情，促销人员无须对顾客的意见完全认同。自我驱动并非只被金钱驱动，而是在一种迫切要求做成交易的心理驱动下进行促销活动。这种心理与自我实现有关。

2. 促销人员的培训

（1）培训促销人员时需要明确以下问题：

① 培训目的。培训目的主要有提高促销人员工作技巧，开发促销人员的潜能，建立促销人员的合作意识，提高促销人员对企业的忠诚度，提升促销人员的工作情绪，改善促销人员工作态度等，最终提高促销人员的综合素质，增加销售量，提高企业的利润水平。

② 培训时间。培训时间可长可短，应根据需要来确定。确定培训时间需要考虑市场状况、产品性质、所需的销售技巧、人员素质和管理要求等因素。

③ 培训地点。依据培训地点的不同，培训可以分为集中培训和分散培训。集中培训一般由总公司开展，面向企业所有的促销人员；分散培训由各分公司自行进行。

④ 培训方式。培训方式主要有课堂培训、会议培训、模拟培训和实地培训等。

⑤ 培训师资。培训师资应选择学有专长和富有销售经验的专家学者。任教者应具备如下条件：对所授课程有全面的了解，对任教工作具有高度兴趣，对讲授方法有充分研究，对所用教材随时进行补充和修正，具有乐于研究及勤于督导的精神。

⑥ 培训内容。培训内容主要包括基础知识、产品知识、消费者行为和销售技巧等。

（2）促销人员的培训方法主要有以下几种：

① 课堂培训法。这是由销售专家或有丰富促销经验的促销人员采取讲授的形式将知识传授给受训人员的培训方法。这是运用最广泛的培训方法，费用低，并能增加受训人员的实用知识，但它多倾向于单向沟通，受训人获得讨论的机会较少，且讲授人难以顾及受训人的个别差异。

② 会议培训法。这是组织销售人员就某一专门议题进行讨论，会议由主讲教师或销售专家组织的培训方法。它属于双向沟通，受训人有发表意见及交换思想、学识和经验的机会。

③ 模拟培训法。这是由受训人员亲自参与并具有一定实战感的培训方法，正为越来越多的企业所采用。其具体做法又可分为实例研究法、角色扮演法和业务模拟法等。

④ 实地培训法。这是在工作岗位上练兵的培训方法，即让新来的销售人员接受一定的课堂培训，之后将其安排在工作岗位上，由有经验的销售人员带几周，然后逐渐放手，让其独立工作。这种方法有利于受训者较快地熟悉业务，效果较好。

专栏9-3

伊利安慕希新品试饮培训内容

伊利集团于2013年年底推出希腊常温酸奶产品——伊利安慕希。围绕安慕希新品，伊利集团对促销人员进行了试饮培训。培训内容包括培训的原因、试饮目的、产品介绍及功能点和试饮流程。其中，试饮流程培训内容包括五点：

（1）话术和功能点。

（2）试饮台、托盘、试饮杯、匙子、麦克、服装、海报、赠品物料等是否齐全。

（3）选定时间、地点、场次。

（4）解答消费者的问题。

（5）数据反馈。

根据以下资料编写：伊利，安慕希新品试饮培训，https://wenku.baidu.com/view/d5752879453610661ed9f4aa.html，2014-07-23（2018-02-28）。

二、促销人员的组织与激励策划

1. 促销人员的组织

（1）促销人员在不同销售区域的配置。在一个销售团队中，促销人员的绩效多不相同，其不仅受到个体经验、年龄、创新能力、身体状况及推销技巧等诸多因素的影响，同时也会受到地区风俗、宗教与民族等因素的影响。因此，企业需要设计规模不同的销售区域，以适应个体差异，实现对销售团队的弹性管理；同时，根据销售区域选择合适的促销人员，在带动促销人员成长的同时，提升企业的销售绩效。

（2）促销人员的组织结构。

① 地区型组织结构。地区型组织结构即每位促销人员单独负责一个区域的销售。由于接近顾客，促销人员能与顾客建立良好的关系，有助于提升销售业绩。这种方式简单易行，差旅费用相对较低。

② 产品型组织结构。产品型组织结构即依据产品种类进行组织。这种方式适用于产品品种复杂多样，且购买产品的主要决策人又各不相同的企业。但如果使用不当，可能出现同一企业的促销人员在同一天造访顾客，引发顾客厌倦的情况。

③ 市场型组织结构。市场型组织结构即依据服务市场种类进行组织。尽管企业销售的产品大体相同，但在不同的行业面临的问题不同，应用范围不同，需求也会有所差异。因

此，企业需要根据行业来分配促销人员，以使销售人员能对其所负责的特定行业有深刻的了解，洞察影响产品需求的行业变化和发展的趋势。

④ 客户型组织结构。客户型组织结构即根据顾客规模组织促销人员，一般多针对部分贸易市场和工业市场的少数大客户，因其需求较为复杂，需建立专门的大客户销售队伍，以满足其特殊需求。

（3）促销人员数量的确定。对于促销人员数量的确定，主要采取工作量法，即企业掌握每名促销人员每年需要访问各种类型顾客的次数，由此计算出所需促销人员的数量。

2. 促销人员的激励

通过对促销人员的激励策划，有利于达到以下激励目标：

（1）创造力的提升，促销手段更具新意，销售业绩更佳。

（2）销售技巧的学习和改进，即使用更具适应性的推销方法和双赢的谈判策略。

（3）对待工作具有自豪感，乐于工作，具有勤奋的工作态度。

（4）随和地对待合作伙伴，避免出现消极情绪。

专栏 9-4

小资料：促销人员的激励方式

中智咨询调研中心通过对210余家企业开展销售人员激励专项实践调研发现，34%的企业以变动薪酬为主进行短期激励，提成方式主要是比例递增的阶梯式；15%的企业进行奖金封顶设置，48%的企业没有封顶设置；42%的企业为销售人员提供中长期激励，包括合伙人、利益分享、留用奖金、股票期权等中长期的创新激励模式。销售人员也因此成为核心人员、研发人员之外的企业重点激励对象。

根据以下资料编写：2017销售人员激励实践报告，http://www.sohu.com/a/168633131_251973，2017-08-31（2018-02-12）。

对促销人员的激励主要有以下方式：

（1）环境激励。环境激励是指企业创造一种良好的工作氛围，使员工能够心情愉快地开展工作，进而达到激励的作用。比较常见的做法有：

① 销售会议。这种做法的好处有三个方面：首先，销售经理可以得到有效的信息反馈，在充分了解促销人员的性格和工作优缺点的基础上，根据不同个体设计不同的激励方式，以满足个体需求差异；其次，实地见面能使促销人员通过学习互动改善销售业绩；最后，销售会议可增强销售人员的自信，提高销售人员的组织忠诚度。

② 销售竞赛。销售竞赛，即利用奖金或其他报酬来激励促销人员完成管理层所制定的目标。销售竞赛能否奏效取决于它能否激发促销人员的竞争意识以及他们对成就和认可的追求。因此，销售竞赛必须公平，使每个促销人员坚信自己通过努力能够取得胜利。

（2）目标激励。目标激励是指为促销人员确定一些拟达到的目标，以目标的达成所带来的成就感和必要性来激励促销人员。企业可建立的目标主要有销售定额、访问户数、毛利额、新客户数和货款回收率等。其中，确定销售定额是企业的普遍做法。但企业所确定的销售定额必须是公平、可实现的，并对促销人员具有一定的挑战性。

（3）物质激励。物质激励是指对表现出色的促销人员给予晋升、奖品、奖金和额外报酬等实际利益，以此来调动销售人员的积极性。调研结果显示，物质激励对促销人员的激励作用最有效。比较常见的做法有：

① 薪资支付方式采取底薪加提成制、佣金制、佣金加红利等。

② 晋升。建立以绩效为基础的晋升制度，可采取两条晋升路线：第一，依据管理人员的职业路径逐步发展；第二，给予取得优异销售业绩的促销人员跳跃晋升的奖励。晋升路径表现为：销售员→高级销售人员→全国客户销售代表。

（4）精神激励。精神激励是指对做出优异成绩的促销人员给予表扬，颁发奖状、奖旗，授予荣誉称号等。它是一种较高层次的激励方式，通常对受正规教育较多的促销人员效果更为明显。

专栏9－5

一汽丰田促销人员的激励

一汽丰田汽车销售有限公司时不时会举办一些积分奖励和竞赛评比等活动来直接激励一线销售顾问。一汽丰田汽车销售人激励制度主要包括积分奖励和竞赛评比两种形式，奖励对象主要是销售顾问和销售部长，奖励形式主要包括现金、购物卡和旅游等。积分由基础积分和岗位积分构成，根据目标达成情况设置了不同的积分系数。一汽丰田内部还设置了一个网络积分商城，商品品种繁多，汽车销售人员可以根据自身积分情况任意兑换商品。

根据以下资料编写：邱莉颖，从世界汽车销售人员激励机制得出的启示！http://2sc. sohu. com/news/20130816/n384323848. shtml，2013－08－16（2018－02－28）。

第三节　营业推广策划

一、节日营销策划

1. 节日营销的含义

节日营销是指制造商或零售商针对终端消费者在节假日期间开展各种形式的促销活动，以利用节假日消费人流促进产品销售的营销方式。

节日营销的特征来自节日的特点，表现为：

（1）节日通常具有积极意义，目的是庆祝、纪念或者警示世人。

（2）节日是制造舆论的好时机，因此，策划新闻是节日营销的有力工具。

（3）节日是一种历史积累下来的习俗或者惯例，一旦形成，很难消失。

（4）节日时间性很强，节日消费集中在节日前后的一段时间内，而且往往集中在节日前面一段时间。

（5）节日活动具有地域性特点。

2. 节日营销策略选择

在节日市场进行营销，就是要在恰当的时间和恰当的地点，以恰当的价格、恰当的方式，把恰当的产品或者服务卖给恰当的人。比较常用的节日营销策略有以下几种：

（1）折价策略。利用节日市场中目标顾客集中的特点，进行折价销售或者给予赠品，通过薄利多销获取利润。

（2）造势策略。利用新闻媒体和杂志广告等，在节日期间进行“饱和打击”式的宣传，使大量的该产品信息充斥于节日群体的身边，以刺激节日消费群体的购买欲望。

（3）超前策略。在节日到来之前进行大规模的促销活动，抢先占领节日消费群体的心理位置，以影响节日消费群体节日期间的购买决策。

（4）全天候策略。利用节日期间消费需求的特殊性，在节日到来之前或在节日中，提供全天候服务。这种策略在便利节日消费群体的同时，也可与节日消费群体建立感情联系，并获取额外利润。

（5）传授知识策略。在节日期间，传授与节日相关的知识，把知识、教育和娱乐融为一体，使节日消费群体感受到一种关怀，同时建立品牌忠诚度。

（6）限量策略。只生产或者只出售一定数量的产品或者服务，以保证其稀缺性和专有性。通过限量生产，可对产品进行高定价，因为节日消费群体中的部分消费者为炫耀其地位和财富，或为了表示对某节日的重视，往往会不惜代价地购买限量的稀缺产品。

（7）个性化策略。某些节日往往有个性化的需求。为了让节日消费群体产生认同感，可以采取个性化的策略，实行量产定做和弹性化生产。

（8）公共关系策略。在节日时期，利用公共关系进行促销。虽然其有时不能直接产生利润，但从长远来看，仍有利可图。

（9）强连接策略。通过各种手段，把产品与某个节日联系起来，并在节日消费群体心中强化这种联系，使其产生一种潜意识反射。

专栏 9－6

春节营销各有绝招

2017 年春节，可口可乐公司打出了“就要‘年’在一起”的口号。比口号更为新颖的是联手支付宝上线红包大招“AR 实景红包”。将新年红包藏在其新春标志形象“阿娇阿福”

身上，在扫描红包以及可口可乐新春包装、户外广告和店内堆头上都可以找到各种形象憨态可掬的“阿娇阿福”形象。不仅如此，支付宝搭载的LBS（location based service，基于移动位置服务）技术更是可以让大家获得清晰指引，直接找到附近的“阿娇阿福”版可乐。

在2018年春节来临之际，一部以iPhone X为唯一拍摄设备的短篇作品发布——《三分钟》。该作品以春节团聚为主题，讲述了一名普通列车员大年三十当天和孩子在站台上短聚三分钟的故事。作品借助春节这一节日主题，以最新发布的iPhone X记录小人物的真实经历，让消费者深有感触，也让消费者看到了手机刻录生活的新方式。特别是对有电影梦想的年轻人来说，会激励他们进一步学习用iPhone X随时随地拍摄生活中的喜怒哀乐。

根据以下资料编写：

[1] 张美玉，可口可乐、德芙、农夫山泉……这些大牌的春节营销不仅是靠怼的，http://www.sohu.com/a/125120703_465210，2017-01-25（2018-02-28）。

[2] 张剑锋，陈可辛，用iPhone X拍摄三分钟团圆故事，http://4g.zol.com.cn/677/6771446.html，2018-02-02（2018-02-12）。

二、事件营销策划

1. 事件营销的含义

事件营销是指通过把握新闻的规律，制造具有新闻价值的事件，并通过具体的操作，让这一新闻事件得以传播，从而达到促销效果的促销方式。

事件营销的特点有以下几个：

（1）免费性。事件营销是利用现有的完善的新闻来达到传播目的，新闻制作在其中没有利益倾向，因此，不需要企业另外付费。

（2）目的性。事件营销的首要步骤就是明确自己的目的，再利用新闻来达到宣传目的；

（3）风险性。事件的选择会给企业带来营销风险，同时，媒体的不可控制和新闻接受者对新闻的理解程度也会给企业带来营销风险。

2. 事件营销的主要步骤

（1）明确事件的目标，即明确特定事件营销活动所要完成的沟通任务和所要达到的沟通程度，这是开展事件营销活动应首先解决的问题。

（2）选定目标受众，即选定产品的潜在消费者。为避免发生无效事件，而让潜在消费者尽可能关注事件，企业必须准确地进行市场细分和选择目标受众。

（3）分析目标受众的信息接受方式以及思维习惯。不同细分市场的人群接受信息的方式及其对不同种类新闻的偏好程度存在差异。因此，在选定目标受众之后，还要对目标受众的信息接受方式及其思维习惯进行分析。

（4）选择事件营销方案，即选择一个部分来重点操作，同时让这一事件以某种新闻的形式出现。

（5）分析媒体传播关系。各种大众媒体的特点各有不同，因此，在开始进行事件营销活动之前，要分析媒体传播的程序及编辑的工作原则，以找到最佳的事件切入点。

（6）制定活动计划和预算，即制定详细的活动计划和预算。编制预算时，工作人员主要是对进行事件营销活动需要的总费用加以估算，并对费用的主要项目和构成加以确定。

（7）建立事件营销风险评估表，即由专人负责每一项风险的评估，并根据事件营销的进度，定时补充风险监测内容，直至整个事件结束。

（8）控制事件营销衰变量。在事件从新闻媒体中介到达公众的过程中，事件能量会随环节的逐层传递而逐步减少。这需要策划人跟踪事件发展态势，控制事件营销的衰变。

（9）修正方案执行，即不断修正事件营销方案，尽可能减少事件丢失，以求公众可以最完整地了解事件本身，达到事件营销的目标。

（10）效果评估。评估事件营销的效果，分析评价策划的事件通过媒体传播后所产生的影响，以及媒体受众对事件效果的结果性反映。

专栏9-7

麦当劳借助iPhone X热点的事件营销

2017年，借助iPhone X发布时社交媒体热度飙升五倍之机，麦当劳在微博上与消费者进行互动，“听说# iPhoneX # Apple Pay能刷脸买单了，你想来麦当劳点什么?”这一互动一方面向麦当劳的原有消费者宣告了消费新方式，另一方面赢得了苹果手机消费者的产品联想回应。通过微博这一低成本、高效率的互动平台，麦当劳进行了一次借势营销，增强与消费者的互动。

根据以下资料编写：iPhone X发布，品牌如何花式蹭热点？http://mp. weixin. qq. com/s/KBlF5giAkkYBebaedIe0Yg，2017-09-26（2018-02-10）。

三、会展营销策划

1. 会展营销的含义

会展的概念可以从广义和狭义两个角度来界定。狭义的会展是指会议和展览，广义的会展是指各种类型的专业会议、博览交易会、奖励旅游和各种事件活动等。这里采用狭义的会展概念。

会展营销的主体是会议与展览运作过程中的主要参与者，包括组织者、参展商、观展者三类。对于参展商而言，参展被诠释为一种营销活动，企业在展会中不仅可以展示新技术、新产品，更可以借此树立企业的品牌形象，提高企业和产品的知名度。

2. 会展营销的程序

（1）明确参展目的。在决定参展之前，企业必须设定参展目标。企业的参展目标主要包括展示实力、树立品牌形象、宣传产品、达成交易、物色代理商、批发商或合资伙伴、研究当地市场和开发新产品等。

（2）选择参展。影响参展决定的因素主要包括：会展的目标市场；会展的规模；会展组织者的能力；会展的历史和影响；参展的费用；会展所在城市和展览馆。企业一旦做出参展决定，就需要早早提出参展申请，确定参展的时间和地点。

（3）筹备参展。其主要工作包括培训参展人员、收集展会信息等。同时，企业还需要进行一些公关活动以及提前辨识可能的客户，并给其发送特别邀请。此外，企业还可以利用会展的会刊、展前快讯、展前的媒体宣传等手段来扩大企业的影响力，以吸引更多的目标客户。

（4）参展过程。这是决定企业参展成败的关键环节，包括展位的选择、展台的布置、展品的选择、展示方式的确定及展台的人员配备等。同时，需要配合一系列有效的营销活动，如展示宣传产品和服务、洽谈商品和服务的交易、收集竞争者和消费者的信息等。

（5）参展后续工作。参展后要对客户的跟踪调查和售后服务等。企业应将在会展中收集的信息纳入企业营销信息系统中进行分析和评估；同时，及时将展览结果与预定目标进行比较，总结效果并分析原因。

四、体验营销策划

1. 体验营销的含义

体验营销是一种为体验所驱动的、全新的营销方式，是指企业以服务为舞台、以商品为道具，围绕消费者创造出值得回忆的活动。简单而言，体验营销就是满足消费者体验消费需要的营销活动。

基于顾客的角度，体验营销存在6E组合：

（1）体验（experience），指描述公司想要给顾客什么样的体验。

（2）情境（environment），指企业为顾客创建的“表演舞台”，是体验产生的外部环境。

（3）事件（event），指为顾客设定的一系列的表演程序。

（4）浸入（engaging），指通过营销手段使顾客真正浸入企业所设计的事件中，浸入事件的角色中。

（5）印象（effect），指让顾客产生深刻难忘的印象，以达到维系顾客关系的目的。

（6）延展（expand），指将顾客的体验延展到企业的其他产品中去，目的是获得顾客忠诚。

专栏9－8

2017年品牌体验营销调查报告

通过调查发现，营销人员普遍认为，品牌体验在培养消费者品牌忠诚度上贡献卓著；59%的首席营销官认为，品牌体验可以帮助维系与重要客户的长期关系，特别是定制化体验营销更有利于加强与客户的联系。

目前用于品牌体验营销的媒介主要有网站、社交媒体、电子邮件三种，另外还有一种不断发展的重要营销渠道——移动互联网。随着营销人员对品牌体验的日益重视，营销预算也水涨船高，预计在未来的 3～5 年内品牌体验营销将达到预算的 21%～50%。

根据以下资料编写：*Brand experience：a new era in marketing*（2017），http://www.baogao8.com/p-2676.html，2017-12-19（2018-05-26）。

2. 体验营销的过程

（1）明确目标。全面分析顾客需求，根据营销战略设计体验营销目的和体验产品等。

（2）体验设计。整个体验营销策划的关键步骤是对体验营销 4P［产品（product）、定价（price）、促销（promotion）、渠道（place）］和 6E 组合的具体设计。需要注意的是，体验营销的 4P 和 6E 组合不是割裂的，而是环环相扣、相互联系的。因此，要充分考虑各方面因素来设计体验。

（3）体验实现。企业需要在服务上全方位满足顾客，使顾客能够得到符合体验期望的体验结果，从而达到体验营销的目的。

（4）体验管理。体验营销涉及较多的顾客情感因素，因此，是一个渐变的、不可控的过程。在体验管理阶段，企业应对体验的实现予以密切的监控，力保体验营销能朝着既定的目标和状态进行。

（5）效果测评。在体验营销结束后，企业还需要对其效果进行测评，分析和总结经验。这样做有利于了解顾客的需求和体验期望，同时有利于下一个阶段体验营销的设计和实施。

专栏 9-9

雅诗兰黛打破服务与体验的边界

2016 年，雅诗兰黛的两个创新项目包括：

（1）“BA（美容顾问）在线”，由品牌专业美容顾问为线上消费者提供可视化咨询服务。

（2）“试妆台”，通过虚拟现实技术给线上消费者动态彩妆试用体验。

这些举措实现了“服务通”和“会员通”，即使身处偏远地区的消费者也可享受尊贵体验，不再受制于文字和图片的交流，通过持续地域美容顾问互动，消费黏性更强。这些线上产品也同时在线下的概念店得到应用，是美妆新科技的首次尝试。

根据以下资料编写：甘佳雯，武林银泰双十一化妆品销售突破五千万，http://www.linkshop.com.cn/web/archives/2016/363819.shtml，2016-11-17（2018-02-28）。

第四节　公关促销策划

一、新闻公关策划

1. 新闻公关策划的原则

新闻公关就是利用或策划有价值的新闻事件，通过新闻媒体的公开报道，传播企业形象，开展营销造势，形成对企业有利的公共认知。其主要目的是为企业建立良好的形象和为市场营销造势。新闻公关策划需要坚持的原则包括以下几个：

（1）整体性原则。新闻公关策划是企业营销策划活动的一个部分，它要服务于组织的总体目标，要考虑组织的整体形象问题。

（2）真实性原则。新闻公关策划活动的新闻要准确、真实，这也是公关生命力的体现。失实或浮夸的新闻公关活动只能造成人们对企业的误解，对企业有一定的危害。

（3）公正性原则。企业对新闻公关策划活动的对象和事实应持公正的态度，同时还应尊重新闻媒介及其记者、编辑在从事新闻活动中的权利。

（4）实效性原则。企业新闻公关策划活动要讲求时效性，力求新鲜，要注意人情味和对待特定公众的吸引力，以提高新闻报道的可读性。

2. 新闻公关策略的选择

新闻公关策略有以下几种：

（1）热点移用。“热点”指社会上新颖的、被人们普遍关注的事物或现象，人们对其认知度较高。“热点”是社会共同拥有的。因此，策划人如果能够巧妙地移用“热点”，必然能产生绝佳的策划创意，策划出经典的新闻公关活动。

（2）借助名人。名人一般为公众所认知，且有较高的美誉度。因此，借助名人进行的新闻公关活动策划往往可以获得事半功倍的效果。

（3）小题大做。可借助与社会组织密切相关的，可给组织带来美誉度、和谐度的某些小题材，对其进行渲染造势，引起新闻界的注意，以提升企业的认知度和美誉度。

（4）感情放大。提供优质产品或服务的真谛在于向公众呈送真情，即以情感人、以情动人，以获得公众真情的回报，并引发新闻媒介的关注和传播，达到企业新闻公关的目的。

二、赞助公关策划

1. 赞助公关策划的原则

赞助公关策划就是策划有价值的公关赞助活动，通过赞助对象的传播平台，创造对企业有利的公众认知。为此，需要坚持以下原则：

（1）社会效益原则。企业所赞助的项目必须有积极的社会意义和广泛的社会影响，所赞助的对象必须有可靠、良好的社会背景和社会信誉。

（2）传播效果原则。企业所赞助的对象应有利于扩大组织的知名度和美誉度，同时企业还要分析公众以及新闻界对有关赞助项目的关注程度。

（3）量力而行原则。参与赞助活动必须考虑所赞助项目的费用是否合理，企业的经济能力能否接受。

专栏 9－10

奥运会史上的首个驱蚊剂赞助

2012 年，在被媒体冠以“史上最不靠谱”的里约奥运会期间，巴西肆虐的寨卡病毒正通过蚊子传播。为缓解各国运动员、观众对此的担忧，庄臣（SC Johnson）驱蚊剂品牌 OFF！向参赛运动员、志愿者、观众发放了数以千计的驱蚊剂，并普及了抗蚊虫叮咬的专业知识。至此，OFF！品牌不仅成为巴西里约热内卢奥组委签署的唯一驱蚊剂赞助商，也成为奥运会历史上的第一个驱蚊剂赞助商。对于 OFF！品牌来说，借助这次奥运赞助营销，其知名度也从区域性变成了全球性。

根据以下资料编写：巴西奥委会签订奥运会史上首个驱蚊剂赞助商，http://s. 21so. com/index. php? r = qlinks/index&id = 201607＿47f376398c379ff0308413becf7b0c45，2016－07－05（2018－02－10）。

2. 赞助对象的选择

（1）赞助对象类别的选择。赞助对象的类别主要包括体育赞助、娱乐赞助、医疗赞助、教育赞助、科研赞助和赈灾赞助。在选择赞助对象类别时，应遵循以下两个标准：

① 赞助项目的特性与赞助商用户市场的关联性要强。赞助哪一个类别的对象，取决于企业和品牌的目标消费者的喜好，取决于企业和品牌的市场定位。

② 赞助项目的特性与赞助商品牌价值的关联性要强。不同的赞助项目有不同的特质和属性，选择与品牌核心价值一致或接近的项目，有利于品牌核心价值的传播和塑造。

（2）赞助级别的选择。一般来说，赞助级别有五类：全球性赞助、全国性赞助、区域性赞助、社区性赞助和一对一赞助。在选择赞助对象的级别时，应坚持以下标准：

① 赞助商品牌与市场战略对应，即全国性品牌做全国性市场，则应该赞助全国性项目。但这并不绝对，企业也可根据具体的情况做出适当的赞助级别的延伸。

② 赞助商资金应与费用预算对应。一般来说，赞助级别越高，费用也越高。因此，企业应考虑自身的资金情况，慎重地做出决定。

（3）赞助权益的选择。赞助商享受的权益范围与赞助费用金额的多少和双方的约定有关。一般有两种权益享受范围：

① 同类产品排他性赞助，即整个赞助项目按照行业或产品类别确定赞助商，但每个产品只选一个赞助商，赞助权益具有排他性。

② 同类产品非排他性赞助，即同类产品设置多名赞助商，赞助权益共享，没有排他性。

赞助权益的选择标准主要取决于赞助项目对象与赞助商之间的供求关系。如果赞助项目对象资源稀缺，而赞助商之间竞争激烈，赞助意义重大，则宜选择同类产品排他性赞助。

专栏9－11

劳力士的赞助公关

劳力士一直积极赞助网球赛事而获得美誉，尤其是在2017年的上海大师赛。上海劳力士大师赛延续传奇劳力士分秒相伴，代言人费德勒勇夺年度第六个冠军，瑞士制表翘楚品牌劳力士作为冠名赞助商，无疑成为最大的品牌赢家，再一次印证了劳力士计时的魅力。劳力士在为冠军颁发劳力士蚝式恒动日志型41腕表以表祝贺的同时，也让世界认识了这只纪念款腕表。

根据以下资料编写：史谨男，劳力士冠名赞助上海大师赛——八载荣耀前行 再续网坛传奇，http://www.xbiao.com/rolex/45845.html，2017－10－12（2018－02－28）。

三、危机公关策划

1. 危机公关策划的含义

危机公关运用公共关系的手段，及时、妥善地处理与化解企业遇到的危机。由于企业在经营活动中面对复杂的内外公众、不断变化的内外环境和激烈的市场竞争，因此，难免遭遇不同的危机。为使企业快速地渡过危机，必须开展危机公关，迅速控制危机局势，消除公众的对立情绪，避免媒体负面报道，重塑企业形象。

2. 危机公关的步骤

（1）建立危机预警系统。最好的危机公关是将危机消灭在萌芽状态，避免危机的发生和出现。因此，需要建立危机预警系统，减少、控制或延缓危机的产生和发展。因此，企业应做好如下工作：

① 组建危机预防管理机构，保证危机管理的人力、物力和财力配置。

② 树立危机公关意识，端正危机公关态度。

③ 对企业潜在的危机形态进行分类预警控制。

④ 制定应对各类危机的方针、对策和措施。

⑤ 建立高效畅通的传播沟通渠道，以保证最大限度地减少危机对企业声誉的破坏性影响。

⑥ 进行危机公关培训与实验性演习，培养一批训练有素的专业公关人员。

（2）面临危机的快速应对。一旦危机来临，就必须迅速启动应急计划，应对方案如下：

① 根据危机影响程度，成立危机管理小组，制定或审核危机处理方案及其方针和工作程序。

② 确定新闻发言人，尽快传递企业信息。

③ 尽快调查并公布事件真相，澄清事实。

④ 妥善处理与舆论界的关系。

⑤ 有效对付谣言，防止以讹传讹，使危机升级。

（3）事后的评估与修正。危机结束后，需要对危机管理经验进行总结，并进行企业形象的重建。具体措施有：

① 充分运用传媒工具进行持续正面报道，将企业在危机后所采取的一系列修正措施及服务方针告知公众，使公众能真正了解企业及其行为，并能逐步对企业建立信任感。

② 增加企业在承担社会责任、重视社会利益方面的活动与投入。

③ 进一步密切与政府部门、权威机构和著名人士、意见领袖的关系，积极参与地方建设，充分重视权威部门的监督检查并争创优秀。以讲课、座谈等方式邀请著名人士和意见领袖为企业出谋划策，以充分利用他们的影响力，为企业“正名”。

专栏 9-12

无印良品的危机公关

2017 年“3·15”被曝光的品牌中，无印良品和部分跨境电商被认定违规出售日本福岛核电站泄漏事件中禁售产地的商品。3 月 16 日中午，无印良品发布了声明，销售的进口食品日文标志上所标示的“贩卖者　株式会社良品计画 RD01 东京都丰岛区东池袋 4-26-3”为本公司母公司的名称及其法定注册地址，并非本公司所售进口食品的产地，并在声明最后附上了每批次食品报关报验单等一系列证明复印件。如此冷淡的危机公关却让舆论迅速反转，成功帮助品牌转危为安。

根据以下资料编写：骏小宝，2017 上半年危机公关盘点：5 个成功案例 +5 个失败案例，http://www.sohu.com/a/151155468_363248，2017-06-22（2018-02-28）。

小　结

促销策划分为广告促销策划、人员促销策划、营业推广策划和公关促销策划四项内容。进行有效的广告促销策划必须遵循科学、有效的广告促销程序，产生创造性的广告促销创意及制定适合的广告促销方案。在人员促销策划中，需确定科学的甄选标准，以选拔促销人员，并对其进行有效的培训、激励和组织配置。营业推广策划是为刺激消费者购买和经销商效益而设计促销活动及措施，比较常见的有节日营销策划、事件营销策划、会展营销策划和体验营销策划等。在公关促销策划中，常采取新闻公关、赞助公关和危机公关等方法。

开篇案例讨论

1. 你对宜家以瑞典的节日为主题在中国所做的促销活动如何评价？
2. 中国人对瑞典人的仲夏节并不熟悉，宜家如何做才能更好地提升促销活动的效果？

思考题

1. 什么是广告创意？如何进行广告促销策划？
2. 怎样做才能招聘到合格的促销人员？
3. 如何对促销人员进行组织和激励？
4. 什么是营业推广策划？应该怎样策划？
5. 怎样策划公关促销？

网上练习

主题：大数据营销促销新方法

步骤1：通过网络资源，搜索有关利用大数据促销新方法的5个案例。

步骤2：分析比较这些新方法与传统促销方法有哪些不同，大数据提供了哪些关键性支持。

步骤3：这些新方法是否适用于身边的企业？企业需要增加哪些条件？

步骤4：为身边企业撰写一个大数据促销的策划书。

步骤5：利用课堂或者网络社区（微信群），与同学进行交流和讨论。

步骤6：改进策划方案，并推介给企业。

策划技能训练

主题：新的促销策划方案

步骤1：教师将学生分组，5～7人一组。

步骤2：选择所在企业或地区生产的一种产品，重点调查企业促销情况。

步骤3：进行市场调查，分析企业促销存在的问题。

步骤4：根据企业促销资源和预算，策划新的促销方案。

步骤5：在课堂上介绍策划方案，改进完善促销策划方案。

步骤6：向企业推介促销策划方案。

第十章　当代市场营销策划专题

学习目标

- 熟悉大数据精确营销
- 掌握大数据网络营销方法
- 熟悉绿色营销策划
- 了解四种国际市场进入方式
- 理解国际营销中标准化与本土化的关系
- 掌握国际市场定价策划

开篇案例

ZARA：大数据驱动的快速响应系统

ZARA（飒拉）是1975年设立于西班牙、隶属于Inditex集团的一个子公司，既是服装品牌，也是专营ZARA品牌服装的连锁零售品牌。与时装界惯于采用的依靠时装发布会推广品牌不同，ZARA总是先研究消费者的购买倾向，然后以迅雷不及掩耳之势推出满足其需求的时装产品。同时，它也是全球唯一一家能够在15天内完成从设计到生产，再配送到全球门店的时装公司。

走在快时尚前列的ZARA在数据方面同样做到了“快”。全天候的“数据处理中心”，每个销售网点都可通过追踪销售数据，在商品上市初期就识别畅销款与滞销款，迅速决策，保持高售罄率。

ZARA公司内部的全球资讯网络会定期把从各分店收集到的顾客意见和建议汇总并传递给总部的设计人员，然后由总部做出决策后，立刻将新的设计传送到生产线，直到最终实现“数据造衣”的全过程。在采集数据方面，除了每天的销售数据外，店铺各角落的摄像头、门店经理随身携带的PDA（personal digital assistant，掌上电脑）也是很重要的来源——ZARA需要借此关注消费者的声音。客人的重要表述，如“这个印花图案很好看”“这个口袋放在这里不合适”，店员会向经理汇报，随后通过内部网络，可传递到总部设计师，经决策后立刻将信息传递到生产线，对产品做出调整。由此映射出的前沿观点和时尚潮流还让“快速时尚”成为ZARA的品牌代名词。

根据以下资料编写：熊舒苗，新零售到底怎么玩？终于说清了！http://www.sohu.com/a/126074196_465163，2017-02-13（2018-02-22）。

第一节　大数据营销策划

一、大数据营销的含义和特点

1. 大数据营销的含义

早在1980年，著名未来学家托夫勒在其《第三次浪潮》中提出了“大数据”的概念，并热情地将其称颂为“第三次浪潮的华彩乐章”。当今，“大数据”时代真正到来了。

对于大数据的概念，企业和学术界目前尚未形成公认的准确定义。维基百科将大数据定义为“无法在一定时间内用常规软件工具对其内容进行抓取、管理和处理的数据集合”；权威IT（information technology，信息技术）研究与顾问咨询公司高德纳（Gartner）将大数据定义为“在一个或多个维度上超出传统信息技术的处理能力的极端信息管理和处理问题”；美国国家科学基金会（National Science Foundation United States，NSF）将大数据定义为“由科学仪器、传感设备、互联网交易、电子邮件、音视频软件、网络点击流等多种数据源生成的大规模、多元化、复杂、长期的分布式数据集”。综上所述，大数据，也称为巨量资料，是指所涉及的资料量规模巨大到无法透过目前主流软件工具，在合理时间内达到撷取、管理、处理，并整理成为帮助企业经营决策更积极目的的资讯。

专栏10-1

大数据到底有多大？

大数据首先是必须具有海量的数据，但是究竟多大体量才叫海量，人们并没有一个确定的数字。有人认为，应该达到TB数量级，一般在10 TB规模左右，或者PB级的数据量。

美国国会图书馆是世界最大的图书馆，藏书151 785 778册，这个数据大吗？事实上，1 PB=4个美国国会图书馆；全球企业2010年在硬盘上存储了超过7 EB新数据（1 EB=1 024 PB），同时，消费者在计算机等设备上存储了超过6 EB的新数据。国际数据公司预计，2020年，全球数据总量将达到40 ZB。

1 EB=1 024 PB，相当于13亿中国人人手一本500页的书的信息量总和；1 PB=1 024 TB，相当于谷歌每小时处理的数据量；1 TB=1 024 GB，一部电影大概是1 GB。

根据以下资料编写：马尔克，克里斯托夫，赤裸裸的人：大数据，隐私与窥视，杜燕，译，上海，上海科学技术出版社，2017：6-16。

大数据营销是基于多平台的大量数据，依托大数据技术的基础上，应用于互联网广告行业的营销方式。大数据营销的核心是，将合适的东西在合适的时间、合适的地点送到合适的人面前。大数据营销衍生于互联网行业，又作用于互联网行业。依托多平台的大数据采集，以及大数据技术的分析与预测能力，能够使广告更加精准、有效，给品牌企业带来更高的投资回报率。

随着互联网的日益普及，人们对互联网技术的利用率越来越高，全球的信息总量正呈现爆炸式增长。由此而来的大数据对社会的各行各业都带来很大变化，人们正步入大数据时代。在企业营销中，大数据的应用可以大大促进精准营销的发展，为大数据营销带来前所未有的发展机遇。

2. 大数据营销的特点

大数据营销本质上是应用大数据支持和开展市场营销，因此，大数据营销与大数据的特性密不可分。大数据区别于传统数据的 4 个基本特性是：

（1）数据规模大。大数据首先必须具有海量数据，这是大数据的基本属性。

（2）数据类型多样性。数据类型的多样性是大数据概念区别于以前的有关数据管理的一个重要特征，大数据包括结构化和非结构化数据。

（3）数据处理快速化。大量采用实时监测和实时处理，数据处理遵循“秒级定律”。

（4）价值密度低。大数据的体量很大，所蕴含的价值总量也会是客观的，但是平均到单条信息的价值很低，即价值密度很低。从总体上讲，大数据不是随机样本，而是全体数据；不是精确性，而是混杂性；不是因果关系，而是相关关系。

大数据营销的特点如下：

（1）多平台。大数据的数据来源通常是多样化的，多平台化的数据采集能使对消费者的刻画更加全面、准确。多平台采集可包含互联网、移动互联网、广电网、智能电视，未来还有户外智能屏等数据。

（2）时效性。网民的消费行为和购买方式在极短的时间内会发生变化，及时进行营销非常重要。大数据营销企业 AdTime 对此提出了时间营销策略，即保证消费者在决定购买的“黄金时间”内及时接收到商品广告。

（3）个性化。大数据分析可以确定消费者位置、偏好、习惯等，针对每一个消费者实现个性化营销。

（4）性价比高。大数据营销可在最大程度上做到有的放矢，并可根据实时性的效果反馈，及时进行调整。

（5）关联性。大数据分析可以归纳出消费者行为的关联性，以及不同消费者之间的关联性，建立企业与消费者的互动，构建针对性的市场营销策略组合。

二、大数据营销实施的策划和步骤

1. 大数据营销实施的策划

大数据营销最为重要的是应用大数据时代的新思维，而非单纯大数据处理的技术。作为企业的决策者，不仅需要关注企业是否有实施大数据营销的条件与能力，更为重要的是更新观念，跟上时代的步伐，具备大数据营销实施的新理念。大数据营销实施的策划需要注意以下几点：

（1）大数据营销最重要的是创意。大数据营销需要一定的数据运算能力和统计技术，需要一定的资金投入，但最为关键的是如何处理数据，以及从什么角度分析和诠释大数据。单纯强调数据规模，仅仅意味着更大的投资，并不一定能得到科学的结论。大数据营销比的是创意，而非资金投入。

（2）大数据营销首先要找对问题。大数据可以科学地揭示数据内在的规律，因此，比答案更重要的是提出正确的问题。要提出正确的问题，就必须做到：

① 用跨界的思维进行思考，大数据是杂乱无章的，数据揭示的规律依赖于决策者的思考，大数据本身无法表述观点。大数据需要跨界人才，应用哲学、社会学、心理学等学科的方法，去探索和分析大数据，呈现大数据的内在规律。

② 从高层面全视野审视问题。从不同层面看问题，解决问题的答案并不一致；从不同角度看问题，解决问题的办法也各不相同，站位和视野直接决定了解决问题的思路，优化资源配置可以从根本上解决问题。

③ 寻根求源找问题。大数据分析不是为了呈现表面现象，而是要揭示问题内在根源。通过大数据分析，探求问题背后的问题，溯源本质成因，这样才能彻底解决企业面临的问题。

④ 举轻若重地找问题。大数据分析并不意味着数据规模和成本决定结论的科学性，按照社会科学的“二八法则”，小而准的大数据分析含金量会更高，分析结论更加有价值。人的心智能力和体力是有限的，在一定范围内降低数据规模或分析维度，有助于数据分析结论的可视化和清晰化。

⑤ 切忌急功近利地找问题。大数据营销的特点之一在于数据积累、储存和运算，一定的数据规模是大数据分析的前提。急功近利直奔眼前急于解决的问题，有时会欲速则不达，甚至修正行为的代价远远大于问题本身。

（3）大数据营销必须提前全面的策划。大数据营销是一项长期的工作，设定目标逐步实现，不可能一蹴而就。

① 决策者需要更新理念。决策者要改变仅凭经验做决定的理念，需要熟悉利用大数据分析进行决策的思维方式。学会人与机器分工，大数据分析是决策的依据，并不能替代决策，决策依然需要决策者的判断能力。

② 企业需要谨思敏行。一方面，要提前计划；另一方面，要认识到发展趋势和发展速度，尽早做好大数据营销的准备工作。基础数据库是大数据营销的前提，是自建还是购买，可以根据企业情况而定。只有逐步积累和完善数据，实现数据源头能稳定地提供具有价值且质量好的数据原料时，大数据营销才能够发挥作用。

③ 确立大数据营销的具体目标。企业的经营管理复杂多变，市场营销战略和决策依据需要调整，而数据库建设与数据稳定运行都需要时间和可衡量指标，明确大数据营销目标就成为必要条件。

④ 提前进行人才储备。找到懂统计语言的人才，大胆授权，成立项目小组。找到专业的人才，放到对的位置，给予授权，分工合作。毕竟不可能只靠自己的力量完成这些工作。

⑤ 做出长期合理的预算，分步实施。根据大数据营销的目标及其资源需要，做出合理的预算，长期进行投资，逐步实现目标。当数据库需求庞大，企业投入资源有限时，可以设定优先次序，逐步推进。

专栏 10－2

Uber 的邮件营销

Uber 的邮件之美在于简约。Uber 用户会收到交易或者促销内容的邮件。内容都十分简单，邮件接收者扫一眼就能明白大意。对于那些想更进一步了解邮件内容的用户，也只需继续往下浏览分步骤的详情介绍即可。另外，Uber 的可赞之处还在于其邮件的设计与品牌的一致性。Uber 的应用程序、网站、在社交媒体上发布的图片以及邮件都具有明快的色彩和清晰的几何图样。所有这些都在向大众传递它的品牌一致性，以在市场上获得品牌忠诚度。

根据以下资料编写：Jason，Uber 火了！它是怎样玩邮件营销的？http://www. siilu. com/20150709/140032. shtml，2015－07－09（2018－02－22）。

2. 大数据营销的步骤

大数据营销的步骤与市场营销传统数据分析的步骤是一样的，需要在定义营销问题之后，采集和处理数据、建模分析数据和解读数据三大步骤。但是，大数据营销对三大步骤的具体做法又与传统做法有所不同。大数据本身无法支持市场营销，它是一种基础设施，只有基于基础设施的营销分析才具有价值。

（1）采集和处理数据。根据市场营销的需要，采集和处理相应适合的数据。传统采集数据的过程一般是有限的、有意识的、结构化的，如调查问卷，数据的结构化较好，一般的数据库 Mysql，甚至 Excel 就能满足数据处理过程。而大数据的采集过程基本上是无限的、无意识的、非结构化的。各种纷繁复杂的行为数据以行为日志的形式上传到服务器，专属的如 Hadoop、Mapreduce 等工具。大数据的范围很广，粗略划分为两类：一类是线上数据，包括广告数据、媒体数据、监测数据、消费者数据、社交媒体数据、视频数据、手机数据等；另一类是线下数据，包括门店数据、销售数据、会员数据、线下促销数据，库存数据等。

（2）建模分析数据。通过数据挖掘、整理和清洗，把非结构化的数据以市场营销的逻辑呈现出来。通过分析认知、兴趣、购买、忠诚四个步骤，认识消费者在不同决策阶段的行为轨迹，从而判断在各个行为阶段的具体策略和方法。数据分析模型基于传统数据分析在发展，由于数据量的极大扩增，算法也获得了极大优化提升的空间。目前已经有成熟的大数据营销产品支持这样的需求。

（3）解读数据和应用。大数据营销最为重要的是对模型结果进行解读。传统数据分析一般是通过数据进行分析验证假设，解读的空间是有限的。大数据分析提供了一种可能性，既可以根据营销问题，封闭性地去挖掘对应数据进行验证，也可以开放性地探索，得出一些可能与常识或经验判断完全相异的结论。可解读的空间扩大，解读点变得非常丰富，从而持续优化未来的营销活动，以达成提升市场营销价值的目的。

三、大数据精确营销

大数据营销真正实现了精确营销，将精确营销变为现实。精确营销的概念是由美国著名营销专家菲利普·科特勒在2005年年底提出，他认为企业需要更精准、可衡量和高投资回报的营销沟通，需要制订更注重结果和行动的营销传播计划，还有越来越注重对直接销售沟通的投资。通俗地讲，就是在合适的时间、合适的地点、将合适的产品以合适的方式提供给合适的人，实现企业产品与消费者多维度的契合。

大数据精确营销快速发展，特别的价值体现在以下几个方面：

（1）精确的消费者图像。“比用户更了解用户自己”是大数据营销的前提与出发点，通过积累足够的消费者数据，对消费者的行为与特征进行分析，认识消费者的偏好与购买习惯，真正有可能实现“一切以客户为中心”。

专栏10-3

海尔的大数据精确营销

2013年1月开始运营的海尔SCRM（social customer relationship management，社交化客户关系管理）会员大数据平台，是一种在互联网时代为用户提供精准营销与互动服务的平台。SCRM会员平台可以从众多人群中预测到，北京的外企高级经理陈某可能需要购买能除PM2.5的海尔帝樽空调，在向其提供直邮单页后，陈某真的购买了帝樽空调。这背后的逻辑就在于，海尔SCRM会员平台与旅游、健康类杂志进行合作，为北京地区订户提供购买帝樽空调的优惠。然后，通过订阅信息可以发现一个人的特点，一般订阅旅游杂志的人会比较关注环境，陈某就是其中一位，海尔SCRM会员大数据平台由此预测，陈某非常有可能对帝樽空调除PM2.5的功能感兴趣。

根据以下资料编写：海尔：大数据营销的真实故事，http://www.amt.com.cn/amtjdal/info_38.aspx? itemid=637，2017-02-03（2018-05-26）。

（2）精准的营销信息推送。基于消费者特征的数据支持及准确、详细的分析，可以将消费者需要的信息适时地推送给消费者，避免垃圾信息泛滥和骚扰消费者。在大数据支持下，“实时竞价”应用则展示出前所未有的精确性。

（3）精确的市场营销组合。在产品生产之前，应用大数据分析潜在消费者的主要特征及其对产品的期待，就可以生产出消费者需求的产品，构建适合的市场营销组合。例如，Netflix 在投拍《纸牌屋》之前，通过大数据分析知道了潜在观众最喜欢的导演与演员，其作品果然捕获了观众。通过大数据进行传播趋势分析、内容特征分析、互动用户分析、正负情绪分类、口碑品类分析、产品属性分布等，品牌传播可以有效地找准方向。

（4）精确地监测竞争对手。通过大数据监测分析，企业可以得知竞争对手的行为及其战略。通过监测掌握竞争对手传播态势，参考行业标杆用户策划，根据用户声音策划内容，甚至可以评估微博矩阵运营效果。

（5）精确的危机监测及管理支持。大数据可以采集负面定义内容，及时启动危机跟踪和报警，按照人群社会属性分析，聚类事件过程中的观点，识别关键人物及传播路径，进而可以保护企业的声誉，抓住源头和关键节点，快速、有效地处理危机。由此，企业可以在新媒体时代有效地避免或解决企业面临的各类信息传播危机。

（6）精确地筛选重点客户。从消费者访问的各种网站可以判断其最近关心的产品与企业的相关性；从消费者在社会化媒体上所发布的各类内容及与他人互动的内容中，可以找出千丝万缕的相关信息，利用某种规则关联起来，就可以帮助企业筛选重点的目标客户。分辨企业的客户、好友和粉丝中最有价值的客户。

（7）精确地改善消费者体验。要改善消费者体验，关键在于真正了解消费者及其使用产品的状况，适时提醒反馈企业。早在 2000 年，美国的 UPS 快递公司就利用遍布全车的传感器收集车辆运行信息，基于大数据的预测性分析系统来检测全美 60 000 辆车的实时车况，及时地进行防御性维修。

（8）精确地支持消费者分级管理。大数据可以分析活跃粉丝的互动内容，设定消费者画像的各种规则，关联潜在消费者与会员的数据，关联潜在消费者与客服的数据，筛选目标群体做精准营销，进而可以使传统客户关系管理结合社会化数据，丰富消费者不同维度的标签，并可动态更新消费者的生命周期数据，保持信息新鲜、有效。企业通过对粉丝的公开内容和互动记录分析，将粉丝转化为潜在客户，激活社会化资产价值，并对潜在客户进行多个维度的画像。由此支持社会客户关系管理中的客户分级管理，企业以品牌的关注者、聆听者、建议者、共同创造者，增加企业与消费者双边互动关系，使消费者拥有更多的归属感、趣味感和成就感。

（9）精确地发现市场新趋势。基于大数据的分析与预测，对于企业家提供洞察新市场与把握经济走向都是极大的支持。微软研究院的大卫·罗斯柴尔德（David Rothschild）就曾使用大数据模型分析，对第 85 届奥斯卡各奖项的归属进行了预测，除最佳导演外，其他奖项的预测全部命中。

（10）精确的市场预测。似是而非或错误的、过时的数据对决策者而言就是灾难，更全面、更及时的大数据分析必然对市场预测及其分析提供更好的支撑。

四、大数据网络营销方法

网络营销是以国际互联网络（也包括企业内部网和外部网）为基础，利用数字化的信息和网络媒体的交互性来辅助实现营销目标的一种新型的市场营销方式。简单地说，网络营销就是以互联网为主要手段、为达到一定营销目的进行的营销活动。企业经常采用的大数据互联网营销方法包括：

（1）搜索引擎营销。搜索引擎营销是网站的推广营销手段之一，尤其基于搜索结果的搜索引擎推广，因为很多是免费的，搜索引擎营销也成为网络营销方法体系的主要组成部分。搜索引擎营销主要包括竞价排名、分类目录、搜索引擎登录、付费搜索引擎广告、关键词广告、搜索引擎优化（搜索引擎自然排名）、地址栏搜索、网站链接策略等。

（2）即时通信营销。即时通信营销是指企业通过即时工具推广产品和品牌，以实现目标客户挖掘和转化的网络营销方式。常用的情况包括：一是网络在线交流，这样潜在消费者如果对产品或者服务感兴趣，自然会主动与在线服务人员联系；二是可以通过通信工具，发布一些产品信息、促销信息或品牌理念等；三是聊天群组营销，这是即时通信工具的延伸，利用各种即时聊天软件中的群功能展开营销，如QQ群、MSN群等。

（3）网络口碑营销。网络口碑营销即把传统的产品口碑营销与网络技术有机结合起来的新营销方式，应用互联网互动便利的特点，客户或企业营销员以文字、图片、视频等口碑信息与目标客户之间进行互动沟通，两者对企业的品牌、产品、服务等相关信息进行讨论，从而加深目标消费者的影响和印象，最终达到网络营销的目的。网络口碑营销是Web 2.0时代网络中最有效的传播模式。

病毒式营销是网络口碑营销的一种，常用于网站推广、品牌推广等。病毒式营销利用消费者口碑传播的原理和互联网上“口碑传播”的便利性，像病毒一样迅速蔓延。因此，病毒式营销是一种高效的信息传播方式，而且由于这种传播是消费者之间自发进行的，它几乎不需要费用。

（4）论坛营销［BBS（bulletin board system，电子公告牌系统）营销］。论坛营销就是利用论坛的人气，通过专业的策划、撰写、发放、答疑、监测、汇报等流程，在论坛空间利用论坛强大的聚众能力实施高效传播，包括各种置顶帖、普通帖、连环帖、论战帖、多图帖、视频帖等方式。同时，还可以利用论坛作为平台举办各类踩楼、灌水、征文等活动，调动网友与品牌之间的互动，从而让目标消费者更加深刻地了解企业的产品和服务，最终达到宣传企业品牌、产品和服务，提高市场认知度的效果。

（5）博客营销。博客营销即通过博客网站或博客论坛接触博客作者和浏览者，利用博客作者个人的知识、兴趣和生活体验等传播产品理念和产品信息的营销活动。博客营销通过原创专业化内容进行知识分享，争夺话语权，建立个人品牌，树立自己“意见领袖”的身份，进而影响读者和消费者的思维与购买行为。

（6）网络事件营销。网络事件营销即企业通过精心策划、实施可以让公众直接参与并享受乐趣的事件，并通过这样的事件达到吸引或转移公众注意，改善、增进与公众的关系，塑造企业的良好形象的目的。

（7）网络产品知识性营销。网络产品知识性营销即利用百度（微博）的“知道”“百科”“爱问”或企业网站自建的疑问解答板块等平台，通过与广大消费者之间提问与解答的方式来传播公司的品牌、产品和服务的信息。网络产品知识性营销主要是因为扩展了客户的产品知识层面，让消费者体验企业和营销人员的专业水平与高质服务，从而对公司和个人的产生信赖与认可，最终达到传播企业品牌、产品和服务信息的目的。

（8）网络直复营销。网络直复营销即企业通过网络，直接发展分销渠道或直接面对终端客户销售产品的营销方式。网络直复营销是通过把传统的直销行为与网络有机结合，从而演变成一种全新的、颠覆性的营销模式，很多企业因为建立营销分部成本过大和自身实力太小等因素，纷纷采用网络直复营销，通过其成本少、收入多等特点达到以小博大的目的。

（9）网络视频营销。网络视频营销即企业将各种视频短片放到互联网上，宣传企业和企业品牌、产品及服务信息的营销手段。网络视频广告的形式类似于电视视频短片，它具有电视短片的种种特征，如感染力强、形式内容多样、创意性强、生动活泼等特点，又具有互联网营销的优势，如互动性、主动传播性、传播速度快、成本低廉等。可以说，网络视频营销是将电视广告与互联网营销两者的优势集于一身的方式。

专栏 10－4

小知识：网络直播营销

结合互联网的直观、快速、形式丰富、跨越时间和空间限制等特点，直播又融入了传统媒体的聚焦功能，如同看电视一样，营销效果不言而喻。基于这些优势，网络直播营销正在成为商家越来越青睐的营销模式。

以“淘宝直播”为例，任何商家都可以进行直播，可以进行内容营销，也可以进行产品植入，或者和契合的热门主播进行内容联运。网络直播营销可以快速吸收、沉淀消费者，与消费者互动后还可以实现二次营销，实现营销和销售的相互结合。

根据以下资料编写：谈谈网红经济：网络直播营销那些事儿，http://mp. weixin. qq. com/s/TjBXzeAgWqCmjd1gf2Hukw，2017－10－27（2018－02－14）。

（10）网络图片营销。网络图片营销即企业把设计好的、有创意的产品图片，在各大论坛、空间、博客和即时聊天等工具上进行传播或通过搜索引擎的自动抓取，最终达到宣传企业品牌、产品、服务等信息，来达到产品营销的目的。这种图文并茂的销售图片说服力强、形象生动，消费者容易接受。

（11）网络软文营销。网络软文营销又叫网络新闻营销，通过门户网站或行业网站等平台传播一些具有专业性、新闻性和宣传性的文章，包括新闻通稿、深度报道、产品案例分析等，把企业的品牌、人物、产品、服务、活动项目等相关信息以新闻报道的方式，及时、全面、有效地向社会公众广泛传播的新型营销方式。

（12）RSS（really simple syndication，聚合内容）营销。RSS营销又称为网络电子订阅杂志营销，是指利用RSS这一互联网工具传递营销信息的网络营销方式。RSS营销的特点决定了其比其他邮件列表营销具有更多的优势，是对邮件列表的替代和补充。使用RSS的以行业业内人士居多，如研发人员、财经人员、企业管理人员等，他们会在一些专业性很强的科技型、财经型、管理型等专业性网站，用邮件形式订阅保险公司的杂志和日志信息，从而实现了解行业信息的需求。

（13）社会性网络服务营销。社会性网络服务营销是指利用社会性网络服务（social networking services，SNS）网站的分享和共享功能实现的一种营销，是随着网络社区化而兴起的营销方式。例如，人人网、开心网、朋友网等SNS社区在中国发展的时间并不长，但是SNS现在已经成为备受广大客户欢迎的一种网络交际模式。

专栏10－5

维密的微信营销

内衣品牌维多利亚的秘密可谓将触屏手机的特点发挥到极致。为了预热“七夕”，维多利亚的秘密在2015年7月初上线了一款形式炫酷的轻应用：首页是一幅经过雾化处理的照片，用户只需用手指摩擦屏幕，就会有一位性感女郎浮出水面，继续浏览则是品牌介绍，最后到达内衣抢购页面。

根据以下资料编写：蒙娜，维密式品牌成功的“秘密”，大热背后是一场关于品牌营销的生意，http://www.sohu.com/a/206303284_375802，2017－11－24（2018－02－22）。

第二节　绿色营销策划

一、绿色营销的特点

绿色营销是指企业以环境保护观念作为其经营哲学思想，以绿色文化为其价值观念，以消费者的绿色消费为中心和出发点，力求满足消费者绿色消费需求的营销策略。绿色营销策划是建立在绿色技术、绿色市场和绿色经济基础上的，对人类的生态关注给予回应的营销活动。它具有以下特点：

1. 提倡绿色消费意识

这是绿色营销的核心，适应了人们保护和改善生态环境、实现全球经济可持续发展的要求。通过进行以绿色产品为主要标志的市场开拓，营造绿色消费的群体意识，创造绿色消费的宏观环境，促销绿色产品，培育绿色文化而得以实现。真正意义上的绿色产品不仅质量合格，而且生产、使用和处理、处置过程都要符合特定的环境保护要求，与同类产品相比，具有低毒少害，节约资源等环境优势。具体而言，就是在设计阶段，要考虑到资源与能源的保护与利用；在生产中，要采用无废、少废技术和清洁生产工艺，有益于公众健康；在废弃阶段，应考虑产品的易于回收和处置。

2. 实行绿色促销策略

绿色营销对企业提出了环保的要求，也促使企业的促销策略发生重大转变。企业的注意力从单纯追求利润转变为在营销中要注重生态环境的保护，促进经济与生态的协调发展。

3. 采用绿色标志

采用绿色标志是绿色营销的重要特点。它产生于“利于环境”的思想，西方环保主义者在20世纪90年代初剔除进行不利于环境的消费。这一思想最初主要表现为废旧电池回收、自备购物袋等，仅限于约束消费者自身的购物消费行为。后来，有识之士认识到生产过程涉及环节众多，因此，更要进行环保监控。于是，诸如“绿色标志”等就成为衡量企业环保生产的标准。

我国现行的绿色标志是由国家指定的机构或民间组织依据环境标志产品标准（也称为技术要求）及有关规定，对产品的环境性能及生产过程进行确认，并以标志图形的形式告知消费者哪些产品符合环境保护的要求、对生态环境更为有利。

4. 培育绿色文化

绿色营销的发展推动了绿色文化的建设。随着绿色营销的开展，绿色文化出现了几个明显的特点：第一，绿色文化成为企业文化的中心内容；第二，在绿色文化建设中，企业目标开始与环境目标融合；第三，企业管理理念、营销理念与绿色生态理念融合。这种融合适应了时代的要求，反映了企业管理理念、特别是现代营销理念的新进展。

专栏 10－6

H&M 的绿色营销

2016 年 4 月 18 日至 24 日，H&M 发起了世界旧衣回收周的活动，在其旗下门店都张贴标有“每回收一件 T 恤可以节省 2 100 升水”标语的宣传海报，同时还通过下次购物时享受额外折扣来鼓励消费者将闲置纺织品带到当地的 H&M 门店。另外，H&M 还邀请不同行业的知名人士共同拍摄宣传视频，演绎“循环”的环保理念。H&M 的“全球回收旧衣”活动最早开始于 2013 年，现已在全球各大门店普及。据官方介绍，H&M 计划于 2016 年通过世界各地的 3 600 多家门店向消费者回收 1 000 吨闲置衣物。

根据以下资料编写：迎接世界地球日，苹果和 H&M 是怎么“借热点”绿色营销的，http://mp.weixin.qq.com/s/PeUUvhZLwILanLuk5q5YXg，2016－04－20（2018－02－17）。

二、绿色营销策划的步骤

绿色营销策划以“绿色需求—绿色研发—绿色生产—绿色产品—绿色价格—绿色市场开发—绿色消费”为主线，具体步骤如下：

1. 收集绿色信息，分析绿色需求

绿色信息包括绿色消费信息、绿色科技信息、绿色资源和产品开发信息、绿色法规信息、绿色组织信息、绿色竞争信息、绿色市场规模信息等。在此基础上，分析绿色消费需求所在及需求量的大小，为绿色营销战略的制定提供依据。

2. 制订绿色营销战略计划，树立良好的绿色企业形象

为适应全球可持续发展战略的要求，企业要制订相应的战略计划（包括绿色营销战略计划和绿色企业形象塑造战略），使自己向着绿色企业方向发展。绿色营销战略计划是一个在生产经营活动之前涉及全盘的总计划，包括清洁生产计划、绿色产品开发计划、环保投资计划、绿色教育计划和绿色营销计划等。绿色企业形象塑造战略包括导入企业形象识别系统、制定绿色企业统一形象、加强绿色产品标志管理等。

3. 开发绿色资源和绿色产品

绿色资源开发的着眼点可放在：一是无公害新型能源、资源的开发，如风能、水能和太阳能以及各种新型替代资源等；二是节省能源和资源的途径及工艺，如采用新科技、新设备；三是废弃物的回收和综合利用。

绿色产品的开发是企业实施绿色营销的支撑点。开发绿色产品要从设计开始，包括材料的选择，产品结构、功能、制造过程的确定，包装与运输方式，产品的使用及产品废弃物的回收处理等，都要考虑对生态环境的影响。

4. 制定绿色价格

在制定绿色产品的价格时，首先，要树立“污染者付费”“环境有偿使用”的新观念，把企业用于环保方面的支出计入成本，使其成为价格构成的一部分。其次，要注意绿色产品在消费者心目中的形象，利用人们求新、求异，崇尚自然的心理，采用消费者心目中的“觉察价值”来定价，提高效益。

5. 选择绿色销售渠道

选择恰当的绿色销售渠道是拓展销售市场、提高绿色产品市场占有率、扩大绿色产品销售量、成功实施绿色营销的关键。企业可以通过创建绿色产品销售中心，建立绿色产品连锁商店，设立一批绿色产品专柜、专营店或直销点等来拓展绿色产品的经营。

6. 开展绿色产品的促销活动

绿色产品促销包括推行绿色广告、绿色公关、绿色人员推销与绿色营业推广。

绿色广告是站在维护人类生存利益的基础上推销产品的广告。它的功能在于强化和提高人们的环保意识，将消费和个人生存危机与人类的生存危机联系起来，促使消费者选择有利

于个人健康和人类生态平衡的、包括绿色食品在内的绿色产品。

绿色公关是树立企业及产品绿色形象的重要传播途径。绿色公关能帮助企业更直接、更广泛地将绿色信息传播到广告无法达到的细分市场，给企业带来竞争优势。绿色公关的主要对象是客户、环保集团成员、法律团体、一般性团体以及企业内部人员。

绿色人员推销是工业企业主要的促销通道，绿色营业推广是企业用来传递信息的促销补充形式。要有效地实施绿色营销策略，推销人员必须了解消费者绿色消费的兴趣，回答消费者所关心的环保问题，掌握企业产品的绿色表现及企业在经营过程中的绿色表现，并通过赠送免费试用样品、开展竞赛、赠送礼品、产品保证等形式来鼓励消费者试用新的绿色产品，提高企业的知名度。

第三节 国际市场营销策划

一、国际目标市场及其进入方式的选择

1. 国际目标市场的分析和选择

目标市场是指企业决定进入的、具有共同需要和特征的购买者集合。企业要进入国际市场，首先，需要对各个国家的市场进行充分的调查、分析，充分了解东道国市场的机会与挑战，以及东道国的区位优势；其次，对不同的国家进行比较分析，选择最为合适的东道国市场；最后，选定国际目标市场，要有针对性地为企业或产品在国际市场上树立某种特色和形象，进行国际市场定位，以获得目标市场顾客的认同。通过彰显与竞争者的不同，展示企业形象与所提供的价值，使国际市场全面理解和正确识别本企业区别于竞争者的特色。

2. 国际目标市场进入方式的选择

选定国际目标市场后，企业还需考虑进入市场的方式。国际目标市场进入方式的选择在很大程度上取决于企业在目标国的进入程度、控制水平及资源承诺等多个方面，这一选择是决定企业国际化经营成功与否的关键性一步。国际目标市场的进入方式有以下几种：

（1）贸易式进入。贸易式进入也称为出口进入，是通过向目标国出口商品进入国际市场的方式，包括间接出口和直接出口两种方式。间接出口是指企业通过本国的中间商（专业性的外贸公司）向目标市场销售产品。直接出口是指企业不使用本国中间商，直接将国内生产的产品销售给国外中间商和最终消费者，或者委托国外中间商在市场上代为销售。直接出口有利于企业摆脱对本国中间商的依赖，提高产品在国际市场的知名度。

贸易式进入方式风险相对较少，且有利于增加本国就业，增加本国外汇收入，促进本国经济增长，因而受到各国政府的鼓励。但这种方式具有一定的局限性，即运输成本太高，关税、配额等贸易限制太严格等。

（2）契约式进入。契约式进入是指通过与东道国企业签订合同或协议，以向东道国企业转让本企业专利、商标、设备等资产为条件进入目标国市场的方式。契约式进入主要有以下几种方式：

① 许可证模式。这是指企业在一定时期内向国外法人单位转让其工业产权（如专利、商标、配方等无形资产）的使用权，以获得提成或其他补偿。这种模式的成本低，且可绕过进口壁垒，但可能将被许可方培养成强劲的竞争对手。

② 特许经营模式。这是指企业（许可方）将工业产权整个经营体系（如专利、商标、企业标志、技术诀窍、经营理念、管理方法等）特许给目标国独立的公司或个人（被特许方）使用，被特许人必须按照特许人的政策和方法经营，并支付初始费用和销售提成。

③ 合同制造模式。这是指企业向国外企业提供零部件由其组装，或向国外企业提供详细的规格标准由其仿制，由企业自身负责营销的一种方式。采取这种模式时可以输出技术、商标、劳务等资本，但合同制造往往涉及零部件及生产设备的进出口，有可能受到贸易壁垒的影响。

④ 管理合同模式。这是指管理公司以合同形式承担另一公司的部分或全部管理任务，以提取管理费、分得部分利润或以某一特定的价格购买该公司的股票作为报酬的方式。在这种模式下，企业可以利用管理技巧获取收入，并为以后的营销活动提供机会。但这种模式具有阶段性，即一旦合同约定完成，企业必须离开东道国。

⑤ 工程承包模式。这是指企业与国外企业签订合同并完成某工程项目，然后将该项目交付给对方的方式。这种模式具有长期性，利润较高，但不确定性因素也因此增加。

专栏 10－7

小资料：中国企业进入“一带一路”国家市场

2017 年是“一带一路”建设进入全面务实合作新阶段的一年，也是中国企业走进“一带一路”沿线国家市场的重要一年。我国企业在“一带一路”沿线国家已经推进建设 75 个境外经贸合作区，中国—白俄罗斯工业园、中国—马来西亚“两国双园”项目、埃及苏伊士经贸合作区等也成为合作标杆。另外，与格鲁吉亚、马尔代夫已经签署自贸协定，与东盟也完成了自贸区升级谈判。政府也一直致力于积极商签政府间投资合作协议，引导企业参与沿线国家基础设施建设。

根据以下资料编写：中华人民共和国商务部，坚持共商共建共享 深化“一带一路”经贸合作，http://www.mofcom.gov.cn/article/zt_qgswgzhh2017/gzzs/201712/20171202690400.shtml，2017－12－26（2018－02－18）。

（3）直接投资式进入。对外直接投资是指企业在东道国建立分公司或子公司进行生产和销售，并对其经营活动拥有实际控制权的一种进入方式。它属于进入国际市场的高级阶段，主要包括合资经营和独资经营两种形式。合资经营是指与目标国企业联合投资，共同经营、共同分享股权及管理权，共担风险。投资方式可以是收购或购买当地公司（或外国公司在当地的公司）部分股权，也可以是双方共同出资新建一个企业，双方共享资源，按比例分配利润。独资经营是指企业直接到目标国独立投资建厂，进行经营活动。其组建方式有两种：新建和购并。

与其他方式相比，直接投资方式不仅可以充分利用东道国的原料、能源及劳动力等资源优势，减少运输费用，降低生产和销售成本，而且可以及时了解当地市场信息，调整营销策略，以更好地满足消费者需求。但它需要投入大量的资金、管理和其他资源，所面临的风险更大。

（4）国际战略联盟。国际战略联盟是指两个或两个以上的企业基于相互需要，为了分担风险并为实现共同目的而建立的一种合作关系。其可分为三类：水平战略联盟、垂直战略联盟和混合联盟或跨行业联合大企业协议。

二、标准化与本地化策划

当营销跨越国界时，就存在对营销策略标准化与本土化的界定，这也是国际营销研究最基本的问题。所谓标准化，就是将世界看成一个统一的大市场，为了企业的整体目标，集中组织资源，开发国内与国际营销机会的过程。当不同国家的消费者对某种商品的偏好相近时，就存在普遍的需求，因而在营销策略上淡化国家界限，强调全球市场的共性和趋同性。所谓本地化，是由于国际企业的产品需要在多个国家进行销售，在某些情况下，企业必须考虑在不同地区、不同种族、不同文化的顾客个性化和多样性需求，强调通过产品的差异和营销的针对性满足全球不同顾客的需要。下面将从4P的角度对标准化和本地化策划进行介绍。

1. 产品

企业应确定是在世界范围内生产和销售标准化的产品，还是为适应每一个特殊市场的需要而设计不同的产品。

实施产品标准化策略的前提是市场全球化。新的通信与运输技术的发展，使得世界市场作为一个整体而更具有同质性，消费者的偏好和行为选择趋于一致，因此，企业可以生产标准化产品，以获取规模经济效益，树立产品在全球范围内的统一形象，并对全球营销进行有效的控制。

实施产品差异化策略更多的是从国际消费者需求个性角度来生产和销售产品，能更好地满足消费者的个性需求，有利于开拓国际市场，也有利于树立企业良好的国际形象。但产品差异化策略对企业能力也提出了更高的要求，因此，企业在选择产品差异化策略时，要分析自身的实力以及投入产出比，综合各方面的情况再做判断。

在营销实践中，企业往往将产品标准化策略和产品差异化策略综合运用，企业应根据具体情况来选择产品标准化策略产品差异化和产品差异化策略的组合。许多产品的差异化、多样化主要是体现在外形上，如产品的形式、包装、品牌等方面，而产品的核心部分往往是一样的。

2. 定价

企业应确定采取集中性全球统一定价还是根据各地市场差异采取分散性定价策略。

集中性全球统一定价是指由跨国公司总部集中定出全球统一价格或价格指导线，海外子公司只拥有一定限度的价格调整权。这种定价方法可以统一企业的社会形象，避免灰色市场的产生，且有利于总公司对产品销售利润的控制，但缺乏灵活性，一般适用于实力较强的公司。

由于影响各国产品价格的因素，如成本结构、产业竞争状况、汇率、利率、通货膨胀以及政府管制等在国与国之间存在较大的差异，实现集中性全球统一定价有相当大的难度。因此，基于竞争的考虑，跨国公司允许海外子公司自由定价，即在本土价格水平、价格变动水平及频率、价格折扣、佣金、付款条件等的基础上采取分散性定价策略。

价格是营销组合中唯一产生收益的要素，要选择一个适合企业的定价策略，需要依据企业的实际状况，综合考虑上述因素，在两种定价策略中进行权衡。

3. 促销

促销标准化的支持者认为，由于电视、网络等传播媒介的发展，消费者更容易了解和接受外来文化，使世界各地消费者的行为偏好趋同，对营销激励因素具有相似的反应。因此，跨国公司能够瞄准全球性细分市场，并采用标准化的促销组合，以实现促销的规模经济效应和促销费用的降低。

支持本土适应营销的学者认为，虽然跨国界通信、全球媒体及网络的发展使全球地理边界的重要性降低了，但是国与国之间的文化和心理边界并没有发生明显的变化，因此，促销组合需要视当地情况而有所改变，以适应当地消费者的需求。在促销组合中，对广告本土化研究最多，即须将广告翻译成当地的语言，其诉求点也必须符合当地人的价值观和审美标准，以使消费者形成认同感。

4. 渠道

由于各国分销渠道、购买习惯、物流设施和仓储费用等方面存在巨大的差异，采用标准化的分销渠道策略往往很难实现。因此，跨国公司更倾向于建立适应本土环境的渠道系统，即根据本土社会环境和顾客的消费习惯确定分销渠道的长短与宽窄，同时，尽可能运用本土原有的渠道资源，在充分利用网络资源的同时，减少开辟新渠道的风险和成本，并取得当地政府和顾客的认同，减少贸易和民族保护倾向带来的冲击。

三、国际市场定价策划

价格是决定产品销路的重要因素之一，特别是当产品走向国际市场后，国际市场价格变得更具复杂性、竞争性和多样性。国际定价或以成本为依据，或以市场为根据，或以竞争为根据。它的恰当与否常常直接关系到产品在国际市场上的竞争地位与所占份额，影响到企业所获收入和利润的大小。如果企业利用产品声誉或卖方市场的优势抬高价格，这种支配市场的垄断就会遭到批评；但如果企业将价格压得很低，则有倾销或逃税之嫌。因此，定价决策不仅在经济上敏感，而且在政治上也比较敏感。国际市场定价策划有以下几种：

1. 控制价格升级策划

在国际市场上，导致东道国和投资者母国之间商品价格不成比例的差异的现象称为价格升级。导致价格升级现象出现的因素有很多，包括装运费、保险费、包装费、关税、分销管道、中间商毛利、专门税费、行政管理费以及汇率波动和通货膨胀等。这些因素的共同作用导致产品在东道国市场上的最终价格要比在投资者母国市场上高出很多。价格升级并没有给出口企业带来任何额外的利润。相反，由于价格升级，企业目标市场的消费者需要花高价购买同样的商品，这会抑制需求，减少企业产品的销量，对生产企业本身产生不利的影响。因此，企业要努力采取措施抑制价格的逐步升级。

常用的方法有以下几种：

（1）降低制造成本。如果能降低制造成本，将从源头上对整个产品供应链产生影响。降低制造成本的方法主要有在有资源优势的发展中国家组织生产、取消某些产品成本昂贵的功能属性、降低产品的总体质量等。

（2）降低关税。降低关税是解决价格升级的重要途径之一。降低关税的方法有：第一，将产品重新归类，列入关税较低的级别，如在美国，珠宝须缴26%的关税，而若将其列入艺术品，则免关税；第二，修改产品，以适应减低的关税税率，如美国海关税规定：任何鞋后加帮（从鞋底一直到鞋面上，鞋面上的部分超过0.635厘米）的帆布鞋和维尼龙鞋的关税率为48%，而不加帮的鞋的关税率仅为6%；第三，将散件或半成品在当地装配，包括使用当地生产的零配件；第四，将产品重新包装。

（3）降低分销成本。缩短分销渠道有助于控制价格升级。如果分销渠道上的中间商较少，那么不仅可以减少成本加成，而且可以减少税费。因为在一些国家，征收增值税时，货物每流转一次，就征一次税。

（4）利用自由贸易区降低成本。利用自由贸易区是控制价格升级的一种重要方式。自由贸易区实质上是一个免税区，从进口管制角度看，它是一个独立于国家之外的特殊区域，只有当货物离开自由贸易区向该国进口时才征收关税。货物在这里储藏和加工，可以在一定程度上减轻因税收、关税、附加费、运费等引起的价格升级，尤其是在自由贸易区内发生的劳务成本和间接费用可以免交关税，使产品的最终价格更有竞争力。

（5）采用散件运输。与企业把成品运输到进口国贸易区相比，散件运输的关税比运输成品低，因为散件的体积小，可节省远洋运输费；散件价格低，运输保险也低；在装配中添加东道国的包装或零件等可进一步降低关税。

专栏10－8

苹果公司的成本控制

在中国，苹果公司出于成本等各方面的考虑，会更换原材料供应商。在任何一次更换原材料及辅料时，都要经过复杂的基本验证测试、设计验证测试、小批量及大批量验证测试等环节。通过这些测试进入量产之后，苹果公司一般都会提出降价要求。

为了降低自身成本，苹果公司还会为代工企业提出成本节约方案，如“通过关闭工作桌上的灯管来节约成本。每个工作桌上原本有两根灯管，关闭一根后，每条生产线每个月可以节约101.46美元”。

根据以下资料编写：高顿，苹果成本控制经验分享，http://www.sohu.com/a/16937289_183324，2015－05－29（2018－02－22）。

2. 转移定价策划

转移定价又称为划拨价格、转账价格或结转价格等，是指跨国母公司与子公司或子公司之间进行产品、劳务、技术等交易时所采用的价格。该价格实际上是一种国际企业内部的交易价格。转移定价可以实现公司内部资源的最优化配置，为子公司经营业绩评估提供一个衡量的标准；同时，还可以减轻税负和克服政府管制，获取公司整体长期利润的最大化。

企业制定转移价格的基本选择方法是以成本为基础或以市价为基础制定的。以成本为基础的转移价格是指企业转移价格的制定以所转让的货物或劳务的内在成本为依据，在此基础上按一定比例加成，以确定公司内部交易的价格。以市价为基础的转移价格是指在按市场价格进行交易的原则基础上，减去一个固定比例的折让，从而形成的转移价格。

从理论上看，在一个完全竞争的市场，以成本为基础的转移价格和以市价为基础的转移价格在结果上应该是一致的。换言之，只要转让的货物或劳务可以在市场上买卖，转移价格就既可以以成本为基础，也可以以市价为基础，这两种定价制度之间不会产生什么矛盾。但事实上，在关联主体转移货物或劳务时，企业外部市场很少是完全竞争的。实际上，许多企业往往采用折中方法，同时运用以成本为基础和以市价为基础两种定价体系。

转移价格低于市场流通的价格，可以提高子公司的竞争优势，提高市场占有率，减少关税对整个公司的影响，同时可以有效利用某些目标市场所得税税率低的特点；转移价格高于市场流通的价格，可以避免东道国较高的公司所得税，能够对付东道国对子公司将利润汇回总公司的限制，对付东道国的恶性通货膨胀。

3. 规避反倾销策划

对于倾销的解释多种多样，没有统一的法律定义。最为简单的说法是，倾销是指出口到东道国市场上的产品价格按低于国内的价格销售，致使当地市场上生产和销售同类产品的企业受到实质性的损害和威胁。其中，关于国内价格的认定是判断的关键，也是诉讼中争议最多的地方。

反倾销是指进口国政府为了维护正常的国际贸易秩序，通过立法的形式对倾销产品征收高额的反倾销税，以遏制倾销的一种手段，其目的是保护本国工业的发展。要决定是否对产品实施反倾销，前提是要确定该产品是否构成倾销。构成倾销的条件主要有三个：第一，产品的出口价值低于正常价值；第二，产品对进口国的产品造成实质性的损害和威胁；第三，倾销与实质性损害、威胁和阻碍存在无法分割的因果关系。

国外许多企业事实上都曾进行过倾销。为了逃避反倾销调查，它们除了给进口商回扣，以把出口产品伪装成在进口国内生产的产品，或者开具假文件隐瞒出口产品的真实价值等手段隐瞒倾销行为外，还经常通过如下措施“合法”地逃避反倾销控告：设法使出口产品从表面上与在国内市场销售的产品有差别，即对实质上的同一产品，通过促销宣传，使之差异化，从而导致在国内市场上没有相应产品作为价格比较的基础，掩盖倾销行为。但这种对策不可取。此外，也有企业采用其他进入模式，如在目标国投资建厂、向目标国当地企业发放许可证进行生产等方式，可以降低成本及低价销售。这是一种积极的对策。

高额反倾销税的征收会使企业的出口产品价格大大上涨，市场竞争力减弱，企业利益受到很大损害。企业要有效地保护自身利益，一方面，要加强对各国相关法律法规的学习，积极应诉；另一方面，要努力提高产品的档次和形象，改善出口产品的结构，增加高附加值产品的出口。

专栏 10-9

中国出口陶瓷成功应对墨西哥反倾销措施

2015 年 5 月，墨西哥对我国瓷砖发起反倾销调查。2016 年 5 月 19 日，墨西哥做出初步裁定，裁定了 2.9 ~ 12.42 美元/平方米的反倾销初裁税率。受此影响，佛山地区对墨西哥的瓷砖出口额从每月超千万美元骤降为零。

经国家质量监督检验检疫总局联合中国五矿进出口商会、商务部等部门与墨西哥方主管机关谈判，墨西哥方最终采纳中方建议。自 10 月 26 日起，我国在价格承诺清单内的 224 家企业，可凭检验检疫机构签发的输墨瓷砖价格承诺原产地证书，免于被征收 50% ~ 225% 的高额反倾销税。

根据以下资料编写：郭军，孔卫红，佛山南海出口陶瓷成功应对墨西哥反倾销措施，http://news.sina.com.cn/o/2017-08-24/doc-ifykiqfe1313080.shtml，2017-08-24（2018-02-22）。

小　结

大数据营销是基于多平台的大量数据，在依托大数据技术的基础上，应用于互联网广告行业的营销方式。大数据营销可以实现精确营销和个性化营销，企业需要提前规划和策划，应用互联网营销。绿色营销策划注重提倡绿色消费意识、实行绿色促销、采用绿色标志及培育绿色文化。因此，需采取恰当的途径合理实施绿色营销策划。国际市场营销策划包括分析选择目标市场、选择市场进入方式、4P策略的标准化与本土化及国际市场定价策划。

开篇案例讨论

1. ZARA突破了传统营销的哪些“瓶颈”？大数据发挥了哪些作用？
2. 实施大数据营销最大的困难在哪里？

思考题

1. 什么是大数据营销？
2. 有哪些大数据网络营销方法？
3. 绿色营销策划的方式有哪些？
4. 企业进入国际市场有哪几种方式？
5. 标准化与本地化各有何特点？
6. 企业应如何控制价格升级？

网上练习

主题：绿色发展的机遇与挑战

步骤1：通过网络资源，搜索下述资料：2015年9月通过的联合国《2030年可持续发展议程》；2017年8月，我国发布的《中国落实2030年可持续发展议程进展报告》。

步骤2：阅读和理解两个报告，尤其关注绿色发展理念和目标。

步骤3：结合所在企业或所在地区的某一企业，利用网络资源，分析企业绿色发展面临的主要机遇与挑战。鼓励到企业进行调查与讨论。

步骤4：针对解决企业某一具体问题，撰写具有可行性建议的策划方案。

步骤5：与企业相关人员、同学交流，改进策划方案。

策划技能训练

主题：我国企业开拓国际市场

步骤1：教师将学生分组，5~7人一组。

步骤2：选择所在地区生产的一种产品，鼓励到生产企业进行调查。

步骤3：分析企业产品的优势和劣势，明确企业进入国际市场的方式。

步骤4：使用网络资源，寻求潜在的外国市场。

步骤5：针对某一外国市场，策划该产品进入国际市场的营销策略组合方案。

步骤6：在课堂上介绍策划方案，并向当地企业推介和讨论策划方案。

参考文献

［1］毕克贵．营销策划：方法、技巧与文案［M］．北京：机械工业出版社，2008．

［2］曾兴．策划学概论［M］．北京：中国广播电视出版社，2008．

［3］陈放．策划学［M］．北京：蓝天出版社，2005．

［4］陈国庆．营销策划学［M］．广州：广东经济出版社，2004．

［5］陈晖．公共关系理论与实务［M］．北京：北京理工大学出版社，2006．

［6］崔新健．国际市场营销［M］．北京：高等教育出版社，2008．

［7］戴国良．图解营销策划案［M］．北京：电子工业出版社，2011．

［8］戴国良．图解营销学［M］．北京：电子工业出版社，2013．

［9］戴亦一．品牌营销［M］．北京：朝华出版社，2004．

［10］邓镝．营销策划案例分析［M］．北京：机械工业出版社，2007．

［11］丁宁．服务管理［M］．北京：清华大学出版社，2007．

［12］董丛文，易加斌．营销策划原理与实务［M］．2版．北京：科学出版社，2008．

［13］冯开红．现代市场营销策划实务［M］．北京：电子工业出版社，2009．

［14］傅浙铭，冯建民．营销八段：营销策划操典［M］．广州：广东经济出版社，1999．

［15］韩光军．销售人员培训与管理教程［M］．北京：经济管理出版社，2004．

［16］何尺．策划改变命运：50个改变人生的精彩策划［M］．北京：中国档案出版社，2005．

［17］洪长青，张凤英，李学昆．市场营销策划［M］．南京：南京大学出版社，2017．

［18］胡玲．营销管理与营销策划［M］．北京：对外经济贸易大学出版社，2017．

［19］胡其辉．市场营销策划［M］．大连：东北财经大学出版社．2006．

［20］霍亚楼，王志伟．市场营销策划［M］．北京：对外经济贸易大学出版社，2008．

［21］孔文．MBA案例精选［M］．大连：东北财经大学出版社．2006．

［22］李奇，毕传福．大数据时代精确营销：从IT到DT营销之道［M］．北京：人民邮电出版社，2015．

［23］李世杰．市场营销与策划［M］．北京：清华大学出版社，2006．

［24］李先国．销售管理［M］．北京：中国人民大学出版社，2009．

［25］刘丽文．服务运营管理［M］．北京：清华大学出版社，2004．

［26］卢泰宏．跨国公司行销中国：上［M］．贵阳：贵州出版社，2002.

［27］马成．事件营销［M］．北京：中国经济出版社，2005.

［28］孟韬，毕克贵．营销策划方法、技巧与文案［M］．北京：机械工业版社，2008.

［29］孟韬．市场营销策划［M］．大连：东北财经大学出版社，2009.

［30］潘小珍，李艳娥，赵江安，等．全新营销策划：思路·创意·技巧［M］．广州：中山大学出版社，2009.

［31］钱永贵．营销策划［M］．四川：电子科技大学出版社，2006.

［32］任锡源．营销策划理论与实务［M］．北京：首都经济贸易大学出版社，2006.

［33］任昱衡．大数据营销从入门到精通［M］．北京：清华大学出版社，2016.

［34］沈骏．策划学［M］．上海：上海远东出版社，2005.

［35］沈美莉，陈孟建，篨慧剑．网络营销与策划［M］．北京：人民邮电出版社，2007.

［36］孙科炎．营销策划技能案例训练手册 2.0［M］．北京：机械工业出版社，2013.

［37］孙玮琳，徐育斐．市场营销策划［M］．3 版．大连：东北财经大学出版社，2009.

［38］陶应虎，顾晓燕．公共关系原理与实务［M］．北京：清华大学出版社，2006.

［39］王方．市场营销策划［M］．北京：中国人民大学出版社，2000.

［40］王唤明．营销策划［M］．合肥：合肥工业大学出版社，2008.

［41］夏武．市场营销策划［M］．北京：中国经济出版社，2007.

［42］萧潇．创意文案与营销策划撰写技巧及实例全书［M］．天津：天津科学技术出版社，2017.

［43］谢忠秋．实效营销策划．［M］．上海：立信会计出版社，2006.

［44］阳翼．大数据营销［M］．北京：中国人民大学出版社，2017.

［45］杨德林．新产品概念开发［M］．北京：清华大学出版社，2006.

［46］杨明刚．营销策划［M］．北京：高等教育出版社，2002.

［47］杨明刚．营销策划创意案例解读［M］．上海：上海人民出版社，2008.

［48］叶万春．企业营销策划［M］．北京：中国人民大学出版社，2007.

［49］叶万春，叶敏．营销策划［M］．2 版．北京：清华大学出版社，2008.

［50］尹章伟．包装概论［M］．北京：化学工业出版社，2003.

［51］于建原．营销策划［M］．成都：西南财经大学出版社，2005.

［52］余颖．营销策划［M］．北京：北京师范大学出版社，2007.

［53］张光忠．营销策划［M］．北京：中国财政经济出版社，2001.

［54］张海．营销策划原理与案例［M］．北京：中国人民大学出版社，2009.

［55］张昊民．营销策划［M］．2 版．北京：电子工业出版社，2010.

［56］张鸿．营销策划学［M］．广州：中山大学出版社，2009.

［57］张科平．营销策划［M］．北京：清华大学出版社，2007.

［58］张苗荧．市场营销策划［M］．北京：北京师范大学出版社，2007.

[59] 张延斌. 企业营销策划 [M]. 天津：南开大学出版社，2016.

[60] 张毅. 数据为王·颠覆营销：移动时代的大数据精确营销 [M]. 北京：人民邮电出版社，2017.

[61] 赵宏中. 公共关系学 [M]. 3版. 湖北：武汉理工大学出版社，2006.

[62] 郑美群. 管理学 [M]. 2版. 北京：高等教育出版社，2005.

[63] 周培玉. 商务策划管理教程 [M]. 北京：中国经济出版社，2006.

[64] 朱华锋. 营销策划理论与实践 [M]. 合肥：中国科学技术大学出版社，2008.

[65] 朱华锋. 中国市场营销策划 [M]. 合肥：中国科学技术大学出版社，2009.

[66] 庄贵军. 企业营销策划 [M]. 北京：清华大学出版社，2005.

[67] 乔布，兰开斯特. 推销与销售管理 [M]. 俞利军，译. 7版. 北京：中国人民大学出版社，2007.

[68] 菲利普，玛丽，约翰. 国际市场营销学 [M]. 赵银德，沈晖，张华，译. 北京：机械工业出版社. 2010.

[69] 科特勒. 营销管理 [M]. 梅清豪，译. 11版. 上海：上海人民出版社，2003.

[70] 卡尔文. 销售管理 [M]. 周洁如，译. 北京：中国财政经济出版社，2003.

[71] 浅田和实. 产品策划营销 [M]. 陈都伟，译. 北京：科学出版社，2008.

[72] 里吉门纳姆. 企业的大数据战略 [M]. 盛杨燕，译. 杭州：浙江人民出版社，2017.

[73] 麦克斯，布朗. 大数据营销：定位客户 [M]. 北京：机械工业出版社，2014.01.

[74] MARR. 大数据专家：小企业也能用好大数据 [M]. 北京：人民邮电出版社，2017.

[75] 保韦尔斯. 数据化营销 [M]. 李文远，译. 北京：当代中国出版社，2016.

[76] 麦克唐纳，威尔森. 营销策划：精于思，易于行 [M]. 高杰，译. 北京：电子工业出版社，2013.

[77] 麦克唐纳. 顶级营销策划 [M]. 张雪，译. 北京：中国铁道出版社，2013.

[78] 麦克唐纳. 营销策划：理念·步骤·方法 [M]. 张雪，译. 北京：中国铁道出版社，2016.

市场营销策划

形成性考核册

经济管理教学部 编

考核册为附赠资源，适用于本课程采用纸质形考的学生。

若采用**网上形考**或有其他疑问请咨询课程教师。

学校名称：________________

学生姓名：________________

学生学号：________________

班　　级：________________

形成性考核是学习测量和评价的重要组成部分。在教学过程中，对学生的学习行为和成果进行考核是教与学测评改革的重要举措。

《形成性考核册》是根据课程教学大纲和考核说明的要求，结合学生的学习进度而设计的测评任务与要求的汇集。

为了便于学生使用，现将《形成性考核册》作为主教材的附赠资源提供给学生，采用纸质形考的学生可将各次作业按需撕下，完成后自行装订交给老师。若采用**网上形考**或有其他疑问请咨询课程教师。

关于课程学习测评的说明

“市场营销策划（本）”课程的学习测评，采用形成性考核和终结性考试相结合的方式，综合评价学习者的学习成绩。本课形成性考核共有 4 次任务，每任务成绩占形考总成绩的 20%，形成性考核成绩占总成绩的 50%。

市场营销策划（本）形成性考核积分表（百分制）

序号	得分	折合比例	折算得分	评阅时间	教师签字	抽查签字
形考任务一		20%				
形考任务二		20%				
形考任务三		20%				
形考任务四		20%				
形考总评成绩						

市场营销策划作业 1

姓　　名：________

学　　号：________

得　　分：________

教师签名：________

（第一章 ~ 第四章）

一、判断题（正确的在题后括号内打"√"，错误的打"×"。每小题 2 分，共 30 分）

1. 策划就是计划。（　　）
2. 市场营销策划的主体只能是机构和组织。（　　）
3. 环境保护是企业社会责任的主要内容之一。（　　）
4. 费用较高、保密性差是委托外部策划的主要缺点。（　　）
5. 主策划人一般应由企业的总经理、营销副总经理或策划部经理担任。（　　）
6. 策划人的知识结构包括营销理论、营销实务以及策划相关的知识。（　　）
7. 营销策划的实施仅涉及营销策划部门，与其他部门无关。（　　）
8. 行业动向和竞争是企业市场营销战略环境的重要组成部分。（　　）
9. 调研表是市场调研的基本工具，调研表的设计质量直接影响到市场调研的质量。（　　）
10. 分销调研的主要内容包括推销人员分配、广告信息决定等。（　　）
11. 高露洁牙膏强调"双氟加钙"可以保护牙齿不受侵害就属于产品的品质定位。（　　）
12. 按照创意就步骤划分法，寻找灵感是创意的第一步。（　　）
13. 模仿创造法是指通过模仿已知事物来构造未知事物的方法。（　　）
14. 营销诊断书的目的是提出下一年的营销工作规划。（　　）
15. 离开了创意，策划就只能算作计划。（　　）

二、单项选择题（在各题的 4 个选项中，只有一项是最优答案，请将你选出的最优答案的序号填写在题中的括号内。每小题 2 分，共 20 分）

1. 以消费者满意为中心的理念的营销策划活动表现为：（　　）。

A. 以消费者需求为中心研究和设计产品　　B. 在营销过程中注入知识含量与文化内蕴

C. 寻求经济行动与环境之间的动态平衡　　D. 提供安全和性能良好的产品和服务

2. 从产品或服务的价格和利益上作文章，明增价暗降价和明降价暗增价，如"黄金周"推出的各种折扣促销活动。这属于（　　）。

A. 物质性创新　　B. 利益性创新

C. 信息性创新　　D. 时间性创新

← 每次作业做完后，由此剪下，请自行装订。

3. 人们受智能相机（“傻瓜相机”）的启发，试图研制出全智能操作的“傻瓜汽车”，这种活动属于（　　）。

A. 形态性模仿创造　　B. 结构性模仿创造

C. 原理性模仿创造　　D. 功能性模仿创造

4. 策划人员应能根据新情况随机应变，根据不断发展变化的主客观条件随时调整营销战略策略。这反映了策划人员的（　　）。

A. 创新能力　　B. 表达能力

C. 自控和应变能力　　D. 社交能力

5. 从策划对象本身的功能上寻找突破口，即增加或减少产品功能，如申请专利发明等。这属于（　　）。

A. 物质性创新　　B. 利益性创新

C. 信息性创新　　D. 时间性创新

6. 通过对已知事物的认知而联想到未知事物，并根据已知事物的属性去推测未知事物也有类似属性的方法是属于（　　）。

A. 模仿创造法　　B. 移植参合法

C. 联想类比法　　D. 逆向思维法

7. 年度营销策划书的策划对象是（　　）。

A. 企业尚未推出的产品或服务

B. 企业在运营过程中出现的问题

C. 企业下一年的营销工作规划

D. 企业 SWOT 分析

8. 市场营销策划必须有依据情况变化而变化的弹性。这就是市场营销策划的（　　）原则。

A. 创新性　　B. 可行性　　C. 系统性　　D. 权变性

9. 市场营销策划的实施有 5 种模式，其中增长式模式的主要缺点是（　　）。

A. 决策者与执行者分离

B. 难以取得可靠信息

C. 有可能以牺牲经济合理性为代价

D. 耗费人力、物力、财力

10. 以下选项中，属于市场营销调研中不可控的调研因素的是（　　）。

A. 宏观环境调研　　B. 分销渠道调研

C. 物流调研　　D. 产品调研

三、多项选择题（以下各题的 4 个选项中，至少有两个是正确的，请选出它们并将其序号填入题后括号内。多选、少选均不得分，每题 2 分，共 20 分）

1. 下列适合作为市场营销策划的切入线索的是（　　）。

A. 政治线索　　B. 经济线索

C. 科技线索　　D. 文化线索

2. 营销策划经费预算原则包括（　　）。
   A. 效益性原则　B. 经济性原则　C. 充足性原则　D. 弹性原则
3. 以下属于营销策划书正文的必要部分的是（　　）。
   A. 目录　B. 环境分析　C. 营销目标　D. 行动方案
4. 一般情况下，可从（　　）来衡量创意。
   A. 创新性　B. 效益性　C. 影响力　D. 持续性
5. 市场营销策划组织机构主要的构成人员包括（　　）。
   A. 策划总监　B. 主策划人　C. 市场调查人员　D. 文案撰写人
6. 市场营销策划的功能包括（　　）。
   A. 收集充分的市场信息　B. 指导实战
   C. 规避风险　D. 整合资源
7. 企业责任具复合属性，它可划分为（　　）。
   A. 国家形象　B. 经济责任　C. 法律责任　D. 社会责任
8. 训练发散思维的主要方式包括（　　）。
   A. 非逻辑思维训练　B. 放纵模糊性思维训练
   C. 变通性思维训练　D. 求异性思维训练
9. 企业使命应具备的条件包括（　　）。
   A. 市场导向　B. 利润最大化　C. 切实可行　D. 鼓舞人心
10. 市场营销策划人文法包括（　　）。
   A. 集思广益法　B. 调查法　C. 体式法　D. 经验法

四、简答题（每小题 10 分，共 30 分）

1. 进行市场营销策划一般包括哪几个步骤？

2. 创意的激发途径主要有哪些？

3. 简要说明企业战略定位策划的内容。

市场营销策划作业2

姓　　名：________

学　　号：________

得　　分：________

教师签名：________

（第五章～第七章）

一、判断题（正确的在题后括号内打“√”，错误的打“×”。每小题2分，共30分。）

1. 产品定位是指企业产品在消费者心目中得到一个独特的有价值的位置。（　　）
2. 当产品的市场需求大于供给时，价格应低一些。（　　）
3. 企业形象的形成取决于三个因素：公众印象、公众态度和公众舆论。（　　）
4. 品牌的垂直延伸是指原有核心品牌跨越不同的行业，覆盖不同品类的延展。（　　）
5. 使用统一品牌策略，如果品牌下的一个产品出现问题，会影响到整个品牌的声誉。（　　）
6. 企业定价时，应将成本同产量、销量、资金周转等因素综合起来考虑。（　　）
7. 企业行为形象是最外在、最易表现的部分，它是理念形象的载体和外化。（　　）
8. 在营销组合里，价格是直接影响销售收入的因素。（　　）
9. 在企业形象的三个子系统中，视觉形象是最深层次、最核心的部分。（　　）
10. 在企业形象策划过程中，调查阶段是必不可少的。（　　）
11. 企业标志是企业视觉识别系统中的核心部分。（　　）
12. 新产品概念必须体现“产品表现与消费者期望的一致性”。（　　）
13. 类似包装策略的优点是可以让消费者感到实惠，引发消费者重复购买。（　　）
14. 成本是产品定价的最低经济界限。（　　）
15. 定价策划的任务就是终端价格策划。（　　）

二、单项选择题（在各题的4个选项中，只有一项是最优答案，请将你选出的最优答案的序号填写在题中的括号内。每小题2分，共20分。）

1. 企业以高档产品进入市场后逐渐增加一些较低档的产品属于（　　）。

A. 向上延伸　　B. 向下延伸

C. 双向延伸　　D. 水下延伸

2. 属于统一品牌策略的是（　　）。

A. 企业生产的产品统一使用一个品牌

B. 同一产品使用两种或两种以上的品牌策略

← 每次作业做完后，由此剪下，请自行装订。

C. 产品有一个统一的主品牌，同时还有各自副品牌的品牌

D. 不知名的品牌与知名品牌联合，借助知名品牌的影响力托起不知名品牌

3. 企业发动降价策划的最主要的原因是（　　）。

A. 提高产品品牌声誉　　B. 产品供不应求

C. 产品成本上升　　D. 企业急需回笼大量资金

4. 某时装公司将原定价为 800 元/套的西服销售给某百货公司 10 套，双方约定，如果百货公司在 10 天内付清货款，时装公司将按照九折收款；如果百货公司在 10 天以后 20 天以内付清货款，时装公司将按照九五折收款；如果百货公司超过一个月付款，则需向时装公司全额付款。这属于（　　）。

A. 现金折扣　　B. 数量折扣

C. 季节折扣　　D. 价格折让

5. 不属于竞争导向定价法的是（　　）。

A. 随行就市定价法　　B. 拍卖式定价法

C. 限制进入定价法　　D. 需求导向定价法

6. 企业几乎所有的产品在包装款式、颜色、图案等方面都采用统一的包装风格，给消费者视觉冲击，激发消费者购买，这属于（　　）。

A. 组合包装策略　　B. 类似包装策略

C. 等级包装策略　　D. 再使用包装策略

7. 不属于服务策划的策略的是（　　）。

A. 服务承诺化策略　　B. 服务技巧化策略

C. 以顾客为中心策略　　D. 服务绿色化策略

8. 迪斯尼给人类提供最好的娱乐方式，我们想要一个有意义的公园，一个使家庭团聚的地方。这表明了迪斯尼的（　　）。

A. 经营方向　　B. 经营作风

C. 经营思想　　D. 经营道德

9. 以下选项中，不是企业视觉识别系统的基本要素的是（　　）。

A. 企业名称　　B. 产品价格

C. 企业品牌标志　　D. 企业标准色

10. 企业形象策划在诸方面表现的统一和形象传播上的整合就是企业形象策划的（　　）原则。

A. 战略性　　B. 统一性

C. 创新性　　D. 系统化

三、多项选择题（以下各题的 4 个选项中，至少有两个是正确的，请选出它们并将其序号填入题后括号内。多选、少选均不得分，每题 2 分，共 20 分）

1. 构成企业理念形象的主要因素是（　　）。

A. 企业制度　　B. 企业经营哲学

C. 企业经营宗旨　　D. 企业经营思想

2. CIS 导入的效果评估可在（　　）进行。

A. 企业内部　　B. 外部环境

C. 营运业绩　　D. 目标检讨

3. 产品策划的任务包括（　　）。

A. 确定目标

B. 确定企业产品营销的全方位定位

C. 确定产品市场定位

D. 确定实现产品营销的全方位定位

4. 以下情况下，企业可以进行企业形象策划实施的是（　　）。

A. 企业处理或改制重组　　B. 企业推出新产品

C. 企业开拓国际化经营　　D. 企业发生重要人事变动

5. 企业识别系统计划制订后，需进行对内对外的传播。对内传播的内容一般包括（　　）。

A. 介绍 CIS 导入的意义和原因　　B. 介绍本企业的 CIS 计划

C. 宣传新理念　　D. 说明企业标志

6. 品牌策划的策略包括（　　）。

A. 统一品牌策略　　B. 多品牌策略

C. 主副品牌策略　　D. 联合品牌策略

7. 定价策划的目标包括（　　）。

A. 利润最大化

B. 提高市场占有率

C. 提高企业及产品形象

D. 维持价格稳定

8. 品牌策划的策略包括（　　）。

A. 统一品牌策略

B. 多品牌策略

C. 主副品牌策略

D. 联合品牌策略

9. 定价策划的任务一般包含（　　）。

A. 终端价格策划

B. 价格结构策划

C. 价格体系策划

D. 价格调整策划

10. 产品策划的内容包括（　　）。

A. 新产品策划

B. 品牌策划

C. 包装策划

D. 服务策划

四、简答题（每小题 10 分，共 30 分）

1. 企业视觉识别系统的基本要素有哪些？

2. 品牌建立一般有哪几种方式？

3. 企业定价策划应把握哪些原则?

市场营销策划作业3

姓　　名：________
学　　号：________
得　　分：________
教师签名：________

（第八章～第十章）

一、判断题（正确的在题后括号内打“√”，错误的打“×”。每小题2分，共30分。）

1. 分销渠道的任务就是要完成产品的交易。（　　）
2. 广告视觉媒体包括报纸、杂志、广播和电话等。（　　）
3. 优越的店址条件是特许方选择加盟店必不可少的参考条件。（　　）
4. 体验营销就是满足消费者体验消费需要的营销活动。（　　）
5. 事件营销指通过制造和传播具有新闻价值的事件，从而达到促销的效果。（　　）
6. 最好的危机公关是将危机消灭在萌芽状态，避免危机的发生和出现。（　　）
7. 渠道制度策划指的是如何激励和规范分销商的销售行为。（　　）
8. 直邮营销适用于价格较高、购买隐蔽的商品。（　　）
9. 拥有独具特色的商品或服务，拥有一定的市场是特许连锁中特许方必须具备的条件。（　　）
10. 促销人员的多少直接关系到企业销售绩效，所以，在一个销售团队中促销人员越多越好。（　　）
11. 节日是制造舆论的好时机，因此策划新闻是节日营销的有力工具。（　　）
12. 会展营销的主要参与者是组织者、参展商和赞助商。（　　）
13. 个性化是大数据营销的一个重要特点。（　　）
14. 绿色广告的功能在于强化和提高人们的环保意识，将消费和个人生存危机及人类生存危机联系起来。（　　）
15. 标准化策划强调通过产品的差异和营销的针对性满足全球不同顾客的需要。（　　）

二、单项选择题（在各题的4个选项中，只有一项是最优答案，请将你选出的最优答案的序号填写在题中的括号内。每小题2分，共20分）

1. 不属于直复营销方式的是（　　）。

A. 电话营销　　B. 绿色营销
C. 目录营销　　D. 电视营销

← 每次作业做完后，由此剪下，请自行装订。

2. 2004 年，杜邦公司被曝光其关键原料“特氟龙”可能会致癌，此时杜邦公司应该采取（　　）以帮企业挽回声誉。

A. 新闻公关策划

B. 事件公关策划

C. 危机公关策划

D. 体验营销策划

3. 王老吉的世界杯营销属于（　　）。

A. 节日营销　　B. 事件营销

C. 会展营销　　D. 体验营销

4. 受许方向特许方购买了特许经营权的同时，也购买了在一个地区内再建若干家分店的特许权，这属于（　　）。

A. 一般特许

B. 委托特许

C. 区域开发特许经营

D. 复合特许经营

5. 下列选项中，不属于构成倾销的条件的是（　　）。

A. 产品出口价值低于正常价值

B. 产品对进口国的产品造成实质性的损害和威胁

C. 与实质性损害、威胁和阻碍存在着无法分割的因果关系

D. 排挤竞争对手或者独占市场

6. 控制价格升级的途径有（　　）。

A. 降低关税

B. 采用成品运输

C. 增加分销渠道

D. 控制营销成本

7. TCL 公司在省会一级市场成立销售分公司，并在分公司本部及地级市二级市场设立经营部，承担当地 TCL 电视机的销售任务，在县级市和乡村等三四级市场按“每县一店，每镇一店”的方式建立专卖店，这属于（　　）。

A. 直销　　B. 自销

C. 直供零售　　D. 区域总经销

8. 不属于促销人员组织需要考虑的内容的是（　　）。

A. 促销人员在不同销售区域的配置

B. 促销人员的组织类型

C. 促销人员数量的确定

D. 促销人员的激励

9. 不属于广告预算的内容的是（　　）。

A. 新产品开发费用

B. 市场调研费

C. 广告设计和制作费

D. 广告媒介使用租金

10. 下列国际市场进入方式中，风险最大的是（　　）。

A. 直接出口　　B. 间接出口

C. 许可证模式　　D. 直接投资

三、多项选择题（以下各题的 4 个选项中，至少有两个是正确的，请选出它们并将其序号填入题后括号内。多选、少选均不得分，本题共 10 小题，每题 2 分，共 20 分）

1. 国际市场进入方式包括（　　）。

A. 贸易式进入　　B. 契约式进入

C. 直接投资式进入　　D. 国际战略联盟

2. 促销人员的激励方式包括（　　）。

A. 环境激励　　B. 物质激励

C. 目标激励　　D. 精神激励

3. 分销模式策划主要包括（　　）。

A. 自销模式策划　　B. 经销模式策划

C. 代理模式策划　　D. 渠道招商策划

4. 新闻公关策划常用的策略包括（　　）。

A. 热点移用　　B. 借助名人

C. 小题大做　　D. 感情放大

5. 分销渠道策划的内容包括（　　）。

A. 分销布局策划　　B. 分销模式策划

C. 渠道招商策划　　D. 渠道制度策划

6. 绿色营销的特点包括（　　）。

A. 培育绿色文化　　B. 采用绿色标志

C. 实行绿色促销策略　　D. 提倡绿色消费意识

7. 直复营销方式包括（　　）。

A. 电话营销　　B. 直邮营销

C. 目录营销　　D. 网络营销

8. 分销渠道的目标包括（　　）。

A. 保证货畅其流　　B. 保证价格稳定

C. 促使市场最大　　D. 降低成本

9. 广告方案策划包括（　　）。

A. 广告媒体的选择　　B. 广告发布的时机

C. 广告促销的频率　　D. 广告促销的排期

10. 一般来说，选择商业伙伴的标准主要有（　　）。

A. 企业实力　　B. 经营业态

C. 经费预算　　D. 企业形象

四、简答题（每小题 10 分，共 30 分）

1. 简述分销模式策划的几种主要模式。

2. 广告促销排期主要有哪几种策略?

3. 什么是大数据营销？大数据营销主要有哪些特点？

市场营销策划作业 4

姓　　名:________

学　　号:________

得　　分:________

教师签名:________

（案例分析）

张裕集团在宜昌的市场营销策划

一、市场分析

经过几年的发展，国内红酒市场竞争日趋激烈，特别是在北京、上海、广东等经济发达省市，市场发展空间极其有限，因此，许多知名厂家把目光瞄准了中西部地区。张裕决定实施“织网工程”，将营销网络向中西部城市及沿海发达地区的县级市场延伸，并计划通过重新建立自己的终端销售渠道的方法，达到迅速抢占市场的目的，宜昌市场也在此列。

宜昌是湖北省经济较发达地区，居民生活水平相对较高，红酒市场发展潜力大，三峡工程开工后，市场发展越来越好。

在张裕进入宜昌市场之前，王朝、长城、胜利、金伦、赛仙诺、野力等中外品牌的红酒都已进入了宜昌市场。

二、渠道分析

销售通路包括三个阶段，即由厂家到经销商（代理商），由经销商（代理商）到零售商，由零售商到消费者。代理商起着重要的承上启下的作用，企业对代理商的选择成功与否，往往决定着市场开发的成功。

通过分析得出，张裕在宜昌市场销售业绩不佳，主要原因是太依赖代理商，造成开发终端工作迟缓。当时的两大代理商“各怀心事”：一家代理商——国营糖酒公司受体制束缚，代理品牌太多，无法顾及张裕产品的市场操作要求；另一家代理商有直销洋酒的经验，市场开拓意识较强，但由于资金有限，业绩也不理想。所以，要改变市场状况，必须寻找新的代理商，重新建立新的销售渠道。

经过研究，拟定出选择新代理商的标准：销售网络能够覆盖目标市场；认同张裕产品，重视张裕产品；与张裕有共同的愿望和抱负；有经销日用消费品——最好是酒类产品的历史和成功经验；有一定的经营实力；内部管理水平较高；有一定的道德水准和信誉能力；在当地有良好的社会关系等。事后证明，张裕以此为标准选择的代理商，为今后市场开拓工作起到了重要作用。

三、渠道疏通

红酒作为日常饮用酒品，与其他许多日用品一样，销售终端渠道主要有四种：零售店、

← 每次作业做完后，由此剪下，请自行装订。

商场、超市和酒店（包括宾馆、饭店及各类餐饮店），四类渠道一般还存在着一种领导渠道，在不同的地域市场，领导渠道也不尽相同。有着丰富实战经验的张裕营销人员决定，要攻占宜昌市场，选准领导渠道作为突破口至关重要。

经过详细的调查和论证发现：在宜昌市场，零售店出售的红酒多为中低档产品，并不是消费潮流的领导者，而是跟进者；超市和商场虽然占据最大的销售份额，但购买者多数是家庭主妇，她们容易受家庭直接消费者的偏好影响，而特定购买某一习惯品牌；酒店才是宜昌市场的领导渠道。因为宜昌居民对生日、婚嫁等喜事十分重视，每到这些时候亲朋好友必定到酒店聚会。另外，宜昌又是个旅游城市，住店的游客很多，消费能力也很强，因此宜昌各酒店的酒类销售特别火爆。在酒店点酒，客人之间会相互影响，酒店与酒店之间也会相互影响。因此，某个酒类品牌只要在酒店渠道中占有领先优势，该品牌在宜昌市场的终端领导作用也就形成了，张裕就将酒店渠道作为开发宜昌市场的突破口。

80/20 原则是张裕夺取酒店渠道的妙招，即将 80% 的精力、资源用于数量上只占 20%，但却领导 80% 消费潮流的酒店上，将 20% 的精力与资源用在其余 80% 的酒店上。由于工作目标的明确且着力点集中，宜昌的一些星级酒店都成了张裕红酒的重要销售渠道。事实证明，张裕在拿下以上一些重要酒店终端后，进入其余小型酒店的工作就变得十分顺利了。

四、营销策略

在决定以酒店渠道为首攻目标后，张裕营销人员在采用的策略上也显得颇为理性。首先是时机选择。宜昌酒店行业有个惯例：农历正月十五前是厨师、餐饮店主管大量更换时期，许多新的主管人员在此时上任。张裕便利用这种人事变动的时机开发酒店，因为新上任的主管往往容易突破，而且新任主管一般都还没有产生品牌偏好。

在对待主要竞争对手方面，张裕的市场营销人员也形成了一致意见。

张裕高级解百纳干红是对抗洋酒的主打产品，它由国际著名的赤霞珠、品丽珠、蛇龙珠葡萄品种精酿而成，被业内誉为东方经典干红，且售价又比洋酒低许多，优良的性价比赢得了许多敢于尝鲜的消费者。同时，张裕加强做好酒店负责人的工作，把百年张裕的宣传材料散发给酒店顾客阅读，宣传张裕的品牌形象及红酒知识。

五、公关策略

张裕在进入每一个酒店的时候，都会给经营者提供一份完整的营销推广方案，向他们提供相关的指导和帮助，内容包括与经营管理、销售活动、广告公关有关的指导、支援；指导酒店店铺装修及店内陈列设计；拟定并推动与促销活动有关的节目等。这种方法在一定程度上提高了酒店的销售额，同时也提高了张裕产品的销量，可谓一举两得。

建立详细的客户档案以及酒店负责人档案。

张裕的业务员还注意搞好酒店吧台及相关服务人员的公关工作。

注意处理好与政府职能部门的关系。充分调动业务员、代理商的力量，做好与酒类专卖局、工商局、卫生防疫等职能部门的公关工作，使政府职能部门与厂商建立良好的合作关系，这对于稳定产品市场价格，打击假冒伪劣，加强产品保护力度起到了良好的作用，同时又可提高代理商的积极性。

由于张裕将每一个酒店终端的销售当成自己的事业去做，有针对性地向经营者提供经营方法和经营思路，使许多酒店负责人感到双方不仅是业务上的关系，还是朋友关系，因此，这些酒店都成为张裕终端网络中的忠诚一员。由于张裕产品成功地打入了酒店这一领导渠道，进入零售店、商场、超市也变得容易多了。

六、促销策略

做到人无我有。产品促销活动，促销品组合为三瓶红酒、手提袋、开瓶器、纪念笔及张裕手册一本，在宜昌市场首先推出红酒礼盒装，并且由于促销的组合合理，再加上红酒本身就给人以档次较高的感觉，很多居民都买张裕的礼盒作为春节礼品。一时间，张裕礼盒在宜昌十分抢手。

卖酒同时卖文化。为了进一步做大宜昌市场，张裕在当时最有影响的报纸上开辟专栏宣传葡萄酒常识、品酒知识，引导葡萄酒消费，进一步做大市场，同时展示百年张裕的品牌形象，让更多人了解张裕。

充分利用重大节日。张裕充分利用每一个节日，进行现场赠卖活动，宣传张裕的“第一品牌”，让宜昌人民认识张裕，从而形成强大的名牌氛围。

重视 POP 广告。对于那些事先毫无购买打算及没有明确购买倾向的顾客，张裕使用 POP 广告征服他们，在当地 13 家主要酒店设立“张裕厅”，在酒店醒目位置设立灯箱；在主要商场、超市设专层、专柜，充分利用橱窗、柜台、货架等陈列形式展示张裕形象。

七、效果评估

通过加强市场终端的开发建设，整合众多的营销手法，张裕打开了宜昌市场，稳固了与终端客户的关系。

随着张裕红酒的迅速升温，并给客户留下了良好的口碑，也带动了张裕其他品种产品在宜昌市场的销售。张裕干白、白兰地、香槟酒等产品都已顺利进入宜昌市场，且发展势头良好。

八、总结：实战经验

企业要争夺终端消费者，必须抢占紧贴消费者的终端经销网点。企业的产品在被消费者选择之前，终端经销商的意见尤为重要，因此，对终端渠道的促销是第一站，而品牌要尽快打进新的区域市场，必须要在各终端渠道抢占一席之地，以充分展示其品牌形象，拉动终端消费，带动批发分销。

POP 展示不可忽视。红酒等日用消费品的消费行为的发生受销售现场的影响较大，消费者随意性大、冲动性购买行为越来越多，这意味着品牌竞争已逐渐转移到销售终端，POP 广告的作用越来越大，厂家对选择产品陈列、展示的形式，专柜、专架、堆头的设置等方面应给予更多的重视。

企业应适时开发新通路。许多企业以前通路中的经销由于历史遗留问题，已不能适应企业的发展，如经营观念和人员素质问题，还有债务多、资金少、竞争意识淡薄等问题，对企业都是不利的，张裕在大举开发宜昌市场之初，调整代理商是十分明智且重要的。

企业必须让代理商获利。利益是联系厂商的纽带，如果销售商不能获利或获利太少，它就会离企业而去，企业精心构造的销售网络就会土崩瓦解。但让代理商获利，不只取决于企业的产品留给客户的差价有多大，还取决于于企业的市场管理能力，为产品创造一个畅销的局面，为销售创造一个良好的秩序，才是必不可少的。

如果企业对终端渠道放松管理，往往容易使终端客户对企业的忠诚度降低，今天卖你的产品，明天就可能卖竞争对手的产品。因此，企业除了对终端客户提供准时的交货、送货服务外，还应通过提供教育培训、带动开拓市场（如协助制订销售计划、经营方法）、加强人际交往等手段，加强对终端客户的管理，建立一个共赢体系。

资料来源：叶万春，企业营销策划，2 版，北京：中国人民大学出版社，2007。

讨论题：

1. 张裕是如何依靠代理商进入宜昌市场的？
2. 张裕在构建营销通路上采取了哪些营销策略？

（答题要求：字数 500～800 字。要求观点明确，理论联系实际，有自己的见解。层次清楚，语言简洁通畅，不得抄袭。）

答 题 纸

答　题　纸